U1011558

高等学校财会类专业核心课程系列规划教材

成本会计

主　编　王　璐　陈　庆

副主编　王丽龙　李良霄

林　菁　高欢梅

西安电子科技大学出版社

内 容 简 介

本书共分四大部分：第一部分即第一章，为成本会计基础理论部分；第二部分为产品成本核算部分，包括第二章至第六章，这一部分是本书的主体和核心，分别按照产品成本核算程序和成本核算的要求讲述了产品成本各构成要素的核算方法、产品成本的核算方法和报表编制；第三部分即第七章，为成本报表，对成本报表的基本情况进行了简单介绍；第四部分即最后一章，为其他行业的成本核算，简单介绍了农业企业、商品流通企业、交通运输企业和旅游餐饮服务企业的成本核算特点与方法，以满足不同教学对象的要求。

本书适合作为高等院校会计专业及相关专业教材，也可作为会计人员培训的教材和自学参考书。

图书在版编目(CIP)数据

成本会计 / 王璐，陈庆主编. —西安：西安电子科技大学出版社，2020.7

ISBN 978-7-5606-5615-1

Ⅰ. ① 成… Ⅱ. ① 王… ② 陈… Ⅲ. ① 成本会计 Ⅳ. ① F234.2

中国版本图书馆 CIP 数据核字(2020)第 058743 号

策划编辑 张 倩
责任编辑 张 倩
出版发行 西安电子科技大学出版社(西安市太白南路 2 号)
电 话 (029)88242885 88201467 邮 编 710071
网 址 www.xduph.com 电子邮箱 xdupfxb001@163.com
经 销 新华书店
印刷单位 咸阳华盛印务有限责任公司
版 次 2020 年 7 月第 1 版 2020 年 7 月第 1 次印刷
开 本 787 毫米×1092 毫米 1/16 印张 15.5
字 数 367 千字
印 数 1～3000 册
定 价 38.00 元
ISBN 978-7-5606-5615-1 / F
XDUP 5917001-1

前　　言

成本会计是从事会计工作的人员要掌握的一门技能。为了能让学生更好地具备成本会计岗位能力，我们组织部分成本会计教学“双师型”教师和成本会计一线行业专家共同编写了本书。

本书的编写以教育部《高职高专会计专业人才培养方案》为依据，书中所介绍的会计业务均满足行业会计准则和企业会计制度的要求。

本书将理论与实践相结合，在充分吸收我国会计工作和会计教学的实践经验，以及同类教材优点的基础上，构建了全书的结构体系，并力求体现以下几点教学原则：

一是在课堂的教学范围方面，以成本核算为基础和主线，构建了本书的框架结构，同时兼顾不同行业的成本核算，简要介绍了不同行业的成本核算的方法；

二是根据职业教育教学的特点，突出成本核算技能和方法的教学，充分体现“应用型人才”的培养目标；

三是在本书内容上充分体现最新行业政策和要求，以缩短学生就业适应期。

因此，本书的特色主要体现在以下几个方面：

(1) 在内容规划上，突出了适度新颖、强化基础、多举实例、重在应用、加强实践能力培养的要求。具体表现在理论方面，力求介绍成熟的理论或广为会计界接受的观点，且理论深度把握适当；在成本核算方法、成本核算要求和其他技能方面，均以国家颁布的《会计法》《企业会计准则》为要求，配以实例循序渐进地加以说明，且内容精练，简明易懂，实践性强。

(2) 在体系编排上，既体现成本核算程序的顺序，又符合教学规律的要求。本书共分四大部分：第一部分为成本会计基础理论部分；第二部分为产品成本核算部分，包括第二章至第六章，这一部分是本书的主体和核心，分别按照产品成本核算程序和成本核算的要求讲述了产品成本各构成要素的核算方法、产品成本的核算方法和报表编制；第三部分为成本报表，本部分对成本报表的基本情况进行了简单介绍；第四部分即最后一章，为其他行业的成本核算，简单介绍了农业企业、商品流通企业、交通运输企业和旅游餐饮服务企业的成本核算特点与方法，以满足不同教学对象的要求。

(3) 在联系设计上，不仅每章后附有同步测试，更具鲜明特点的是在重要例题后都设计有与该内容密切相关的课堂练习，使教师在教学过程中能够及时组织学生进行相应的训练，有利于知识和技能的巩固与深化。

本书由王璐、陈庆老师担任主编，王丽龙、李良霄、林菁、高欢梅担任副主编。王璐负责全书的体系构建和大纲的制定，同时编写了第一章、第四章；陈庆编写了第五章；王丽龙编写了第二章、第七章；林菁编写了第三章；李良霄编写了第六章；高欢梅编写了第八章。

在本书的编写过程中，我们参考借鉴了许多国内外相关专家与学者的文献、著作、教材，在此谨向相关作者表示诚挚的谢意。虽然我们对本书的编写做了很多努力，但由于水平有限，书中难免有疏漏与不妥之处，敬请广大读者批评指正。

编 者

2020年6月

目　　录

第一章　成本会计总论

【知识目标】

(1) 了解成本会计的内涵及各行业成本会计的对象。
(2) 掌握成本会计的两个基本职能。
(3) 明确成本会计的工作环节及成本会计的任务。
(4) 了解成本会计的组织形式。

第一节　成本会计概述

一、成本与成本会计

(一) 成本

成本是一个行为主体为了达到预定的目标而发生的耗费，它表现为一定的人力、物力和财力的消耗。如物质生产部门在生产产品的过程中要消耗的原材料、支付给相关人员的工资、支出的管理费用等。这些耗费的货币表现形式，在会计中被称为费用，又可称其为广义的成本。不同行业的会计对成本的处理是不同的。在政府机关、事业单位等不以营利为目的的单位里，其成本开支不依靠自身创造的收入来补偿，而是通过国家财政预算拨款予以满足，因而不需要进行成本核算和成本考核，只是通过费用预算或计划对发生的费用进行控制。在以营利为目的的物质生产部门及企业化管理的事业单位里，所发生的成本开支需要由单位自身的收入来补偿，这就必须实行经济核算，努力做到以收抵支、自负盈亏、保证盈利。为此，对发生的成本费用要进行分类、归集和分配，计算出产品的总成本与单位成本，并依据成本资料进行成本分析和成本考核，以加强成本管理，降低成本支出。成本会计所研究的成本，主要是以营利为目的的单位所发生的各类成本费用。其中，物质生产部门为制造产品所发生的成本，即产品的生产成本，具有典型的意义。因此，本教材以制造企业的成本核算为主要内容来对成本会计予以阐述。

商品作为用于交换的劳动产品，其价值是由三项内容组成的，即物化劳动的转移价值、活劳动中劳动者为自己创造的价值和劳动者为社会创造的价值。马克思曾用一个公式表示这种关系：$w = c + v + m$。其中，w 表示商品的价值；c 表示物化劳动的转移价值，通常被称为物化劳动的消耗，包括劳动资料的磨损与劳动对象的消耗；v 表示劳动者为自己创造的价值，通常被称为活劳动的消耗；m 表示劳动者为社会创造的价值；c + v 就构成了产品的成本。

正确理解产品成本的概念需要从耗费和补偿两个方面进行考察。从耗费角度看，产品成本是生产过程中所消耗的物化劳动和活劳动中必要劳动的价值，即 c + v 部分，这是产品成本最基本的经济内涵；从补偿角度看，产品成本是补偿商品生产中资本消耗的价值尺度，即成本价格，是产品生产中已经耗费又必须在价值或实物上得以补偿的支出。

按照持续经营的要求，企业的生产经营活动是不间断地进行的，产品的投入产出也就连续不断，若在全部生产活动结束后再计算产品成本，显然不符合成本管理和会计核算的要求。为此，要结合产品的生产特点，按会计期间或产品生产周期进行产品成本核算。在期末存在尚未完工产品的情况下，同一会计期间的产品成本与当期的生产费用往往不相等，因此，需要按照会计分期假设和权责发生制原则确认应当归属一定种类和数量的产品的生产耗费，这种对象化的生产耗费才构成了产品成本。简言之，产品成本是企业在一定期间为生产一定品种和数量的产品或提供一定数量的劳务而发生的各种耗费。

随着商品经济的不断发展，成本概念的内涵与外延也在不断地发展。如在西方国家，成本被定义为：为了一定目的而支付的或应支付的用货币测定的价值牺牲。该定义使成本的外延远远超出了产品成本概念的范围，包含了产品成本以外的各种成本，如劳务成本、开发成本、质量成本、资金成本等。同样，成本的内涵决定了成本必须与管理相结合，要求成本的内容服从管理的需要。因此，在现代成本会计中出现了许多新的成本概念，如变动成本、固定成本、边际成本、机会成本、目标成本、标准成本、沉没成本、可控成本、责任成本等，组成了多元化的成本概念体系。

（二）成本会计

成本会计是随着商品经济的发展而逐步形成和发展起来的，以费用和成本为主要对象的一种专业会计。成本会计的最初阶段，其职能主要是进行成本核算，在相当长的时期内都作为财务会计的一个组成部分，主要运用财务会计的理论来组织产品成本核算。随着成本会计与企业内部管理的结合日益紧密，成本会计在预测、控制、分析、考核、决策等方面的技术方法逐步成熟，使现代成本会计的内容已发展为成本管理的全过程。

二、成本会计的对象

成本会计的对象，也就是成本会计的内容。概括地说，成本会计的对象是企业的生产经营业务成本和经营管理费用。不同性质的企业，其生产经营业务成本和经营管理费用的具体内容不同。

（一）支出、费用与成本

1. 支出

支出是会计主体在经济活动中发生的所有开支与耗费。就企业而言，支出可分为资本性支出、收益性支出、投资支出、所得税支出、营业外支出和利润分配支出等。

资本性支出是指不仅与本期收益有关，更与后期的收益有关的支出，其支出的发生通常会形成长期资产，如企业购建固定资产、取得无形资产、形成长期待摊费用等所发生的支出。

收益性支出是指为取得本期的收益而发生的，并由当期的收益予以补偿的支出，如企业生产经营中发生的材料耗费、工资支出、管理费用支出等。

投资支出是指企业为通过分配增加财富，或为谋求其他利益取得其他企业资产而让渡本企业资产的支出，包括短期投资支出、长期股权投资支出、长期债权投资支出等。

所得税支出是指企业按照国家税法规定，根据企业应纳税所得额计算并缴纳所得税而发生的支出。所得税支出作为所得税费用，直接用当期收益补偿。

营业外支出是指与企业生产经营业务没有直接联系的各项支出，如企业支付的各项罚款、违约金、赔偿金、赞助支出以及非常损失等。

利润分配支出是指利润分配过程中发生的开支，如支付的现金股利等。

2. 费用

费用是企业生产经营过程中所发生的经济利益的流出。费用可以分为生产费用和期间费用。

生产费用是企业在一定时期为生产产品而发生的各项支出，如生产产品而消耗的材料费用、生产工人的工资费用、车间为组织产品生产而直接发生的管理费用等。生产费用随着产品的形成而构成产品成本。

期间费用是企业在一定会计期间为生产经营的正常进行而发生的各项费用，如销售产品所发生的销售费用、企业管理部门在日常管理中发生的管理费用以及为筹集生产经营资金而发生的财务费用等。费用是企业支出的主要部分，通常由收益性支出的发生及资本性支出的转化而形成，期间费用由当期的收益予以补偿。

3. 成本

成本是一种耗费，有广义与狭义之分。广义的成本指企业发生的全部费用，包括生产费用与期间费用。狭义的成本通常仅指产品成本，产品成本是对象化的生产费用。

（二）支出、费用与产品成本的关系

如上所述，支出是企业在经济活动中所发生的所有开支与耗费。费用是支出的主要组成部分，是企业支出中与生产经营相关的部分。产品成本是生产费用的对象化，生产费用是计算产品成本的基础，产品成本是生产费用的最后归宿。期末，如果企业没有在产品，当期生产费用即为当期完工产品成本；如果有在产品，则生产费用与完工产品成本的关系可表示为：

本期完工产品成本 = 期初在产品成本 + 本期生产费用 − 期末在产品成本

（三）工业企业成本会计的对象

在工业企业中，生产经营业务成本是指产品的生产成本。因此，工业企业成本会计的对象是产品的生产成本和经营管理费用。其中，产品的生产成本是由生产费用按成本对象归集形成的，包括生产产品发生的直接材料、直接人工和制造费用等；经营管理费用是指工业企业的行政管理部门为组织和管理生产经营活动而发生的管理费用、为筹集生产经营

资金而发生的财务费用，以及为销售产品而发生的销售费用。经营管理费用分布面广、综合性强，很难按产品合理分配与归集，为了简化成本核算工作，同时也为了促使企业加强对经营管理费用的控制，并避免企业不顾市场需求，盲目追求产值，现行会计准则要求将经营管理费用不计入产品成本，而直接计入当期损益，从当期收入中扣除。

工业企业成本会计的具体内容包括产品生产成本和经营管理费用两部分。

(1) 产品生产成本，包括直接材料、直接人工、制造费用。

(2) 经营管理费用，包括管理费用、财务费用、销售费用。

(四) 其他行业企业成本会计的具体内容

1. 交通运输企业成本会计的具体内容

(1) 营运成本。

(2) 经营管理费用，包括管理费用和财务费用。

2. 商品流通企业成本会计的具体内容

(1) 经营业务成本，包括商品采购成本和商品销售成本。

(2) 经营管理费用，包括管理费用、财务费用和经营费用。

第二节　成本会计的产生和发展

成本会计是为了适应经济发展的要求而产生的，并随着经济发展的需要在不断地发展和完善着。成本会计先后经历了早期成本会计、近代成本会计和现代成本会计三个阶段。

一、早期成本会计阶段(1880—1920年)

如果说中世纪城市的兴起、商业和银行业的发展是产生复式记账的温床，那么中世纪发展起来的工场手工业则是产生成本会计的摇篮。随着英国产业革命的完成，机器代替了手工劳动，工厂制代替了手工工场。会计人员为了满足企业管理上的需要，起初是在会计账簿之外，用统计的方法来计算成本，此时，成本会计的萌芽出现。随着企业规模逐渐扩大，企业之间出现了竞争，生产成本得到了普遍重视。为了满足有关各方面对成本信息资料的需要和企业管理上的需要，提高成本核算的准确性，成本核算由统计核算逐步纳入复式账簿系统，将成本核算与会计核算结合起来，使成本记录与会计账簿一体化，从而形成了真正的成本会计。可见，成本会计体系产生的直接动因，实际上是产业革命及随之而来的大生产方式和工厂制度。

早期研究成本会计的专家劳伦斯(W.B.Lawrence)对成本会计作过如下的定义："成本会计就是应用普通会计的原理、原则，系统地记录某一工厂生产和销售成品时所发生的一切费用，并确定各种产品或服务的单位成本和总成本，以供工厂管理当局决定经济有效和有利的产销政策时参考。"从成本会计的方式来看，在早期成本会计阶段，主要是采用分批法或分步法的成本会计制度；从成本会计的目的来看，计算产品成本可以确定存货成本及销售成本。所以，初创阶段的成本会计也称为记录型成本会计。

二、近代成本会计阶段(1921—1945 年)

随着科学技术的飞速发展，企业生存的外部环境日趋复杂，对企业管理提出了越来越高的要求，从而促使成本会计不断发展。19 世纪末、20 世纪初在制造业中发展起来的以泰勒为代表的科学管理，对成本会计的发展产生了深刻的影响。此时，美国会计学家提出的标准成本制度脱离了实验阶段而进入到实施阶段，这为生产过程成本控制提供了条件。在此之前，企业不重视有效的成本控制，对于生产中的实际耗费情况，只有在事后通过计算实际成本以后才知道。标准成本法的出现使成本管理方法和成本核算方法发生了巨大的变化，成本会计进入了一个新的发展阶段。实施标准成本制度后，成本会计不只是事后计算产品的生产成本和销售成本，还要事前制定标准成本，并据以控制日常的生产耗费与定期分析成本。这样，成本会计的职能扩大了，发展成为管理成本和降低成本的手段，从而成本会计的理论和方法有了进一步的完善和发展，形成管理成本会计的雏形。它标志着成本会计已进入了一个新的阶段——近代成本会计阶段。

在这一时期，成本会计的应用范围也从原来的工业企业扩大到各种行业，并深入应用到一个企业内部的各个主要部门，特别是应用到企业经营的销售方面。它不仅将会计核算与成本相结合，而且还包含了成本预算、成本控制、成本差异分析和考核。美国尼科尔森(J.L.Nicholson)和罗尔巴克(F.D.Rohrback)合著的《成本会计》，以及陀尔(J.L.Dohr)著的《成本会计原理和实务》等，使成本会计的理论和方法进一步完善和发展，形成了独立的学科。

这一时期的成本会计的定义，可引用英国会计学家杰·贝蒂(J.L.Batty)的表述：“成本会计是用来详细地描述企业在预算和控制它的资源(指资产、设备、人员及所消耗的各种材料和劳动)利用情况方面的原理、惯例、技术和制度的一种综合术语。”因此，近代成本会计主要采用标准成本制度和成本预测，为生产过程的成本控制提供条件。以标准成本系统为基础的责任成本控制系统的形成和发展，是成本会计的第二次革命。

三、现代成本会计阶段(1945 年以后)

20 世纪 50 年代起，西方国家的社会经济进入了新的发展时期。一方面，社会资本高度集中，跨国公司大量出现，企业规模日益扩大，生产经营日趋多元化；另一方面，在战争中发展起来的军用科学技术向民用工业转移，新产品开发日新月异，市场竞争日趋激烈。在激烈的市场竞争面前，企业为了适应社会化大生产的客观要求，管理也要现代化。随着管理现代化，运筹学、系统工程和电子计算机等各种科学技术成就在成本会计中得到了广泛应用，从而使成本会计发展到一个新的阶段，即成本会计发展重点由如何对成本进行事中控制、事后计算和分析转移到如何预测、决策和规划成本，形成了新型的、以管理为主的现代成本会计，这是成本会计的一个重大变革。其发展重点是趋向预测、规划和决策，实现最优化控制。

与传统的成本会计相比，现代成本会计更重视成本发生的前因后果，通过作业成本核算和有效控制，使成本核算与成本控制有机地结合起来。成本控制与责任会计相辅相成，它随责任会计系统的产生而产生，又随作业会计系统的形成而发展。因此，由传统的成本核算系统到现代的以作业为基础的成本核算，是成本会计发展的必然趋势。现代成本会计系统的形成和发展，是成本会计的第三次革命，是一场真正的成本会计革命。

综上所述，现代成本会计是成本会计与管理的直接结合。它根据成本核算和其他资料，采用现代数学和数理统计的原理与方法，建立起数量化的管理技术，用来帮助人们按照成本最优化的要求，对企业的生产经营活动进行预测、决策、控制、分析、考核，促使企业生产经营实现最优化运转，以提高企业的市场适应和竞争能力。因此，现代成本会计是广义的成本会计，实际上也就是成本管理。

第三节　成本会计的职能与任务

一、成本会计的职能

成本会计作为一种专业会计，其基本职能同会计一样，具有核算和监督两个基本职能。

(一) 核算职能

核算是成本会计的首要职能。成本核算是对生产经营过程中实际发生的成本和费用进行归集、计算，并进行相应的账务处理。成本核算职能为企业的经营管理提供真实可靠的成本信息，从而使成本的分析、考核建立在客观依据的基础上，同时也为成本的预测、决策提供有用的信息。

(二) 监督职能

成本会计的监督职能是指按照一定的目的和要求，通过对成本、费用的控制、调节和考核等，监督各项生产经营耗费，防止超支、浪费和损失的发生，以保证成本开支的合理性和有效性。

成本会计的核算与监督两大职能是辩证统一、相辅相成的。没有正确的成本核算，成本的监督就失去了存在的基础，就无法在成本管理中发挥控制、指导和考核作用；只有对生产经营过程的成本费用进行有效的监督、控制，才能使成本核算提供的信息资料充分发挥作用。

二、成本会计的工作环节

随着经济的发展和企业管理要求的提高，成本的概念和内容在不断发展变化，对成本会计要求越来越高，成本会计的工作范围和环节也在不断扩大。现代成本会计的工作环节包括成本预测、成本决策、成本计划、成本控制、成本核算、成本分析和成本考核等七个方面。

(一) 成本预测

成本预测是根据有关成本数据和企业具体情况，运用一定的技术方法，对未来的成本水平及其变动趋势作出科学的估计。通过成本预测，有助于减少盲目性，有利于选择最优方案，提高成本管理的科学性和预见性。

(二) 成本决策

成本决策是在成本预测的基础上，按照既定的目标，运用一定的方法，选择最优方案的过程。确定目标成本是制订成本计划的前提，也是实现成本的事前控制、提高经济效益的重要途径。

(三) 成本计划

成本计划是根据成本决策所确定的目标，具体规划计划期内产品生产耗费和各种产品的成本水平，并提出达到规定成本水平所应采取的措施方案。成本计划是建立成本管理责任制的基础，对于控制成本、增强员工的成本意识，挖掘降低成本潜力有重要的作用。

(四) 成本控制

成本控制是根据预定的目标，对成本发生和形成过程以及影响成本的各种因素和条件施加主动的影响，以实现最低成本消耗，保证合理的成本补偿的一种行为。成本控制包括事前控制、事中控制和事后控制。通过成本控制，可以防止浪费，及时揭示存在的问题，减少生产损失，实现成本管理目标。

(五) 成本核算

成本核算是根据企业确定的成本核算对象，采用适当的成本核算方法，对生产经营过程中所发生的生产费用进行审核，并按一定的对象进行归集与分配，从而计算出各成本对象的总成本和单位成本。因此，成本核算既是对生产经营过程中的实际耗费进行如实反映的过程，又是对各种生产费用实际支出进行控制的过程。

(六) 成本分析

成本分析是在成本核算和其他有关资料的基础上，运用一定的方法，揭示产品成本水平的变动，进一步查明影响产品成本变动的各种因素和原因的过程。通过成本分析，可以正确认识和掌握成本变动的规律，有利于实现降低成本的目标，并为编制下一期的成本计划和制定新的经营决策提供依据。

(七) 成本考核

成本考核是定期对成本计划及其有关指标的实际完成情况进行总结和评价，监督和促使企业加强成本管理责任制，提高成本管理水平的过程。成本的考核应与奖惩制度相联系，以调动各责任单位和责任人完成责任成本的积极性。

上述各项成本会计活动的内容互相配合、互相依存，进而形成一个有机整体。成本预测是成本会计的第一个环节，它是成本决策的前提；成本决策是成本会计的重要环节，在成本会计中处于中心地位，它既是成本预测的结果，又是制订成本计划的根据；成本计划是成本决策的具体化，是成本分析和成本考核的依据；成本控制对成本计划的实施进行监督，它是实现成本决策既定目标的保证；成本核算是成本会计最基本的环节，提供企业成本管理的信息资料，是成本会计的基础，同时也是对成本计划是否得到实现的最后检验；

成本分析和成本考核是实现成本决策目标和成本计划的有效手段，只有通过成本分析，查明原因，制定和执行有效的企业管理措施，才能有效降低成本。通过正确评价与考核各责任单位的工作业绩，才能调动各部门和全体职工的积极性。为切实完成成本计划，实现既定目标提供动力。

三、成本会计的任务

成本会计的任务是由成本会计的内容和企业管理的要求所决定的。根据我国社会主义现代化建设的客观要求，成本会计的根本任务是促进企业尽可能节约产品生产经营过程中物化劳动和活劳动的消耗，不断提高经济效益。成本会计的具体任务是：

(1) 正确计算与核算产品成本和经营管理费用，为企业生产经营决策及时提供成本信息。

(2) 加强成本预测，优化成本决策，为企业降低成本、提高经济效益提供前提和基础。

(3) 制定目标成本，加强成本控制，为促使企业各有关部门合理开支、降低成本提供保证。

(4) 建立成本责任制，加强成本考核，以揭示成本管理中存在的问题，评价各责任中心的成本计划执行与完成情况。

第四节　成本会计工作的组织

一、成本会计工作组织应遵循的主要原则

(一) 有利于技术与经济的结合

成本是一项综合性的经济指标，它受多种因素的影响。其中产品的设计、加工工艺等技术是否先进、在经济上是否合理，对产品成本的高低有着决定性的影响。在传统的成本会计工作中，会计部门多注重产品加工中的耗费，而对产品的设计、加工工艺、质量、性能等与产品成本之间的联系则考虑较少，甚至有的成本会计人员不懂基本的技术问题。相反，工程技术人员考虑产品技术方面的问题多，而对产品的成本考虑较少。这种技术与经济的脱节，使得企业在降低产品成本方面受到很大限制，成本会计工作也往往仅限于事后算账，起提供核算成本资料的作用。

因此，为了在提高产品质量的同时不断降低成本，提高企业经济效益，在成本会计工作的组织上应贯彻技术与经济相结合的原则。不仅要求工程技术人员要懂得相关的成本知识，树立成本意识，而且成本会计人员也必须改变传统的知识结构，并具备与正确进行成本预测、参与经营决策相适应的生产技术方面的知识。只有这样，才能在成本管理上实现技术与经济的结合，才能使成本会计工作真正发挥其应有的作用。

(二) 有利于成本管理经济责任制的落实

为了降低成本，实行成本管理上的经济责任制是一条重要的途径。由于成本会计工作

是一项综合性的价值管理工作，涉及面宽、信息灵，因此，企业需要摆脱传统上只注重成本会计事后核算作用的片面性，应充分发挥成本会计的优势，将其与成本管理上的经济责任制有机地结合起来，这样才可使成本管理工作收到更好的效果。例如，在实行成本分级分口管理的情况下，应使成本会计工作处于中心地位，由其具体负责组织成本指标的制定、分解落实，日常的监督检查，成本信息的反馈、调节以及成本责任的考核、分析、奖惩等工作。又如，为了配合成本分级分口管理，不仅要搞好厂一级的成本会计工作，而且应该完善各车间的成本会计工作，使之能进行车间成本的核算和分析等工作，并指导和监督班组的日常成本管理工作，从而使成本会计工作渗透到企业生产经营过程的各个环节，更好地发挥其在成本管理经济责任制中的作用。

(三) 把成本会计工作建立在广泛的群众基础之上有利于降低成本

企业各种耗费是在生产经营的各个环节中发生的，成本的高低取决于各部门、车间、班组和职工的工作质量。同时，各级、各部门的职工群众最熟悉生产经营情况，最了解哪里有浪费现象，哪里有节约的潜力，因此，要加强成本管理，实现降低成本的目标，就不能仅靠几个专业人员，而必须充分调动广大群众在成本管理上的积极性和创造性。为此，成本会计人员还必须做好成本管理方面的宣传工作，经常深入实际了解生产经营过程中的具体情况，与广大职工群众建立起经常性的联系；吸收广大群众参加成本管理工作，增强广大职工群众的成本意识和参与意识，以便互通信息，掌握第一手资料，从而把成本会计工作建立在广泛的群众基础之上。

二、成本会计工作的组织形式

企业要实现成本会计的目标，必须建立与之相适应的组织机构和工作环境。成本会计组织机构的设置合理与否，直接影响到成本会计工作乃至整个会计工作的开展。

(一) 影响成本会计组织的主要因素

影响成本会计工作组织机构设置的因素主要有两个：一是业务类型和经营规模；二是与财务会计机构的关系。

企业的业务类型和经营规模是影响成本会计工作业务复杂程度的最重要因素。一般而言，大规模企业的成本会计工作复杂，工业企业、施工企业成本会计工作又较其他类型的企业复杂一些。因此，企业在设置成本会计机构、配备成本会计人员时，必须同企业生产经营规模和业务类型相适应。成本会计与财务会计是企业会计核算体系中既有联系又有区别的两个重要组成部分。在实际工作中，有的企业将成本会计组织机构与财务会计组织机构分别设置，有的企业将成本会计核算作为财务会计的一个组成部分。成本会计组织机构和财务会计机构分别设置，便于加强成本会计工作和内部控制，但往往会带来联系脱节、相互推诿等弊端。因此，在大中型生产企业里，通常在专设的会计机构中单独设置成本会计科、组或室，配备必要的具有成本会计专业知识的人员从事成本会计工作。在规模小、会计人员不多的生产企业，通常在会计部门中指定专人处理成本会计工作。

(二) 成本会计工作的组织形式

成本会计工作的组织形式通常有集中式和非集中式两种。集中式是指厂部的成本会计机构负责制定成本计划和定额，审核和分配费用，控制资源消耗，计算产品成本，编制成本报告，进行成本分析。其他职能部门、生产车间一般只负责提供原始资料，如工时记录。这种形式可以使成本核算资料集中在厂部成本部门，减少核算层次，精简会计人员，但不便于企业内部各部门掌握、控制成本和费用支出，不利于调动各层次的积极性。因此，这种组织形式一般只适用于成本会计工作较为简单的企业。非集中式是指各项成本会计工作由厂部、车间的成本会计机构共同来完成。厂部成本会计组、室一般只负责对车间成本会计工作的指导，负责成本数据的最后汇总，处理那些不便于分散到车间处理的成本会计工作，厂部还应负责成本预算的制定、下达和考核；车间在厂部下达的预算范围内制定成本的计划，实施成本控制，组织成本核算，进行成本分析。采用这种组织形式可以克服集中式的不足，但往往会相应增加成本会计工作层次和工作人员。这种组织形式适用于成本会计工作较为复杂且各部门之间独立性较强的企业。

三、成本核算的依据

(一) 成本核算的法规依据

成本核算的法规制度是成本会计机构和人员从事成本会计工作的规范，是成本会计工作组织的重要组成部分，也是会计法规制度的重要组成部分。为了统一企业会计核算口径，规范企业会计核算方法，我国制定了“一法、三则、三制度”。“一法”即《中华人民共和国会计法》，“三则”即《企业会计准则》《小企业会计准则》和《企业财务通则》；“三制度”即《企业会计制度》《金融企业会计制度》和《企业产品成本核算制度》，从而形成了全国性会计法规制度的三个层次。成本会计作为一种以企业成本费用为对象的专业会计，必须在“一法、三则、三制度”的规范下进行工作。

(二) 成本核算的经济依据

进行成本核算，需要以企业实际发生的与成本费用相关的经济业务事项为经济依据。为此需要健全的原始记录，填制或取得成本费用发生、分类、归集、分配等真实可靠的原始资料，确保成本核算过程和结果正确无误。

由于每个企业的生产工艺特点和成本管理要求各不相同，为了规范本企业的成本核算工作，还应当制定适合本企业经营规模、生产特点、管理要求的内部成本会计制度，作为企业进行成本会计工作的操作依据。企业内部成本会计制度一般包括下列内容：

(1) 成本会计工作的组织形式、人员分工和职责权限。

(2) 成本定额、成本计划和费用预算的编制方法。

(3) 成本核算的具体规定，包括成本核算对象的确定、成本核算方法的选择、成本项目的设置、生产费用的归集和分配方法、在产品成本的确认方法、成本核算基础工作的要求等。

(4) 成本预测、成本决策、成本考核和成本分析制度。

(5) 成本报表制度，包括成本报表的种类、格式、指标体系、编制方法、编制期限、报送对象等。

❖ 本章小结 ❖

成本会计是管理会计产生的基础，管理会计是成本会计的延伸和发展。在高新技术迅速发展的今天，技术创新运用于产业活动，既导致了生产技术体系的变化，也引起了生产组织与管理的变化，从而对会计信息提出新的要求。成本管理会计必须提供与管理需要具有高度相关性和可靠性的信息，而有效的管理要求正确地了解、运用好成本管理会计信息。

本章在阐述成本会计、管理会计产生与发展的基础上，说明了成本会计、管理会计的概念，并指出了成本管理是企业高层管理人员为企业可持续发展而做出的降低和控制成本的行为。从这个意义上说，管理人员的管理理念、市场成本、为降低和控制成本采取有效措施这三项要素，已成为影响一个企业成本管理水平的重要因素。

分析我国成本会计的现状及存在的问题，有利于明确现在与展望未来。管理会计的本质是“控制现在，规划未来”，管理会计的内容和方法体系应用于企业管理循环，为提高企业管理水平和经济效益发挥着重要作用。了解管理会计与财务会计之间的区别，可以使我们带着疑问以批判性、开拓性、创新性的思维去学习管理会计理论和洞察我国管理会计实践。通过理解本书阐述的成本管理会计的内容框架及本书对成本会计、管理会计“扬”和“弃”的内容，可以为以后各章的学习打下良好的基础。

◈ 同步测试 ◈

1. 简述成本的内涵。
2. 简述成本会计的对象和不同行业成本会计包括的内容。
3. 成本会计有哪几种组织形式？各适用于哪些企业类型？

第二章　成本核算的要求和基本程序

【知识目标】

(1) 掌握生产费用按经济内容分类所包含的内容。
(2) 掌握生产费用按经济用途分类所包含的内容。
(3) 掌握成本核算的基本要求。
(4) 掌握成本核算的基本程序及应设置的主要账户。

【能力目标】

(1) 能结合工业企业成本核算的实际，对其成本费用开支规范和标准做出说明。
(2) 能根据企业不同的生产特点和管理要求，提出组织成本核算程序的总体框架。

第一节　生产费用的分类

制造业是生产产品的企业，其生产目的是通过源源不断的生产产品并销售出去，从而获得经济利益和积累经营资金，以利于在扩大规模的基础上，实现企业的经营目标。因此，制造业的成本核算就是对企业的生产经营过程中发生的各项支出，按照其经济内容和用途，并按一定的对象和标准进行归集和分配的过程，以确定产品的总成本和单位成本。制造业的生产经营过程，就是产品实体的形成过程，同时也是生产经营各要素的耗费过程，如材料的消耗，机器设备的磨损，生产人员和管理人员的劳动力的耗费等。制造业会计核算的核心工作，就是将企业一定时期内生产经营支出按照其用途进行归集和分配，正确计算产品的生产成本和该期间的经营成果。

一、按费用的经济内容分类

工业企业发生的各种费用按其经济内容(或性质)划分，主要有劳动对象方面费用、劳动手段方面费用和活劳动方面费用三大类，这三大类构成工业企业费用的三大要素。为了具体地反映工业企业各种费用的构成和水平，还可在此基础上进一步划分为以下 9 个费用要素：

(1) 外购材料，指企业耗用的一切从外部购进的原料及主要材料、半成品、辅助材料、包装物、修理用备件和低值易耗品等。

(2) 外购燃料，指企业耗用的一切从外部购进的各种燃料，包括固体、液体、气体燃料。从理论上说，外购燃料应该包括在外购材料中，但如果燃料是重要能源，需要单独考核，可以单独列作一个要素进行核算。

(3) 外购动力，指企业耗用的从外部购进的各种动力。

(4) 职工薪酬，指企业全体人员的工资、社会保险费用、计提的工会经费、职工教育经费及支付给职工的非货币性福利、辞退福利等。

(5) 折旧及摊销费用，指企业按照规定计算的固定资产折旧费用，以及按规定的摊销方法计算的无形资产摊销费用。

(6) 修理费用，指企业为修理固定资产而发生的支出。

(7) 利息费用，指企业的借款利息费用减去利息收入后的净额。

(8) 税金，指企业应缴纳的各种税金，包括房产税、车船使用税、印花税和土地使用税等。

(9) 其他费用，指不属于以上各要素的费用，例如邮电费、差旅费、租赁费和外部加工费等。

按照上述费用要素反映的费用，称为要素费用。按照要素费用分类核算工业企业费用的作用在于：可以反映工业企业在一定时期内共发生了哪些费用，数额各是多少，据以分析各个时期各种费用的结构和水平；可以反映外购材料和燃料费用以及职工工资的实际支出，因而可以为编制企业的材料采购资金计划和劳动工资计划提供资料；可以为企业核定储备资金定额和考核储备资金周转速度提供资料；可以划分物质消耗和非物质消耗，为计算工业产值和国民收入提供资料。

这种分类核算的不足之处是：不能反映各种费用的经济用途，因而不便于分析这些费用的支出是否节约、合理。因此，对于工业企业的这些费用还必须按其经济用途进行分类。

二、按费用的经济用途分类

工业企业各种费用按其经济用途，可分为计入产品成本的生产费用和不计入产品成本的期间费用。计入产品成本的生产费用按其用途不同，还可进一步划分为若干个项目，这些项目作为产品成本的构成内容，会计上称为成本项目。成本项目的内容具体可分为直接材料、直接燃料、直接动力、直接人工、废品损失、停工损失和制造费用七项。但根据生产特点和管理要求，企业一般可简化设立如下三个成本项目：

(1) 直接材料，指直接用于产品生产，构成产品实体的原材料、主要材料、燃料以及有助于产品形成的辅助材料等。

(2) 直接人工，指直接从事产品生产人员的工资、社会保险费用及住房公积金等。

(3) 制造费用，指直接或间接用于产品生产，但不便于直接计入产品成本，因而没有专设成本项目的费用。

当然，企业为了使成本项目更好地适应管理要求，也可对上述成本项目进行适当调整，如将“燃料与动力”单设一成本项目等。但在确定或调整成本项目时，应注意考虑以下几个问题：

(1) 费用在管理上有无单列的必要。

(2) 费用在产品成本中所占比重的大小。

(3) 为某种费用专设成本项目所增加的核算工作量的大小。

在计入产品成本的生产费用中，凡能分清哪种产品所耗用的、能直接计入某种产品成本的费用，称为直接计入费用，简称为直接费用，如生产甲产品领用 A 材料 30 万元等；不能分清由哪种产品耗用的，在费用发生时不能直接计入某种产品成本，而必须按照一定标准分配计入各种产品成本的费用，称为间接计入费用，简称为间接费用，如机物料消耗、厂房折旧费等。直接生产费用大多是直接计入费用，间接生产费用大多是间接计入费用，但也不都是如此。如在生产一种产品的生产单位中，直接生产费用和间接生产费用都可以直接计入该种产品成本，因而都是直接计入费用。在用同一种材料同时生产几种产品的联产品生产单位中，直接生产费用和间接生产费用都不能直接计入某种产品成本，因而都是间接计入费用。不计入产品成本的期间费用包括销售费用、管理费用和财务费用。这三种费用的内容在财务会计中已作了说明，这里不再重述。

费用按经济用途分类，可以促使企业按经济用途考核各项费用定额或计划的执行情况，分析费用支出是否合理节约，同时，也是企业按照费用发生的对象进行成本计量的基础。

第二节　成本核算的要求

一、遵守国家规定的成本开支范围和费用开支标准

成本开支范围是国家对企业所发生的各种支出哪些应计入产品成本，哪些不应计入产品成本的规定。而费用开支标准，则是国家对企业所发生的各项目支出量的规定性。国家之所以制定成本开支范围和费用开支标准，就是为了统一各企业成本核算的口径，正确反映企业成本耗费水平，使生产同类产品的各企业的产品成本资料具有可比性。

(一) 应计入产品制造成本的支出

(1) 产品生产过程中实际消耗的原材料、辅助材料、修理用备件、外购半成品、燃料、动力、包装物等。

(2) 企业直接从事产品生产的生产人员工资及提取的社会保险费用、住房公积金等。

(3) 生产部门固定资产折旧费、租赁费、修理费。

(4) 生产部门使用的低值易耗品摊销等。

(5) 停工损失、废品损失等。

(6) 生产部门为组织、管理生产经营活动所发生的制造费用。

(二) 不应计入产品制造成本的支出

(1) 购置和建造固定资产的支出，购入无形资产和其他资产的支出。

(2) 对外投资及分配给投资者的利润。

(3) 被没收的财物及支付的滞纳金、罚金。

(4) 企业自愿赞助及捐赠支出。

(5) 企业的期间费用，包括销售费用、管理费用、财务费用。

(6) 国家规定不得列入产品制造成本的其他支出。

二、正确划分各种费用界限

企业经营活动的广泛性，决定了其支出内容的多样性。为了保证不同企业提供的成本会计信息具有可比性，防止企业乱挤成本、乱列费用，国家规定了企业成本费用的开支范围与开支标准，统一了成本费用的核算口径。

(一) 正确划分费用性支出与非费用性支出的界限

企业对发生的各种支出，首先要分清是费用性支出，还是非费用性支出。企业的支出可以划分为六类，其中，收益性支出属于费用性支出，形成当期的生产费用与期间费用。资本性支出、投资支出、所得税支出、营业外支出和利润分配支出属于非费用性支出，分别形成企业的长期资产、对外投资、应交税费、非生产经营支出和应付股利等。

(二) 正确划分生产费用和期间费用的界限

企业发生的支出，并不都是费用。在产品制造业中，生产一定种类和数量的产品而发生的材料耗费、工资等生产经营性支出，计入产品的成本。产品成本要在产品出售后转化为费用，计入当期损益。

为销售产品而发生的销售费用，为管理和组织企业生产经营活动而发生的管理费用，以及为筹集资金而发生的财务费用均是在经营过程中发生的，与产品生产无直接关系，因而作为期间费用，直接计入当期损益，从当期利润中扣除。为了正确计算产品成本，必须分清哪些支出属于产品的制造成本，哪些应作期间费用，防止混淆两者的界限，将某些期间费用计入产品成本，或者将产品的制造成本计入期间费用，借以调节各期产品成本和各期损益的错误做法。

(三) 正确划分各个会计期间的费用界限

无论是生产费用还是期间费用，都要按照权责发生制原则分清本期费用与后期费用的界限。凡是属于本月的费用，不论是否实际发生，都应当予以确认并计入当月的生产费用或期间费用；凡不属于本月的费用，不论其发生与否，都不得计入当月的生产费用或期间费用。任何企业都不得利用费用预提或摊销的方式来调节本企业的产品成本和当期损益。但根据重要性原则，对于应当跨期摊销或预提的数额较小的费用，因其对当期的产品成本或经营损益的影响不大，也可以直接计入当月的生产费用或期间费用。

(四) 正确划分不同产品的费用界限

为了便于分析和考核不同产品的成本计划执行情况，对于计入产品成本的支出，必须划清不同产品之间所应负担成本的界限。属于某种产品单独耗用的资源，应直接计入该种产品的成本；属于应由几种产品共同耗用的资源，应在选择合理的分配方法分配后，分别计入这几种产品的成本，以正确反映各种产品的成本水平。与此同时，还应特别注意划清盈利产品与亏损产品、可比产品与不可比产品之间的成本界限，防止在盈利产品与亏损产品、可比产品与不可比产品之间任意调节成本，虚报产品成本，掩盖利润的错误做法。

(五) 正确划分产成品和在产品的费用界限

通过以上几种成本界限的划分，确定了各成本核算对象本期应负担的成本。期末，如果某种产品都已完工，其各项成本之和，就是该产品的完工成本；如果某种产品都未完工，其各项成本之和，就是该产品的期末未完工产品成本；如果某种产品部分完工，部分未完工，就需要采用适当的分配方法，将该成本对象应负担的成本在完工产品与在产品之间进行分配，分别计算出该产品的完工成本与未完工产品成本。

以上五个方面成本界限的划分，都应贯彻受益原则，即何者受益，何者负担成本，何时受益，何时负担成本，负担成本多少应与受益程度大小成正比。

三、正确确定财产物资的计价和价值结转的方法

工业企业的财产物资是生产资料，包括固定资产及生产经营过程所要耗费的各种存货，其价值是要转移到产品成本、费用中去的。这些财产物资可以认为是尚未转移为成本、费用的价值储存。因而财产物资计价和价值结转的方法，也是影响成本费用正确性的重要因素。

《企业会计准则》规定："各项财产物资应当按取得时的实际成本计价。物价变动时，除国家另有规定者外，不得调整其账面价值。"固定资产的正确计价和价值结转，应包括其原值的计算方法、折旧方法、折旧率的高低以及固定资产与低值易耗品的划分标准。低值易耗品和包装物，在按其取得时实际成本计价的同时，还要合理制定其摊销方法。各种原材料应按实际采购成本计价，其价值的结转，在材料按实际成本进行日常核算时，企业可以根据情况，对发出材料选用先进先出法、加权平均法、移动平均法、个别计价法等，确定其实际成本。在材料按计划成本或者定额成本方法进行日常核算时，应当按期结转其成本差异，将计划成本或者定额成本调整为实际成本。这时，材料成本差异率的计算、合理规定材料成本差异率的种类(个别差异率、分类差异率、综合差异率、上月差异率或本月差异率)以及采用分类差异率的材料大小等，就显得十分重要。

为了正确计算成本费用，对于各种财产物资的计价和价值的结转，以及各种费用的分配，都要制定比较合理、简便的方法。同时，为了使各企业和各时期的产品成本可比，有的要在全国范围内规定统一的方法，有的应在同行业同类型企业范围内规定统一的方法。而方法一经确定，必须保持相对稳定，不应任意改变。要注意防止任意改变财产物资计价和价值结转的方法，如任意改变固定资产折旧率及不按规定方法和期限计算、调整材料成本差异等，其结果都必然造成成本费用失去真实性，给企业和国家造成严重危害。

四、做好成本核算的各项基础工作

成本会计的基础工作，是进行成本会计核算的首要条件。一般来说，成本会计的基础工作应包括以下内容：

(一) 建立定额管理制度

定额是指企业在生产经营活动中对经济活动在数量和质量上应达到的水平所规定的

目标和限额。科学先进的定额标准，是企业制定定额成本、编制成本计划的直接依据，也是进行成本控制和分析，进而评价企业经营业绩的客观标准。因而，健全的定额管理制度，对于企业降低劳动耗费、简化成本核算、强化成本控制有着重大意义。

与成本有关的定额一般包括：① 物资消耗定额，如单位产品材料消耗定额、单位产品燃料动力消耗定额、材料利用率定额、材料损耗率定额等。② 固定资产利用定额，如单位产品设备台时定额、设备工时率利用定额、设备台时产量定额等。③ 劳动生产定额，如生产批量定额、劳动人员定额、出勤定额、单位产品生产工时定额、单位时间产量定额、单位台时产量定额等。④ 耗费定额，如期间费用开支定额等。⑤ 质量定额，如产品合格率、等级品率、废品率、返修率等。

定额有计划定额、现行定额和经验统计定额之分。计划定额是反映计划期内应达到的平均水平的定额(一般以一年为一个时间区间)，依此计算的是计划成本；现行定额是反映当前应达到的水平定额(一般以一个月为一个时间区间)，依此计算的是定额成本；经验统计定额是根据统计资料和经验而制定的定额。

(二) 健全物资的计量、验收、领发和清查制度

为了进行成本核算和成本管理，还必须对材料、物资的收发、领退和结存进行计量，建立健全材料物资的计量、收发、领退和清查制度。企业要对不同的计量对象配备相应的计量器具，如对管道输送的液体和气体，以及锅、槽中的液体和气体要安装仪表计量，并建立计量仪器和器具的管理与定期检验制度以保证计量仪器和器具始终处于良好状态。材料验收有提货验收和入库验收之分。提货人员当发现数量短缺、重量不足或破损时，应查明原因并要求鉴证。仓库验收时，应根据材料的不同特性，分别采取点数、过磅、量尺、折算等方法以正确核算其数量。在产品和半成品的验收，一般是根据有关产量凭证，通过自检、互检或专业检验等方式来完成的；领用材料、半成品、工具等物资都要有严格的手续和制度，剩余物资要及时退库，库存物资和在产品要定期盘点，做到账实相符。

(三) 制定合理的凭证传递流程，建立原始记录制度

原始记录是企业在生产经营活动发生之时，记载业务事项实际情况的书面凭证。作为成本信息的载体，它直接关系到成本核算的真实度。因而，建立严格的原始记录制度，制定合理的凭证传递流程，对加强企业经营管理，具有重要意义。

原始记录的种类很多，与成本有关的原始记录主要有：材料物资消耗记录，如收料单、限额领料单、材料切割单、材料退库单、补料单、代用材料单、废品回收单、材料耗用汇总表、材料盘点报告单、工具请领单、工具借缴登记簿等；设备使用记录，如设备交付使用单、设备运转记录、事故登记表等；人事工资记录，如职工录用通知单、职工调动通知单、请假单、考勤簿、加班加点记录单、工资和奖金支付单等；产品生产记录，如生产命令通知单、工票、工序进程单、停工通知单、废品通知单、完工通知单、成品交库单、半成品入库报告单、在产品转移交接单、成品报废单、在产品盈亏报告单、半成品盈亏报告单、产成品盈亏报告单等。

原始记录往往为若干部门所使用，因此大多采用一式多份要求填写的原始记录，应同

时分别送交有关需用部门。企业还应健全原始记录制度，明确制定各种原始记录的传递程序，并使之符合企业成本核算与管理的要求以及班组经济核算的开展，力求简明、实用。

(四) 建立健全各项规章制度

规章制度是企业为了进行正常的生产经营和管理而制定的有关制度、章程和规则，是各职能部门及其员工行为的准绳，是实施有效成本控制的保证。一般来说，与成本控制有关的规章制度包括：计量验收制度、岗位责任制度、质量检验制度、物资盘存制度、材料收发领用制度、设备管理与维修制度和考勤制度等。各种规章制度还需要不断的修订和完善。

五、选择适当的成本核算方法

计算成本，是为了满足企业成本管理的需要，因此，企业在进行成本核算时，应根据本企业的具体情况，选择适合于企业特点的成本核算方法进行成本核算。成本核算方法应根据企业生产的特点和管理要求来选择。产品成本是在生产过程中形成的，生产组织和工艺过程不同的产品，应该采用不同的成本核算方法。企业生产的特点按其组织方式有大量生产、成批生产和单件生产；按工艺过程的特点有连续式生产和装配式生产。企业采用何种成本核算方法，在很大程度上取决于产品的生产特点。计算产品成本是为了加强成本管理，对管理要求不同的产品，也应该采用不同的成本核算方法。在同一个企业里，可以采用一种成本核算方法，也可以采用多种成本核算方法，即多种成本核算方法同时使用或多种成本核算方法相结合。

第三节　成本核算的基本程序

成本核算的基本程序，就是对生产过程中各项支出进行分类核算，将生产过程中的要素支出按经济用途归类反映的过程。为了将生产过程中发生的支出计入各成本核算对象，计算出各成本核算对象的制造成本，要建立一个完整的账户体系。

一、成本核算账户的设置

为了反映产品成本核算的过程和结果，对产品生产过程中发生的生产费用，按一定的产品成本核算对象进行归集与分配，最终确定完工产品成本，就必须设置相应的总账账户与必要的明细账户。按照现行的《企业会计制度》规定，制造企业进行产品成本核算主要设置“生产成本”和“制造费用”两个账户。

(一) “生产成本”账户

“生产成本”账户用来核算企业进行产品生产(包括完工产品、自制半成品和提供劳务等)、自制材料、自制设备等所发生的各项生产费用，下设“基本生产成本”和“辅助生产成本”两个二级账户，分别用来核算企业发生的基本生产成本与辅助生产成本。

1. “基本生产成本”二级账户

制造企业的基本生产是指为完成企业主要生产目的而进行的商品产品生产。企业在生产过程中发生的各项生产费用，通过设置“基本生产成本”二级账户进行归集，“基本生产成本”二级账户借方归集企业为生产产品而发生的材料费用、燃料及动力费用、人工费用及制造费用等，贷方记录转出的完工产品成本，余额在其借方，表示期末在产品成本的实际资金占用。为了反映不同的产品成本核算对象所发生的生产费用，该账户应按成本核算对象设置明细分类账，产品成本明细分类账采用多栏式账页。其格式及举例如表 2.1 所示。

表 2.1　基本生产成本明细账

车间名称：第一车间　　　　产品名称：　　产品

年		摘　要	产量/件	成本项目			成本合计
月	日			直接材料	直接人工	制造费用	

2. “辅助生产成本”二级账户

制造企业的辅助生产是指为本企业基本生产车间及其他部门提供产品或劳务的生产。企业在进行辅助生产过程中发生的生产费用，通过设置“辅助生产成本”二级账户进行归集。“辅助生产成本”二级账户的借方登记辅助生产过程中发生的材料费用、燃料和动力费用、人工费用及制造费用等，贷方登记分配转出的完工产品成本及劳务成本。“辅助生产成本”二级账户在期末分配转出后，一般无余额。企业同时设有若干个辅助生产车间时，应当按不同的辅助生产车间分户设置辅助生产成本明细账。辅助生产成本明细账的格式与基本生产成本明细账的格式基本相同。其格式如表 2.2 所示。

表 2.2　辅助生产成本明细账

车间名称：机修车间　　　　金额单位：元

年		凭证号数	摘　要	直接材料	燃料动力	直接人工	制造费用	合计
月	日							

(二) “制造费用”账户

制造费用是企业的生产车间在生产产品或提供劳务过程中发生的各项间接费用，如车间管理人员的薪酬、固定资产的折旧费、车间发生的办公费、水电费、机物料消耗和劳动保护费等。由于制造费用的内容较多，不宜在“生产成本”账户中分别设置成本项目，需要通过设置“制造费用”账户进行归集，再按一定的标准分配计入各受益的产品成本核算对象。“制造费用”账户的借方登记发生的各项制造费用；贷方登记分配转出的制造费用；期末分配转出后，该账户一般无余额。为了反映不同生产车间所发生的制造费用，应当按不同的生产车间分户设置制造费用明细账。对制造费用发生额较少的辅助生产车间也可以不设制造费用明细账，而是将发生的各项制造费用直接计入“辅助生产成本”明细账的“制造费用”栏。

制造费用明细账一般采用多栏式账页，格式如表 2.3 所示。

表 2.3　制造费用明细账

车间名称：　　　　金额单位：元

年		凭证号数	摘要	合计	工资	社保费	劳保费	折旧费	办公费	水电费	其他
月	日										

二、产品成本核算的一般程序

产品成本核算的一般程序是指企业在产品生产过程中，对生产费用发生、归集、分配，直至将成本核算的结果进行连续记录和反映的全过程。产品成本核算是会计核算程序在成本核算工作中的具体应用，一般包括五个步骤：

(1) 审核费用凭证，并按费用的发生地点和用途进行归集和分配。

企业按照确定的生产任务组织产品生产，从而发生各种要素费用；企业成本会计人员要根据《企业会计制度》及成本开支范围的规定进行审核，确定发生的费用是否应当计入产品成本或是期间费用。同时根据权责发生制原则分清费用归属期间，对属于本期的生产费用，按费用发生的地点和用途分别计入“生产成本——基本生产成本(××产品)”“生产成本——辅助生产成本(××辅助生产车间)”和“制造费用”等账户；对属于本期的期间费用，按期间费用的性质和内容分别计入“管理费用”“销售费用”和“财务费用”等账户。

(2) 归集辅助生产费用，并按受益程度进行分配。

在产品成本核算期内，“生产成本——辅助生产成本”各明细账户归集了各个辅助生产车间本期发生的生产费用，形成了各种辅助生产产品或辅助生产劳务成本。对归集的各项辅助生产费用，应当以受益产品或部门的受益程度为标准，采用一定的分配方法于月末进行分配，分别计入“生产成本——基本生产成本”“制造费用——××基本生产车间”“销售费用”“管理费用”等账户。

(3) 归集基本生产车间的制造费用，并在所生产的产品中进行分配。

各个基本生产车间归集的制造费用，应当在月末按照一定的分配标准进行分配，计入“生产成本——基本生产成本(××产品)”账户。经过上述归集和分配活动，各个“基本生产成本”明细账户归集了本期发生的全部生产费用。

(4) 确定月末在产品应负担的生产费用。

产品成本核算期末，如果存在未完工产品，需要根据月末在产品数量的多少、产品成本的构成、投料的方式、在产品的完工程度等具体情况，运用一定的方法，将基本生产成本明细账归集的全部生产费用(包括月初在产品负担的生产费用与本期发生的生产费用)，在完工产品与月末在产品之间进行分配，确定月末在产品应负担的生产费用，形成月末在产品成本。

(5) 计算并结转完工产品成本。

各个基本生产成本明细账户所归集的全部生产费用，扣除月末在产品成本后，形成本期完工产品的总成本。用完工产品总成本除以完工产品的数量，计算出完工产品的单位成本，根据仓库部门提供的产品入库单结转完工产品成本，计入“库存商品——××产品”账户。

以上产品成本核算的过程，实际上就是要分清五个费用界限的过程。将产品成本核算的账务过程绘制成图，如图 2.1 所示。

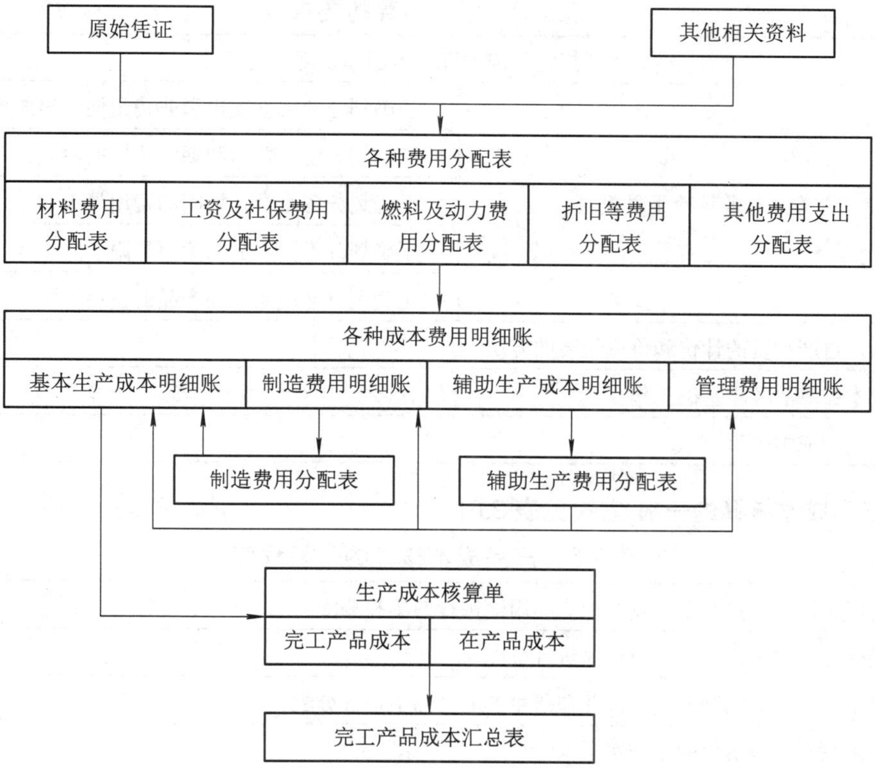

图 2.1

❖ 本章小结 ❖

1. 生产费用的分类(见表 2.4)

表 2.4　生产费用的分类表

按费用的经济内容分类	按费用的经济用途分类
外购材料	直接材料
外购燃料	直接燃料
外购动力	直接动力
职工薪酬	直接人工
折旧及摊销费用	废品损失
修理费用	停工损失
利息费用	制造费用
税金	
其他费用	

2. 成本核算的要求(见表 2.5)

表 2.5　成本核算的要求

<table>
<tr><td colspan="2">遵守国家规定的成本开支范围和费用开支标准</td></tr>
<tr><td rowspan="5">正确划分各种费用界限</td><td>正确划分费用性支出和非费用性支出的界限</td></tr>
<tr><td>正确划分生产费用和期间费用的界限</td></tr>
<tr><td>正确划分各个会计期间的费用界限</td></tr>
<tr><td>正确划分不同产品的费用界限</td></tr>
<tr><td>正确划分产成品和在产品的费用界限</td></tr>
<tr><td colspan="2">正确确定财产物资的计价和价值结转的方法</td></tr>
<tr><td colspan="2">做好成本核算的各项基础工作</td></tr>
<tr><td colspan="2">选择适当的成本核算方法</td></tr>
</table>

3. 产品成本核算的一般程序(见表 2.6)

表 2.6　产品成本核算的一般程序

审核费用凭证，并按费用的发生地点和用途进行归集和分配
归集辅助生产费用，并按受益程序进行分配
归集基本生产车间的制造费用，并在所生产的产品中进行分配
确定月末在产品应负担的生产费用
计算和结转完工产品成本

◈ 同 步 测 试 ◈

1. 简述产品成本核算的要求。
2. 简述产品成本核算的基本程序。
3. 产品成本核算应设哪些主要账户，它们各反映什么内容？

第三章　工业企业产品成本构成要素的核算

【知识目标】

(1) 掌握原材料费用归集、分配和账务处理方法。
(2) 掌握燃料费用归集、分配和账务处理方法。
(3) 掌握外购动力费用归集、分配和账务处理方法。
(4) 掌握工资费用计算、结算和工资费用分配的方法与账务处理方法。
(5) 掌握折旧及其他费用分配的方法和账务处理方法。
(6) 掌握辅助生产费用归集、分配和账务处理方法。
(7) 掌握制造费用归集、分配和账务处理方法。
(8) 掌握生产损失归集、分配和账务处理方法。

【能力目标】

能运用生产经营费用核算的原理和方法，结合工业企业成本核算的实际，对其成本费用进行计算、归集和分配，并作出相应的账务处理。

第一节　产品成本构成内容

一、产品成本的构成

企业从事产品的生产，必定要有原材料的投入、人工费用的支出、为辅助生产提供的服务、动力或燃料费用的开支、生产管理人员对产品生产进行管理而发生的支付等。这些为产品生产而发生的费用就是生产费用。生产费用是制造企业在一定期间归集的与产品生产有关的要素费用。制造企业需要将所有为产品生产而发生的要素费用按不同的成本核算对象进行归集，并以一定的标准进行分配，最终计算出产品成本。可见，产品成本是生产费用的最终归宿。要正确计算产品成本，就必须明确产品成本构成的内容，如上所述，材料费用、燃料和动力费用、人工费用、辅助生产费用和制造费用构成了产品的成本。

(一) 材料费用

材料费用是指企业在产品生产过程中因消耗材料等而发生的费用。材料费用是构成产品成本的重要内容，包括企业在产品生产过程中所消耗的原材料、辅助材料、修理用备件、外购半成品、周转材料等所发生的费用。发生的材料费用通常列入“生产成本”明细账户中的“直接材料”成本项目。

原材料是指企业从外部采购或以其他方式取得的，用于产品生产并形成产品实体的原料及主要材料，如用于纺纱的棉花、用于纺织的棉纱、用于冶炼的矿石、用于加工机械的钢材等。

辅助材料是指从企业外部购进或通过其他方式取得的，用于产品生产但不形成产品实体，并有助于产品形成的物品，如催化剂、润滑剂、染色剂等。

修理用备件是指企业为了维护生产设备的正常运行或日常修理而购入备用的各种零件与配件，如齿轮、轴承、三角皮带、螺丝螺帽等。

外购半成品是指企业从外部购入直接用于装配产品，成为产品组成部分的物品，如装配在洗衣机上的微型电动机等。

周转材料包括低值易耗品和包装物。

低值易耗品是指企业从外部购入、自制或委托加工等方式形成，不能作为固定资产核算的各种用具物品，如工具、管理用具、玻璃器皿等。

包装物是指企业从外部购入、自制或委托加工等方式形成，为了包装本企业产品而储备的各种包装容器，如桶、箱、瓶、坛、袋等。

(二) 燃料和动力费用

燃料是指企业从外部购入，能产生热能的各种固体、液体、气体燃料，如煤炭、柴油、天然气等。

动力费用是指从企业外部购入的电力与蒸汽(热力)等。动力的购进与材料的购进类似，但不存在实物形态。在会计处理上，动力费用可以和燃料费用合并单设“燃料和动力”成本项目，也可以不单设“燃料和动力”成本项目，而将发生的燃料费用计入“直接材料”，把发生的动力费用作为“制造费用”处理。

(三) 人工费用

人工费用又称薪酬费用，是指按一定标准支付给生产工人的工资总额，并按工资总额的一定比例提取缴纳的职工社会保险费用及其他相关费用。工资总额是企业在一定时期内支付给全体职工的全部劳动报酬，包括计时工资、计件工资、奖金、津贴和补贴、加班加点工资和非劳动时间支付的工资。职工社会保险费是按工资总额的一定比例提取并缴纳的养老保险费、医疗保险费、失业保险费、工伤保险费、生育保险费等。其他相关费用是企业按生产工人工资总额的一定比例缴纳的住房公租金和按一定标准提取的工会经费、职工教育经费以及支付给职工的非货币福利等支出。企业对产生的职工工资及社会保险与其他相关费用，要按照生产工人所在车间及工作岗位的不同，按不同的方式计入产品成本：对在基本生产车间直接从事产品生产的工人的人工费用，计入“生产成本——基本生产成本”明细账户的“直接人工”成本项目；对在辅助生产车间从事辅助生产的工人的人工费用，计入“生产成本——辅助生产成本”明细账户的“直接人工”成本项目。

(四) 辅助生产费用

辅助生产费用是企业在产品生产过程中因消耗辅助生产车间提供的产品或接受辅助生产车间提供的劳务而发生的费用。辅助生产车间归集的辅助生产费用，要按受益程度由相应的受益对象来承担：产品生产过程中直接消耗供电车间所提供的电力、供水车间所提供的生产用水、锅炉车间所提供的蒸汽及模具车间所提供的产品模具等，通常计入“生产成本——基本生产成本”明细账户的“直接材料”或“燃料和动力”成本项目；基本生产车间管理部门消耗辅助生产车间提供的电力、水、蒸汽等，计入“制造费用”账户；运输部门所提供的运输劳务则按运输物品的性质，分别计作材料成本、销售费用等。

(五) 制造费用

制造费用是指企业的生产车间(一般是基本生产车间)在组织产品生产过程中所发生的管理费用，以及在产品生产过程中发生的但不能直接归属到所制造的产品成本中的各种生产费用。通常包括直接用于产品生产未单独设置成本项目的生产费用，如机器设备的折旧费、保险费、车间领用低值易耗品的摊销费、图纸设计费、无形资产摊销费、废品损失、停工损失等；间接服务于产品生产的费用，如生产车间房屋建筑物的折旧费、保险费、租赁费、机物料消耗费、车间照明费、取暖费、降温费、劳动保护费、国家规定的有关环保费用等；车间管理部门的管理费用，如车间管理人员的人工费用、出差费用、办公费用，管理固定资产的折旧费、保险费、租赁费以及按受益程度分配由车间承担的辅助生产费用等。对发生的制造费用，要先在“制造费用”账户中进行归集，到月末再按受益程度分配转入各受益产品的成本中。

二、生产费用的处置

对发生的生产费用进行处置，主要是根据生产费用的受益情况在各个产品成本核算对象中进行归集。生产车间生产产品的品种多少，与生产费用处理方法直接相关。

(一) 生产单一产品发生生产费用的归集

不论是基本生产车间还是辅助生产车间，如果一个车间只生产一种产品，则该车间发生的全部生产费用都应当由该产品负担，在生产费用发生时直接计入该产品成本。假设企业以产品的品种作为成本核算对象，在发生有关生产费用时，直接在该产品中进行归集，借记“生产成本——基本生产成本——××产品”账户，贷记有关账户即可。

(二) 同时生产多种产品发生生产费用的归集

一个生产车间同时生产几个品种的产品时，发生在该车间的生产费用，有的可以在发生时就能明确归属于何种产品，有的则是几种产品共同耗费的，在发生时不能直接明确每种产品应负担的数额。因此，要根据费用发生的实际情况区别对待。

1. 直接归属于某种产品的生产费用的归集

直接归属于某种产品的生产费用被称为直接计入费用，该项生产费用在发生时就能明确应由哪种产品承担。直接计入费用主要包括：某种产品直接领用原材料，专门从事该产品生产的人工费用等。对发生的直接计入费用进行归集，可以比照生产单一产品所发生的生产费用的归集方法进行会计核算，借计“生产成本——基本生产成本——××产品”账户，贷计“原材料”或“应付职工薪酬”等账户。

2. 几种产品共同负担的生产费用的归集

发生的由几种产品共同负担的生产费用被称为间接计入费用，这些生产费用在发生时不能直接确定由何种产品承担。间接计入费用主要包括：几种产品共同消耗的同一种原材料而发生的材料费用，生产工人同时进行几种产品的生产而发生的人工费用，几种产品同时受益的辅助生产费用，几种产品共同承担的制造费用等。对间接计入费用要采用比例分配法进行分配，再计入各种产品的生产成本。

(1) 比例分配法的基本公式。间接计入费用通常按以下公式进行分配：

$$\text{费用分配率}=\frac{\text{被分配费用}}{\text{分配标准之和}}$$

$$\text{某受益对象应负担费用}=\text{该受益对象的分配标准}\times\text{费用分配率}$$

上述公式中的被分配费用是指某项需要由若干受益对象共同承担的费用。如由若干种原材料共同负担的运输费用；由若干种产品共同负担的材料费用；由若干种产品共同负担的人工费用；由若干种产品共同负担的动力费用；由若干种产品与若干部门共同负担的辅助生产费用；由若干产品共同负担的制造费用等。

公式中的分配标准之和是指各个受益对象作为费用受益程度的衡量标准相加之和。如用以分配运输费用的各种外购材料的重量之和；用以分配共同消耗某种材料的各种产品的材料定额消耗量之和；用以分配工资费用的各种产品的实际消耗工时之和等。

分配各种间接计入费用时，必须合理确定分配标准，才能合理分配各种生产费用，保证产品成本核算的正确。

(2) 分配标准的确定。分配不同的要素费用有不同的分配标准，分配同一要素费用也会有不同的分配标准。在确定各种费用的分配标准时，要考虑分配标准与所发生的生产费用之间的相关性、分配标准取得的难易程度和生产费用分配结果的正确性。

对几种产品共同消耗的原材料费用，通常以各种产品的实际材料消耗或定额材料消耗量为分配标准。材料实际消耗量可从产品投料的原始记录中取得。材料定额消耗量可以利用企业的各种产品的单位材料消耗定量，结合各种产品的实际产量计算求得。在每种产品的单位材料消耗量基本相同的条件下，也可以用各种产品的完工数量或总重量作为该项材料费用的分配标准。完工产品数量或重量可从有关原始记录中取得。

对几种产品共同负担的生产工人的(计时)工资费用，通常以各种产品的实际耗用工时或定额耗用工时作为分配标准。各种产品的实际耗用工时可以从工时记录中取得。定额耗用工时根据企业核定的各种产品的单位工时消耗定额，结合完工产品的数量计算求得。

对外购的动力费用，应当直接根据仪表记录数据或马力计时作为分配标准。

对发生的辅助生产费用，应当以受益产品或受益部门的受益程度作为分配标准。受益程度一般通过仪表记录或其他原始记录取得。为了简化辅助生产费用的分配手续，也可以用事先确定的辅助生产产品或劳务的计划成本作为分配标准。

对归集的制造费用，通常以承担制造费用的产品所消耗工时(实际工时或定额工时)、生产工人的工资、机器工时等作为分配标准。各种分配标准的取得方法同前所述。同样，为了简化制造费用的分配手续，对制造费用亦可按事先确定的计划分配率进行分配。

(3) 生产费用分配表的编制。对发生的生产费用，无论是直接计入还是按基本分配公式计算后计入，都需要按确定的结果编制生产费用分配表，以便进行成本核算。生产费用分配表的基本格式如表 3.1 所示。表 3.1 是各种生产费用分配的基本格式，不同性质的生产费用所使用的生产费用分配表有所差别。

表 3.1　费用分配表

年　月　日　　　　金额单位：元

应借账户		成本项目	分配标准	分配率	分配金额
总账账户	明细账户				
合计					

会计主管：　　　　复核：　　　　制单：

第二节　材料费用的核算

一、原材料费用的分配核算

(一) 原材料核算的原始凭证

1. 领料单

领料单是一种一次凭证，适用于不常领用或未制定消耗定额的材料领用。领料单一般一式三联：一联留存领料单位；一联留存发料仓库，据以登记原材料明细账；一联送交会计部门据以进行原材料发出和材料费用核算。

2. 限额领料单

限额领料单是一种在一定时期和一定限额内多次领用材料可以使用的累计凭证，适用于经常领用并已制定消耗定额的材料领用。采用限额领料单在一定时期内可以随时计算领料的累计数，便于同定额比较，有效地控制材料领用。在核定产量范围内，超过限额领料的，须经有关部门批准后另行填制领料单据以领料。

3. 领料登记簿

如果领用的材料次数多，数量零星，而且价值不高，则为简化手续，领料时可不填制领料单，而由领料人在领料登记簿上登记领用数量并签名，据以办理发料，月终由发料仓库人员根据领料登记簿按领料单位和用途填制领料单。

4. 退料单

月末生产车间有多余材料，如下月不再使用，应填制本月退料单，并办理退料手续；如下月需继续使用，应同时填制本月退料单和下月领料单，但不需要办理退料手续。退料单一般一式三联：一联留存领料单位；一联留存发料仓库，据以登记原材料明细账；一联送交会计部门据以进行原材料发出和材料费用核算。

(二) 原材料费用的分配核算

1. 原材料费用分配对象的确定

原材料是指企业通过采购或其他方式取得的用于制造产品并构成产品实体的物品，以及取得的供生产耗用但不构成产品实体的辅助材料、燃料等。这些材料在生产经营活动中有着不同的用途，如有的用于产品生产，有的用于组织和管理生产等。但材料费用发生后应由谁负担，各负担多少，是成本会计要解决的重要问题。通常情况下，原材料费用的分配是按用途、部门和按受益对象来分配的。具体来说：用于产品生产的材料费用由所生产的各种产品负担，应计入“生产成本”总账账户及其“基本生产成本”明细账的有关成本项，用于辅助生产的材料费用由辅助产品或劳务承担，应计入“生产成本”总账账户及其“辅助生产成本”明细账中的有关成本项目；用于维护生产设备等的各种材料，应由产品或劳务承担，但由于不能直接计入“基本生产成本”或“辅助生产成本”明细账户，应先计入“制造费用”账户进行归集，以后再分配计入上述两个明细账户；用于企业行政部门组织和管理生产的材料费用，则由管理费用负担，计入“管理费用”账户的有关费用项目等。总之，原材料费用的分配对象，要视企业的生产特点和管理要求而定，不能随意确定。

2. 原材料费用的分配方法

原材料费用的分配方法是指原材料费用计入各负担对象的方法。一般而言，凡能辨清原材料费用承担对象的，应直接计入该分配对象。属于几种产品共同耗用的，即间接计入的，应采用适当的分配方法，分配计入各有关产品成本。在这种情况下，分配方法的选择对成本核算的正确性有一定影响。由于生产过程中，原料和主要材料的耗用量一般与产品的重量、体积有关，因而原料和主要材料费用一般可以按产品的重量比例分配，如果企业有原料及主要材料消耗定额且比较准确的，也可以按照材料的定额消耗量或定额费用比例分配。对于系列产品生产的企业也可以采用各种产品的产量按系数折合成标准产量，再以标准产量的比例分配原材料费用。下面主要说明材料定额消耗量比例法和材料定额费用比例法。

1) 材料定额消耗量比例法

材料定额消耗量比例法是指在一定产量下按照材料消耗定额计算消耗的数量，其中材料消耗定额是指单位产品可以消耗的材料数量限额。其计算分配程序是：

第一，计算各种产品原材料定额消耗量；

第二，计算单位产品的原材料定额消耗量应分配原材料实际消耗量(即原材料消耗量分配率)；

第三，计算出各种产品应分配的原材料实际消耗量；

第四，计算出各种产品应分配的原材料实际费用。

计算公式如下：

$$\text{某种产品原材料定额消耗量} = \text{该种产品实际产量} \times \text{单位产品原材料定额消耗量}$$

$$\text{原材料消耗量分配率} = \frac{\text{材料实际消耗总量}}{\text{各种产品材料定额耗用量之和}}$$

$$\begin{array}{c}\text{某种产品应分配的}\\\text{原材料实际消耗量}\end{array} = \begin{array}{c}\text{该种产品原材料}\\\text{定额消耗量}\end{array} \times \begin{array}{c}\text{原材料消耗量}\\\text{分配率}\end{array}$$

$$\text{某种产品应分配的实际原材料费用} = \text{该种产品应分配的原材料实际消耗量} \times \text{材料单价}$$

[例 3-1] 某企业生产甲、乙两种产品，共同耗用原材料 6 000 千克，每千克 2 元，共计 12 000 元。生产甲产品 1 200 件，单件甲产品原材料消耗定额为 3 千克，生产乙产品 800 件，单件乙产品原材料消耗定额为 1.5 千克。计算原材料费用分配。

解：(1) 甲产品原材料定额消耗量 = 1 200 × 3 = 3 600 (千克)

乙产品原材料定额消耗量 = 800 × 1.5 = 1 200 (千克)

(2) 原材料消耗量分配率：

$$\text{原材料消耗量分配率} = \frac{6\ 000}{3\ 600 + 1\ 200} = 1.25$$

(3) 甲产品应分配原材料数量 = 3 600 × 1.25 = 4 500 (千克)

乙产品应分配原材料数量 = 1 200 × 1.25 = 1 500 (千克)

(4) 甲产品应分配原材料费用 = 4 500 × 2 = 9 000 (元)

乙产品应分配原材料费用 = 1 500 × 2 = 3 000 (元)

上列计算分配，可以考核原材料消耗定额的执行情况，有利于加强原材料消耗的实物管理，但分配计算的工作量较大。为了简化计算分配工作，也可以采用按原材料定额消耗量比例直接分配原材料费用的方法。计算分配的程序是：

第一，计算各种产品原材料定额消耗量；

第二，计算单位产品的原材料定额消耗量应分配的原材料费用(即原材料消耗量的费用分配率)；

第三，计算各种产品应分配的实际材料费用。

[例 3-2] 根据例 3-1 的资料，采用按原材料定额消耗量比例直接分配原材料费用的方法，计算原材料费用分配。

解：(1) 甲产品原材料定额消耗量 = 1 200 × 3 = 3 600 (千克)

乙产品原材料定额消耗量 = 800 × 1.5 = 1 200 (千克)

(2) 原材料消耗量分配率：

$$\text{原材料消耗量分配率} = \frac{12\ 000}{3\ 600 + 1\ 200} = 2.5$$

(3) 各产品应分配原材料费用

甲产品：3 600 × 2.5 = 9 000 (元)

乙产品：1 200 × 2.5 = 3 000 (元)

上述两种分配方法计算结果相同，但后一种分配方法不能提供各种产品原材料实际消耗量资料，不利于加强原材料消耗的实物管理。在生产多种产品或多种产品共同耗用多种原材料费用的情况下，也可以采用材料定额费用比例法分配原材料费用。

课堂练习 3-1

1. 目的：材料定额消耗量比例法分配原材料费用。

2. 资料：某企业生产 A、B 两种产品，共同耗用甲材料 2000 千克，每千克 3 元，共计 6000 元。生产 A 产品 1000 件，单件 A 产品材料消耗定额为 1 千克，生产 B 产品 500 件，单件 B 产品材料消耗定额为 2 千克。

3. 要求：按材料定额消耗量比例法计算 A、B 两种产品应负担的原材料费用。

2) *材料定额费用比例法*

按原材料定额费用比例分配原材料费用，计算分配的程序是：

第一，计算各种产品原材料定额费用；

第二，计算单位产品的原材料定额费用应分配原材料实际费用(即原材料费用分配率)；

第三，计算出各种产品应分配的原材料实际费用。

计算公式如下：

$$某种产品原材料定额费用 = 该种产品实际产量 \times 单位产品原材料费用定额$$

$$原材料费用分配率 = \frac{各种材料实际费用总额}{各种产品材料定额费用之和}$$

$$\begin{array}{c}某种产品应分配的\\实际原材料费用\end{array} = \begin{array}{c}该种产品原材料\\费用定额\end{array} \times \begin{array}{c}原材料费用\\分配率\end{array}$$

[例 3-3] 某企业生产甲、乙两种产品，因消耗的原材料种类较多，分别核定甲、乙两种单位定额费用 180 元、150 元，本月投产甲产品 1 000 件，乙产品 1 100 件。本月甲、乙两种产品共同消耗的原材料实际成本为 690 000 元，计算本月原材料费用分配。

解： 甲产品原材料定额费用 = 1 000 × 180 = 180 000 (元)

乙产品原材料定额费用 = 11 000 × 150 = 165 000 (元)

$$原材料费用分配率 = \frac{690\ 000}{180\ 000 + 165\ 000} = 2$$

甲产品分配的实际原材料费用 = 180 000 × 2 = 360 000 (元)

乙产品分配的实际原材料费用 = 165 000 × 2 = 330 000 (元)

原材料费用分配在实际工作中是通过编制“原材料费用分配表”进行的，这种分配表应根据领退料凭证和有关凭证编制。下面举例说明其编制方法和会计处理。

[例 3-4] 万世公司 2017 年 5 月份发料情况如表 3.2 所示。该企业投产甲产品 140 件、乙产品 140 件，单耗原材料定额分别为 2.5 千克、3.5 千克，要求编制原材料费用分配表和会计分录。

表 3.2　发出材料明细表

2017 年 5 月　　金额单位：元

材料类别	发料数量	单位成本	用　　途
A 材料	200 千克	600	甲产品生产用
B 材料	126 千克	1 000	甲、乙两种产品共用
燃料	100 千克	60	锅炉车间 100 千克
燃料	20 千克	60	机修车间 20 千克
燃料	20 千克	60	基本生产车间用
燃料	10 千克	60	管理部门用
辅助材料	200 千克	40	基本生产车间用
修理用配件	50 只	6	基本车间修理用

解：编制原材料费用分配表如表 3.3 所示。

表 3.3　原材料费用分配表

2017 年 5 月　　金额单位：元

应借账户			成本项目	间接计入			直接计入	合计
				耗用材料/千克	分配率	分配额		
生产成本	基本生产成本	甲产品	直接材料	350	150	52 500	120 000	172 500
		乙产品	直接材料	490	150	73 500		73 500
		小计		840	150	126 000	120 000	246 000
	辅助生产成本	锅炉车间	直接材料				6 000	6 000
		机修车间	直接材料				1 200	1 200
		小计					7 200	7 200
制造费用	基本生产车间		修理费				300	300
			机物料消耗				9 200	9 200
			小计				9 500	9 500
管理费用			机物料消耗				600	600
合计						126 000	137 300	263 300

根据上述“原材料费用分配表”编制会计分录如下：

借：生产成本——基本生产成本——甲产品　　172 500
　　　　　　　　　　　　　　——乙产品　　73 500
　　　　　——辅助生产成本——锅炉车间　　6 000
　　　　　　　　　　　　　　——机修车间　　1 200
　　制造费用——基本生产车间　　9 500
　　管理费用　　600
　　贷：原材料　　263 300

上列原材料费用是按实际成本进行核算分配的，如果原材料费用是按计划成本进行核算分配，计入产品成本和期间费用等的原材料费用是计划成本，还应该分配材料成本差异额。

课堂练习 3-2

1. 目的：原材料费用分配。

2. 资料：长江公司 2017 年 5 月份投产甲产品 140 件、乙产品 140 件，单耗原材料定额分别为 2.5 千克、3.5 千克，5 月份发料情况如表 3.4 所示。

3. 要求：填写原材料费用分配表(见表 3.5)。

表 3.4　发出材料明细表

2017 年 5 月　　　　金额单位：元

材料类别	品　名	发料数量	单位成本	金　额	用　途
原材料	甲材料	7 560 千克	10.00	75 600	A、B 产品生产用
原材料	乙材料	3 500 千克	12.50	43 750	B 产品用
原材料	丙材料	3 000 千克	55.00	165 000	A 产品用
原材料	丙材料	100 千克	55.00	5 500	公司办公室用
燃料	大同煤	30 吨	420.00	12 600	供气车间用
辅助材料	润滑剂	10 千克	30.00	300	机修车间用
辅助材料	101 材料	500 千克	8.00	4 000	机修车间用
辅助材料	102 材料	50 千克	12.00	600	一车间消耗
合计				307 350	

表 3.5　原材料费用分配表

年　　月　　　　金额单位：元

应借账户			成本或费用明细项目	间接计入费用			直接计入费用	合计
				定额耗用量	分配率	分配额		
生产成本	基本生产成本	A 产品	直接材料					
		B 产品	直接材料					
		小计						
	辅助生产成本	供气车间	直接材料					
		机修车间	直接材料					
		小计						
制造费用			物料消耗					
管理费用			物料消耗					
合计								

二、燃料费用的分配核算

燃料实际上也是材料，如果燃料费用在产品成本中比重较大时，可以与动力费用一起专设“燃料和动力”成本项目，还可增设“燃料”会计科目，以便单独核算燃料的增减变动和结存，以及燃料费用的分配情况。

燃料费用的分配与原材料费用的分配程序和方法相同。直接用于产品生产的燃料，在只生产一种产品或者是按照产品品种(或成本核算对象)分别领用时，属于直接计入费用，可以直接计入各种产品成本明细账的“燃料和动力”成本项目；如果不能按产品品种分别领用，而是几种产品共同耗用的燃料，属于间接计入费用，则应采用适当的分配方法，在各种产品之间进行分配，然后再计入各种产品成本明细账的“燃料和动力”成本项目。

分配标准可以按产品的重量、体积、所耗燃料的数量或费用，也可以按燃料的定额消耗量或定额费用比例等。直接用于产品生产专设成本项目的燃料费用，应计入“基本生产成本”明细账科目的借方及其所属明细账的“燃料和动力”成本项目；直接用于辅助生产专设成本项目的燃料费用，用于基本生产和辅助生产但没有专设成本项目的燃料费用，应计入“辅助生产成本”明细账、“制造费用”总账科目的借方及其所属明细账有关项目；用于产品销售以及组织和管理生产经营活动的燃料费用则应计入“销售费用”“管理费用”总账科目的借方及所属明细账有关项目。已领燃料总额，应计入“燃料”科目贷方。不设“燃料”科目的，则计入“原材料”科目的贷方。

[例 3-5]　万世公司因在生产过程中消耗的燃料和动力费用较多，因此对购入的燃料单设“燃料”账户进行核算。该公司 2017 年 5 月份直接用于甲、乙产品生产的燃料费用共为 11 340 元，按甲、乙产品所耗原材料费用比例分配，甲产品材料费用 52 500 元，乙产品材料费用 73 500 元，计算甲、乙产品应分配的燃料费用。

解：

$$\text{燃料费用分配率}=\frac{11\,340}{52\,500+73\,500}=0.09$$

$$\text{甲产品应分配的燃料费用}=52\,500\times 0.09=4\,725\ (\text{元})$$

$$\text{乙产品应分配的燃料费用}=73\,500\times 0.09=6\,615\ (\text{元})$$

另假定锅炉车间耗用燃料费用 2 200 元，机修车间耗用燃料费用 800 元，则编制表 3.6“燃料费用分配表”如下：

表 3.6　燃料费用分配表

2017 年 5 月　　金额单位：元

应借账户			成本项目	直接计入	分配计入			合计
					原材料费用	分配率	分配额	
生产成本	基本生产成本	甲产品	燃料及动力		52 500		4 725	4 725
		乙产品	燃料及动力		73 500		6 615	6 615
		小计			126 000	0.09	11 340	11 340
	辅助生产成本	锅炉车间	燃料及动力	2 200				2 200
		机修车间	燃料及动力	800				800
		小计		3 000				3 000
合计				3 000			11 340	14 340

根据上述“燃料费用分配表”编制会计分录如下：

借：生产成本——基本生产成本——甲产品	4 725	
——乙产品	6 615	
——辅助生产成本——锅炉车间	2 200	
——机修车间	800	
贷：燃料		14 340

三、包装物费用的分配核算

包装物是指为包装本企业产品而储备，随同产品出售、出租或出借的各种包装容器，如箱、瓶、桶、坛、袋等。包装物按其用途可分为：

(1) 生产过程中用于包装产品作为产品组成部分的包装物；

(2) 随同产品出售不单独计价的包装物；

(3) 随同产品出售而单独计价的包装物；

(4) 出租或出借给购买单位使用的包装物。

这种分类与包装物发出和摊销的核算有关。一般应该设置“周转材料”总账科目，进行包装物总分类核算。具体会计处理方法，财务会计中已进行了详细说明，本书从简。

四、低值易耗品费用的分配核算

低值易耗品是劳动手段中单位价值和使用年限在规定限额以下的用具物品，包括工具、管理用具、玻璃器皿以及在经营过程中周转使用的包装容器等。低值易耗品的收入、发出、摊销和结存的核算，是通过设立“周转材料”总账科目及按其类别、品种、规格设置明细账进行的。低值易耗品的日常核算一般按照实际成本进行，在按计划成本进行时，还应在“材料成本差异”总账科目下设置“周转材料成本差异”二级科目。

低值易耗品可按在库阶段和在用阶段进行核算。在库阶段核算与原材料核算相同，低值易耗品出库、在用阶段的核算与出借、出租包装物核算有相似之处，这里主要讲述低值易耗品在用及摊销的核算。在用低值易耗品是指车间、部门从仓库领用，直到报废以前整个使用过程中的低值易耗品。低值易耗品在使用中的实物形态基本不变，其价值应该采用适当的摊销方法计入产品成本和期间费用等。但是，低值易耗品摊销额在产品成本中所占比重较小，又没有专设成本项目。因此，用于生产计入产品成本的低值易耗品摊销，应计入制造费用；用于组织和管理生产经营活动的低值易耗品摊销，应计入管理费用；用于其他经营业务的低值易耗品摊销，应计入其他业务支出等。

低值易耗品领用时，应按用途摊销其价值。低值易耗品摊销方法主要有一次摊销法和五五摊销法。

采用一次摊销法，在领用低值易耗品时，将其价值按用途一次计入成本、费用。如果低值易耗品日常核算按计划成本计价，领用月份月末应分摊差异。报废时，其残料价值应冲减有关成本、费用。

一次摊销法核算比较简便，但各月成本、费用负担不合理，不利于加强对低值易耗品实物的管理，适用于单位价值较低、使用期限较短或容易破损的低值易耗品。

采用五五摊销法，低值易耗品在领用时摊销其价值的一半，报废时摊销其价值的另一半。如果低值易耗品日常核算按计划成本计价，报废月份月末应分摊差异。报废时，其残料价值应冲减有关成本、费用。

低值易耗品的分配也可通过“低值易耗品分配表”进行。

[例 3-6] 万世公司 2017 年 5 月份生产甲产品领用专用工具一批，价值 1 000 元，采用一次摊销法；上月领用管理用具一批 2 000 元，本月报废，残值 100 元，采用五五摊销法；锅炉车间领用劳保用品 300 元，机修车间领用劳保用品 150 元，采用一次摊销法。编制低值易耗品费用分配表。

解：低值易耗品费用分配表见表 3.7。

表 3.7　低值易耗品费用分配表

2017 年 5 月　　　　金额单位：元

应借账户			成本项目	摊销方法	领用额	报废额	残值	摊销额
生产成本	基本生产成本	甲产品	直接材料	一次摊销法	1 000			1 000
	辅助生产成本	锅炉车间	机物料消耗	一次摊销法	300			300
		机修车间	机物料消耗	一次摊销法	150			150
制造费用		基本生产车间	低值易耗品摊销	五五摊销法	2 000	1 000	100	900
合计								2 350

根据上述“低值易耗品费用分配表”编制会计分录如下：

借：生产成本——基本生产成本——甲产品　　1 000
　　　　　——辅助生产成本——锅炉车间　　300
　　　　　　　　　　　　——机修车间　　150
　贷：周转材料　　1 450

借：制造费用　　900
　　原材料　　100
　贷：周转材料——低值易耗品摊销　　1 000

第三节　外购动力费用的核算

一、外购动力费用分配的原始依据

外购动力费用主要包括外购电力、蒸汽等动力费用。按照权责发生制，月末应根据本月实际耗用量及动力单价按用途计入成本、费用。如果每月支付的动力费用与应付的动力费用相差不多，为简化核算，也可以于付款时按用途计入成本、费用。在各车间、部门分别安装有记录动力耗用量仪表的情况下，应根据计量仪表记录的实际耗用量及动力单价计算分配，基本生产车间生产产品耗用的动力费用一般不按产品分别安装计量仪表，应选择适当的分配标准分配计入各种产品成本；在各车间、部门没有分装记录动力耗用量仪表的情况下，应根据计量仪表记录的实际耗用量、动力单价及适当的分配标准计算分配各车间、部门及各种产品的动力费用。分配外购动力费常用的标准有：生产工时、机器工时、机器功率时数(机器功率 × 机器开工时数)、定额耗用量等。

二、外购动力费用分配的核算

外购动力有的直接用于产品生产，如生产工艺用电力；有的间接用于产品生产，如生产单位(车间或分厂)照明用电力；有的则用于经营管理，如企业行政管理部门照明用电力和取暖等。

直接用于产品生产的动力费用，应借记"生产成本——基本生产成本"账户及所属"燃料及动力"成本项目；直接用于辅助生产又单独设置"燃料及动力"成本项目的动力费用，借记"生产成本——辅助生产成本"账户及所属"燃料及动力"成本项目；用于基本生产车间照明用电，以及行政管理部门如照明用电等，应分别借记"制造费用""管理费用"等总账科目及其所属明细账有关项目；如果基本生产和辅助生产中不单独设置"燃料及动力"成本项目，发生的燃料动力费用则应借记"制造费用"科目及其明细账有关项目，贷记"应付账款"或"银行存款"科目。

外购动力费用分配是通过编制外购动力费用分配表进行的。

[例 3-7]　万世公司 2017 年 5 月份用电记录 60 000 度，每度 0.5 元。其中基本生产车间生产甲、乙产品共同耗电 40 000 度，锅炉车间耗电 7 000 度，机修车间耗电 8 000 度，基本生产车间照明用电 2 000 度，公司管理部门用电 3 000 度。该公司对产品生产用电按功率机器时数在两种产品进行分配，甲、乙产品机器功率时数分别为 6 000 小时和 4 000 小时，根据上述资料编制外购动力费用分配表。

解：外购动力费用分配表见表 3.8。

表 3.8　外购动力费用分配表

2017 年 5 月　　　　金额单位：元

<table>
<tr><th colspan="3" rowspan="2">应借账户</th><th rowspan="2">成本项目</th><th colspan="3">耗用电量分配</th><th rowspan="2">每度电费</th><th rowspan="2">分配金额</th></tr>
<tr><th>机器时数/小时</th><th>分配率</th><th>分配量/度</th></tr>
<tr><td rowspan="6">生产成本</td><td rowspan="3">基本生产成本</td><td>甲产品</td><td>燃料及动力</td><td>6 000</td><td></td><td>24 000</td><td></td><td>12 000</td></tr>
<tr><td>乙产品</td><td>燃料及动力</td><td>4 000</td><td></td><td>16 000</td><td></td><td>8 000</td></tr>
<tr><td>小计</td><td></td><td>10 000</td><td>4</td><td>40 000</td><td></td><td>20 000</td></tr>
<tr><td rowspan="3">辅助生产成本</td><td>锅炉车间</td><td>燃料及动力</td><td></td><td></td><td>7 000</td><td></td><td>3 500</td></tr>
<tr><td>机修车间</td><td>燃料及动力</td><td></td><td></td><td>8 000</td><td></td><td>4 000</td></tr>
<tr><td>小计</td><td></td><td></td><td></td><td>15 000</td><td></td><td>7 500</td></tr>
<tr><td colspan="3">制造费用</td><td>水电费</td><td></td><td></td><td>2 000</td><td></td><td>1 000</td></tr>
<tr><td colspan="3">管理费用</td><td>水电费</td><td></td><td></td><td>3 000</td><td></td><td>1 500</td></tr>
<tr><td colspan="4">合计</td><td></td><td></td><td>60 000</td><td>0.5</td><td>30 000</td></tr>
</table>

根据上述“外购动力费用分配表”编制会计分录如下：

借：生产成本——基本生产成本——甲产品	12 000	
——乙产品	8 000	
——辅助生产成本——锅炉车间	3 500	
——机修车间	4 000	
制造费用	1 000	
管理费用	1 500	
贷：应付账款		30 000

第四节　职工薪酬的核算

人工费用是企业在生产产品过程中的活劳动的耗费，包括《企业会计准则第 9 号——职工薪酬》所规定的生产工人的工资、奖金、津贴、补贴及按生产工人工资总额一定比例缴纳的医疗保险费、养老保险费、失业保险费、工伤保险费、生育保险费和住房公积金等费用，是产品成本的重要组成部分。

一、人工费用的构成与确认

人工费用包括职工工资和企业为职工支付的社会保险费等支出。工资是企业支付给职工的劳动报酬，是企业对职工在工作中使用知识、技能、消耗时间、消耗精力等而给予的一种补偿。企业在一定时期内支付给全体职工的劳动报酬总额称为工资总额，包括计时工资、计件工资、奖金、津贴与补贴、加班加点工资和特殊情况下支付的工资。企业为职工支付的社会保险费，则是企业为了保障员工在年老、疾病、工伤、失业、生育等情况下依法能从国家和社会获得物质帮助的权利而承担的社会责任。人工费用往往与企业的生产经营相关，需要进行计算和确认。

二、工资核算的原始记录

进行工资费用核算，必须以有关原始记录为依据。工资费用核算的原始记录主要有考勤记录和产量记录。

1. 考勤记录

考勤记录是登记职工出勤和缺勤情况的原始记录。在考勤记录中，应该登记企业内部每一单位、每一职工的出勤和缺勤时间。月末，考勤人员应将经过车间、部门负责人检查、签章以后的考勤记录，送交会计部门审核。经过会计部门审核的考勤记录，即可据以计算每一职工的工资。考勤记录的主要形式有考勤簿、考勤卡、考勤钟等。

2. 产量记录

产量记录是登记工人或小组在出勤时间内完成产品的数量、质量和生产产品所耗工时数量的原始记录。它是统计产量和工时的依据，也是计算计件工资和分配集体计件工资的依据。认真做好产量记录，不仅可以为计算计件工资费用提供正确的依据，而且还可以为在各种产品之间分配与工时有关的费用提供合理的依据。产量记录和工时记录通常有工作通知单、工序进程单和工作班产量记录等。

会计部门应对产量记录进行审核，经过审核的产量记录，即可作为计算计件工资的依据。

三、应付工资的计算

应付工资是企业根据权责发生制计算并确认的当期应当支付给职工的工资。由于工资制度的不同，应付工资的计算也有所区别。

(一) 计时工资的计算

计时工资是指按计时工资标准和职工工作时间支付的劳动报酬。计算计时工资的依据是企业劳动部门提供的反映职工工资级别及工资标准的“工资卡”和反映职工出勤情况的“考勤记录”。计算计时工时的方法有月薪制和日薪制两种。

1) 月薪制

按月薪制计算计时工资，不考虑当月的实际日历天数，职工只要出全勤，就可以得到固定的月标准工资。如有缺勤，按规定标准扣薪。故称为“扣缺勤法”，又叫“倒扣法”。其计算公式如下：

$$\text{应付计时工资}=\text{月标准工资}-\text{缺勤应扣工资}$$

$$\text{缺勤应扣工资}=\text{缺勤天数}\times\text{日工资}\times\text{应扣比例}$$

$$\text{日工资}=\frac{\text{月标准工资}}{\text{月工作天数}}$$

月工作天数通常有两种确定方法：

① 按月平均日历天数计算，即每月 30 天。按 30 天计算日工资时，对出勤期间的双休日和节假日均视作出勤处理；对缺勤期间的双休日和节假日均作缺勤处理。

② 按月平均实际工作日数计算，即每月 20.8 天[(365 − 104 − 11) ÷ 12 = 20.8]。按 20.8 天计算日工资时，无论出勤或是缺勤，均不考虑双休日与节假日。

缺勤包括旷工、事假、连续请假在 6 个月以内的短期病假和连续请假超过 6 个月的长病假。缺勤应扣发工资的比例通常规定为：旷工扣发比例由企业根据管理需要自行确定；事假工资按日工资的 100%扣发；连续请假在 6 个月以内的短期病假和连续请假超过 6 个月的长病假工资扣发比例如表 3.9 所示。

表 3.9　企业职工病假工资扣发比例一览表

	连续病假在 6 个月以内					连续病假在 6 个月以上		
工龄	2 年以下	2～4 年	4～6 年	6～8 年	8 年及以上	不满 1 年	1～3 年	3 年及以上
扣发比例%	40	30	20	10	0	60	50	40
应发比例%	60	70	80	90	100	40	50	60

[例 3-8]　车工张明高月标准工资 1 050 元，8 月份日历天数 31 天，双休日 8 天，张明高本月出勤 20 天，请病假 2 天，事假 1 天，缺勤期间无法定节假日，其病假工资按 80%

计发，计算月薪制下张明高本月应得工资额。

解：(1) 每月按 30 天计算：

$$日工资率 = \frac{1\ 050}{30} = 35\ (元)$$

$$月应得工资额 = 1\ 050 - 1 \times 35 \times 100\% - 2 \times 35 \times 20\% = 1\ 001\ (元)$$

(2) 每月按 20.8 天计算：

$$日工资率 = \frac{1\ 050}{20.8} = 50.48\ (元)$$

$$月应得工资额 = 1\ 050 - 1 \times 50.48 \times 100\% - 2 \times 50.48 \times 20\% = 979.33(元)$$

企业固定职工的计时工资一般按月薪制计算。

课堂练习 3-3

1. 目的：练习月薪制计时工资的计算。

2. 资料：某企业某工人工龄 7 年，月工资标准为 1 560 元。5 月份请事假 6 天(其中双休日 2 天)，病假 2 天(其中节假日 1 天)。

3. 要求：按 30 天和 20.8 天计算该工人本月计时工资。

2) 日薪制

采用日薪制计算计时工资时，按职工的出勤天数和日标准工资计算应付工资，如有病假，按病假期间应发工资比例加计应付工资，故称为“出勤工资累计法”，又称“顺算法”。其计算公式如下：

$$应付计时工资 = 出勤天数 \times 日工资 + 病假应发工资$$

$$病假应发工资 = 病假天数 \times 日工资 \times 病假应发比例$$

在日薪制下，由于各月日历天数不同，各月全勤工资也不同。其中，日工资率可按月标准工资除以 30 天计算，也可按月标准工资除以 20.8 天计算。但日工资率的计算方法不同，当月出勤天数的计量方式也不同：如果日工资率按 30 天计算，则节假日也应视为出勤计发工资，缺勤期间的节假日视为缺勤不发工资；如果日工资率按 20.8 天计算，则节假日不视为出勤，缺勤期间的节假日也不扣工资。

[例 3-9]　根据例 3-8 中张明高的资料，日薪制下计算他本月应得工资额。

解：(1) 每月按 30 天计算：

$$日工资率 = \frac{1\ 050}{30} = 35\ (元)$$

$$月应得工资额 = (20 + 8) \times 35 + 2 \times 35 \times 80\% = 1\ 036\ (元)$$

(2) 每月按 20.8 天计算：

$$日工资率 = \frac{1\ 050}{20.8} = 50.48\ (元)$$

$$月应得工资额 = 20 \times 50.48 + 2 \times 50.48 \times 80\% = 1\ 090.37\ (元)$$

从以上计算可以看出，不同的工资计算方法其计算结果不同。具体采用哪种方法．可由企业自行确定，但方法一旦确定，为保持会计信息的可比性，不得随意变更。

课堂练习 3-4

1. 目的：练习日薪制计时工资的计算。

2. 资料：某企业某工人工龄 7 年，月工资标准为 1 560 元。5 月份日历天数 31 天，其中有 8 天双休日和 1 天节假日，考勤记录表明该工人 5 月份出勤 17 天，请事假 6 天(其中双休日 2 天)，病假 2 天(其中节假日 1 天)，病假扣发比例 90%。

3. 要求：分别按 30 天和 20.8 天计算该工人本月计时工资。

(二) 计件工资的计算

计件工资是根据有关产量记录和规定的计件单价计算的工资额。按照结算对象不同，可分为个人计件工资和集体计件工资两种。

1) 个人计件工资的计算

个人计件工资的计算应根据产量记录中每一职工个人完成的产品产量分别按下列公式计算：

$$应付工资额 = 产品产量 \times 计件单价$$

式中的产品产量包括合格品产量和不是由于工人本人过失造成的不合格品数量(如料废品数量)。对于后者，如未完成整个加工过程，则应按生产工人完成的定额工时计算计件工资。由于工人本人过失造成的不合格品，不仅不应计付工资，有的还应由工人赔偿损失。

[例 3-10]　工人王成刚本月加工完成 A 产品 200 件，其中合格品 190 件，工废品 2 件，料废品 8 件。A 产品的单位计件工资为 10 元，计算王成刚应得计件工资额。

解：　　王成刚应得计件工资额 = 190 × 10 + 8 × 10 = 1 980 (元)

2) 集体计件工资的计算

按生产小组等集体计件的工资计算方法与上述相同。不同之处是：集体计件工资还要在集体内部各工人之间按照贡献大小进行分配。由于工人的级别或工资标准一般体现工人劳动的质量和技术水平，工作时间一般体现劳动数量，因而集体内部的工资大多按每人的工资标准和工作日数(或工时数)的乘积为比例进行分配。计算过程如下：

① 计算集体计件工资，其计算与个人计件工资计算相同；

② 计算集体计时工资；

③ 计算计件工资分配率；

④ 计算每个人应得计件工资。

[例 3-11]　某生产小组由甲、乙、丙三人组成，三人共同生产 A 零件 3 000 只，全部为合格品，生产 B 零件 1 200 只，其中：合格品 1 175 只，料废品 15 只，工废品 10 只。核定的单位计件工资为 A 零件 2.0 元，B 零件 2.8 元。三人的计时工资经计算为：甲 1 495 元，乙 1 560 元，丙 1 611 元。计算三人计件工资。

解：　　集体计件工资 = 3 000 × 2 + (1 175 + 15) × 2.8 = 9 332(元)

集体计时工资 = 1 495 + 1 560 + 1 611 = 4 666(元)

$$计件工资分配率 = \frac{9\ 330}{4666} = 2$$

甲应得工资额：$1\ 495 \times 2 = 2\ 990$(元)

乙应得工资额：$1\ 560 \times 2 = 3\ 120$ (元)

丙应得工资额：$1\ 600 \times 2 = 3\ 222$ (元)

(三) 其他应付工资的计算

其他应付工资包括奖金、津贴与补贴、加班加点工资和特殊情况下支付的工资。奖金计算每个企业都各不相同，通常采用奖分制计奖或通过一定标准评定奖金。津贴与补贴按国家或企业制定的标准确定。双休日或节假日加班，按国务院规定标准计算加班工资。其他时间加班，不足 8 小时为加点，采用计件工资制企业的工人加点，其加点工资仍按计件工资计算；采用计时工资制企业的职工加点，按下列公式计算：

$$加点工资 = 加点时数 \times 小时工资率$$

$$小时工资率 = \frac{日工资率}{8}$$

特殊情况下支付的工资是指对职工的非劳动时间所支付的工资，如职工享受国家规定的休假期间，女职工的产假期间，因工受伤治疗休养期间，职工外出学习、参观、进修、开会期间等所支付的工资，可视同出勤处理。

对于职工个人，上述各项应付工资额相加之和，即为应付给该职工的工资总额。对于整个企业而言，每个职工的应付工资总额相加之和，即为应付工资总额。

课堂练习 3-5

1. 目的：练习计件工资的计算。

2. 资料：甲、乙、丙三人共同生产 A 零件 5 000 只，全部为合格品；生产 B 零件 1 000 只，其中，合格品 950 只，料废品 20 只，工废品 30 只。核定的单位计件工资为 A 零件 2.0 元，B 零件 2.8 元。三人的计时工资经计算为：甲 2000 元，乙 2200 元，丙 1800 元。

3. 要求：计算甲、乙、丙三人的计件工资。

四、工资的结算

企业应付给每一职工的工资，包括计时工资或计件工资，再加上奖金、津贴、补贴、加班加点工资，以及特殊情况下支付的工资。实际工作中，为了减少现金的收付工作，企业在向职工支付工资的同时，一般随同支付某些福利费和交通补助费等代发款项，并且扣除职工应付的房租费、水电费、住房公积金、保险金(养老保险金、医疗保险金、失业保险金)、工会会费、个人所得税等代扣款项。因此，计算应付工资和支付工资，实际上是企业与职工之间进行的以工资为主的有关应收、应付款项的结算。支付工资时，实际支付给职工的现金为：

$$实发工资 = 应付工资 + 代发款项 - 代扣款项$$

(一) 工资结算凭证的编制

工资结算凭证一般采用工资结算单形式。工资结算单，也称工资单，一般按车间、部门编制，每月一张，单内按职工分别填列应付工资、代发款项、代扣款项和实发工资。工资结算单一式三份：一份在发放工资时按姓名裁成工资条发给职工，以便核对；一份由劳资部门留存以便查核；一份由职工签章后交会计部门据以进行工资结算。

为了全面反映企业和各车间、部门的工资结算情况，会计部门应根据工资结算单归类汇总编制工资结算汇总表，并据以进行工资结算的总分类核算。

(二) 工资结算的账务处理

为了全面地反映企业与职工之间有关工资的结算、支付和工资费用的分配情况，监督企业工资总额计划的执行情况，应该设立“应付职工薪酬”总账科目。凡是包括在工资总额内的各种工资、奖金、津贴等，不论是否在当月支付，均应通过本科目核算，但随同工资一起发放的非工资性支出，不通过本科目核算。企业支付工资时，根据工资结算汇总表中的实发工资，借记“应付职工薪酬”科目，贷记“现金”或“银行存款”科目；结转代扣款项时，借记“应付职工薪酬”科目，贷记“其他应付款”“应交税费”等科目。

五、人工费用分配与核算

人工费用的分配与核算包括工资费用分配与核算、社会保险及其他费用的分配与核算。

月份终了时，要计算出全体职工的应付工资，根据职工的工作岗位，按照受益原则，在工资费用的受益对象中进行分配：直接从事产品生产的工人工资，由各种产品负担；辅助生产车间工人的工资，由各辅助生产车间的劳务或产品负担；从事基本建设工作人员的工资，由在建工程负担；销售人员的工资，由销售费用负担；企业行政管理人员以及企业福利机构(如幼儿园、托儿所等)工作人员的工资，由管理费用负担。对工资费用进行分配，主要是解决生产工人的工资由何种产品负担的问题。

(一) 计时工资的分配与核算

在实行计时工资制的企业中，发生在基本生产车间的生产工人工资计入产品成本的方法有两种：只生产单一产品的车间，将生产工人工资直接计入该产品成本核算单中的“直接人工”成本项目；同时生产两种或两种以上产品的车间，将生产工人的工资分配后计入各产品成本核算单中的“直接人工”成本项目。工资费用的分配标准可以是定额工时，也可以是实际工时。以实际工时为标准分配的工资费用，可以将产品负担的工资费用与劳动生产联系在一起，劳动生产率提高，实际工时下降，负担的工资费用相对减少；劳动生产率下降，实际工时增多，负担的工资费用相对增加，因此，分配结果相对合理。在同时生产几种产品时，实际工时比较困难，也可以按产品的定额工时分配工资费用。

分配工资费用的公式如下：

$$\text{工资费用分配率}=\frac{\text{生产工人工资总额}}{\text{各种产品生产工时或定额工时之和}}$$

某产品应分配计时工资 = 该产品生产工时(实际或定额) × 工资费用分配率

工资费用分配是通过编制工资费用分配表进行的。

[例 3-12] 万世公司 2017 年 5 月生产甲、乙两种产品，支付生产工人计件工资 24 600 元。锅炉车间生产工人工资 7 400 元，机修车间生产工人工资 4 100 元，基本生产车间管理人员工资 4 500 元，企业行政管理人员工资 10 800 元，生产工人工资规定按甲、乙两种产品的生产工时比例分配，其工时分别为 4 100 小时和 2 050 小时。要求编制工资费用分配表及会计分录。

解：编制的“工资费用分配表”如表 3.10 所示。

表 3.10 工资费用分配表

2017 年 5 月　　　　金额单位：元

<table>
<tr><th colspan="3">应借账户</th><th>成本或费用明细项目</th><th>生产工时/小时</th><th>分配率/元/小时</th><th>分配的工资费用</th></tr>
<tr><td rowspan="6">生产成本</td><td rowspan="3">基本生产成本</td><td>甲产品</td><td>直接人工</td><td>4 100</td><td></td><td>16 400</td></tr>
<tr><td>乙产品</td><td>直接人工</td><td>2 050</td><td></td><td>8 200</td></tr>
<tr><td>小计</td><td></td><td>6 150</td><td>4</td><td>24 600</td></tr>
<tr><td rowspan="3">辅助生产成本</td><td>锅炉车间</td><td>直接人工</td><td></td><td></td><td>7 400</td></tr>
<tr><td>机修车间</td><td>直接人工</td><td></td><td></td><td>4 100</td></tr>
<tr><td>小计</td><td></td><td></td><td></td><td>11 500</td></tr>
<tr><td colspan="2">制造费用</td><td>基本生产车间</td><td>直接人工</td><td></td><td></td><td>4 500</td></tr>
<tr><td colspan="2">管理费用</td><td>工资</td><td></td><td></td><td></td><td>10 800</td></tr>
<tr><td colspan="2">合计</td><td></td><td></td><td></td><td></td><td>51 400</td></tr>
</table>

$$\text{基本生产车间生产工人工资分配率} = \frac{24\,600}{4\,100+2\,050} = 4$$

根据上述“工资费用分配表”编制会计分录如下：

借：生产成本——基本生产成本——甲产品　　16 400
　　　　　　　　　　　　　——乙产品　　8 200
　　　　　　辅助生产成本——锅炉车间　　7 400
　　　　　　　　　　　　——机修车间　　4 100
　　制造费用　　4 500
　　管理费用　　10 800
　　贷：应付职工薪酬　　51 400

(二) 计件工资的分配与核算

由于计件工资只适用于产品生产工人的工资的计算，因此，计件工资的分配只涉及基本生产车间生产工人的工资分配，无论是个人计件工资还是集体计件工资，都能分清受益产品，可以将计件工资计算结果直接计入该产品成本核算单的“直接人工”成本项目。对生产工人的奖金、补贴、津贴及特殊情况下支付的工资，比照计时工资分配方法进行分配后，再计入各产品的成本之中。计件工资制下工资费用的分配及会计处理类似于计时工资制下工资分配及核算，同样要编制“工资费用分配表”，并根据分配结果编制会计分录，计入相关的成本费用账户。

六、社会保险费用及住房公积金的核算

社会保险费用及住房公积金的核算包括计提和缴纳两个方面，与成本费用相关的主要是社会保险费及住房公积金计提的核算，企业按规定标准计提的社会保险费用、住房公积金及工会费等，计提后要由各个工资费用受益对象承担，计入相关的成本费用。

[例 3-13] 根据例 3-12 的资料，万世公司假定按职工工资总额的 36%计提当月社会保险费用及其他费用，要求编制“社保及其他费用分配表”及会计分录。

解：“社保及其他费用分配表”如表 3.11 所示。

表 3.11 社保及其他费用分配表

2017 年 5 月　　金额单位：元

应借账户			成本项目	工资总额	提取率(%)	分配金额
生产成本	基本生产成本	甲产品	直接人工	16 400	36	5 904
		乙产品	直接人工	8 200	36	2 952
		小计		24 600	36	8 856
	辅助生产成本	锅炉车间	直接人工	7 400	36	2 664
		机修车间	直接人工	4 100	36	1 476
		小计		11 500	36	4 140
制造费用		基本生产车间	社会保险费	4 500	36	1 620
管理费用		工资	社会保险费	10 800	36	3 888
合计				51 400		18 504

根据“社保及其他费用分配表”，编制会计分录如下：

借：生产成本——基本生产成本——甲产品　　5 904
　　　　　　　　　　　　　——乙产品　　2 852
　　　　　　辅助生产成本——锅炉车间　　2 664
　　　　　　　　　　　　——机修车间　　1 476
　　制造费用　　1 620
　　管理费用　　3 888
　　贷：应付职工薪酬　　18 504

课堂练习 3-6

1. 目的：练习工资费用的分配。
2. 资料：某企业 2017 年 5 月份“工资结算汇总表”中应付工资总额为 166 000 元，

其中，生产工人工资 120 000 元，按产品的实际生产工时比例在甲、乙两种产品之间进行分配。甲、乙产品实际生产工时分别为 40 000 小时、20 000 小时。车间一般管理人员的工资 3 000 元，机修车间工资 6 000 元，动力车间工资 4 000 元，销售人员工资 12 000 元，行政管理部门的工资 16 000 元，福利部门工资 5 000 元。按职工工资总额的 36%计提当月社会保险费用及其他费用。

3. 要求：

(1) 编制并填写“工资费用分配表”见表 3.12。

表 3.12　工资费用分配表

2017 年 5 月　　　　金额单位：元

应借账户			成本或费用明细项目	生产工时/小时	分配率/元/小时	分配的工资费用
生产成本	基本生产成本	甲产品	直接人工			
		乙产品	直接人工			
		小计				
	辅助生产成本	动力车间	直接人工			
		机修车间	直接人工			
		小计				
	制造费用	基本生产车间	直接人工			
管理费用		工资				
合计						

(2) 编制并填写“社保及其他费用分配表”见表 3.13。

表 3.13　社保及其他费用分配表

2017 年 5 月　　　　金额单位：元

应借账户			成本或费用明细项目	工资总额	提取率	分配金额
生产成本	基本生产成本	甲产品	直接人工			
		乙产品	直接人工			
		小计				
	辅助生产成本	动力车间	直接人工			
		机修车间	直接人工			
		小计				
制造费用		基本生产车间	社会保险费			
管理费用		工资	社会保险费			
合计						

第五节　折旧及其他费用的核算

一、折旧费用的核算

正确计算折旧费用是做好折旧费用核算的前提，折旧费用的核算主要应解决折旧费用核算的基本方法、折旧费用的分配等问题。

(一) 折旧费用的计算

1. 计提折旧费用的资产范围

除了已经提足折旧仍然继续使用的固定资产及按规定单独作固定资产入账的土地不计提折旧费用、提前报废的固定资产不补提折旧费用以外，企业自有的已达到预定可使用状态的固定资产都应该计提折旧费用。已达到预定可使用状态的固定资产，如果尚未办理竣工决算，应当按暂估价计提折旧费用，待办理竣工决算手续后，再按实际成本调整原已计提的折旧费用。以融资租赁方式租入的固定资产应视同自有的固定资产计提折旧费用。

2. 计提折旧费用的时间范畴

企业一般应当按月计提折旧费用，为简化计算折旧费用工作，固定资产月折旧额按月初应计折旧费用的固定资产原值和规定的折旧率计算，即月份内增加的固定资产，当月不提折旧费用，从下月起计提折旧费用；月份内减少的固定资产，当月仍然计提折旧费用，从下月起停止计提折旧费用。因此，企业各月计提折旧费用，可以根据上月计提折旧费用加上上月增加固定资产应计提折旧费用减去上月减少固定资产计提的折旧费用计算。

(二) 折旧费用分配的核算

(1) 基本生产车间固定资产折旧费用计入基本生产车间“制造费用”明细账中“折旧费用”成本项目。基本生产车间机器设备折旧费用是直接用于产品生产的耗费，但往往一种机器设备可能生产多种产品，一种产品又可能需要使用多种机器设备。为简化产品成本核算工作，“基本生产成本”明细账中一般不专设“折旧费用”成本项目，而与基本生产车间间接用于产品生产的折旧费用一起计入制造费用，作为“制造费用”明细账中的一个成本项目。

(2) 辅助生产车间固定资产折旧费用应计入“辅助生产成本”明细账中“折旧费用”成本项目。

(3) 行政管理部门固定资产以及未使用、不需用固定资产的折旧费用应计入“管理费用”明细账中“折旧费用”栏目。

(4) 专设销售机构固定资产折旧费用应计入“销售费用”明细账中“折旧费用”

栏目。

折旧费用的分配可以通过编制"固定资产折旧费用分配表"进行。

[例 3-14] 万世公司 2017 年 5 月固定资产折旧费用有关资料及各部门分配的折旧费用如表 3.14，要求编制会计分录。

表 3.14 固定资产折旧费用分配表

2017 年 5 月　　　　金额单位：元

应借账户	部门	上月折旧额	上月增加折旧额	上月减少折旧额	本月应计折旧额
制造费用	基本生产车间	4 600	300	150	4 750
生产成本——辅助生产成本	锅炉车间	1 500	150		1 650
	机修车间	560		100	460
	小计	2 060	150	100	2 110
管理费用	行政管理部门	1 800	120	140	1 780
合计		8 460	570	390	8 640

解：根据"固定资产折旧费用分配表"，编制会计分录如下：

借：制造费用　4 750
　　生产成本——辅助生产成本——锅炉车间　1 650
　　　　　　　　　　　　　——机修车间　460
　　管理费用　1 780
　　贷：累计折旧　8 640

二、其他支出费用的核算

(一) 利息费用的核算

要素耗费中的利息费用，不构成产品成本，而是财务费用的一个费用项目。利息费用一般按季结算支付。如果利息费用较大，根据权责发生制，应区分各月实际发生的利息费用。季内各月应付的利息，应按月进行预提，借记"财务费用"账户，贷记"应付利息"账户；季末实际支付时冲减，借记"应付利息"账户，贷记"银行存款"账户。每季度实际支付利息与应付利息的差额，调整计入季末月份的财务费用。

企业取得的存款利息收入应抵减利息费，收到存款利息时，借记"银行存款"账户，贷记"财务费用"账户。

(二) 税金的核算

要素耗费中的税金，包括房产税、车船使用税、土地使用税和印花税，也不构成产品成本，而是管理费用的一个费用项目。

要素耗费中的税金，有的需要预先计算应交金额，如房产税、车船使用税、土地使用税，这些税金应通过"应交税费"账户进行核算，计算出应交金额时，借记"管理费用"

账户，贷记“应交税费”账户，缴纳税金时，借记“应交税费”账户，贷记“银行存款”账户；有的不需要预先计算应交金额，如印花税，这种税金不需通过“应交税费”账户进行核算，缴纳税金时，借记“管理费用”账户，贷记“银行存款”账户。

(三) 其他费的核算

要素耗费中的其他费，是指除了前述各要素耗费以外的耗费，包括邮电费、租赁费、印刷费、报刊订阅费、差旅费、保险费等。这些耗费都未专设成本项目，在发生时，按发生的车间、部门和用途，分别借记“制造费用——基本生产车间”“辅助生产成本”“管理费用”“销售费用”等账户，贷记“现金”“银行存款”等账户。

第六节　辅助生产费用的核算

一、辅助生产费用的归集

辅助生产费用的正确归集，是辅助生产费用分配的前提，也是产品成本正确计算的基础。为了正确归集辅助生产费用，必须设置“辅助生产成本”账户，并且一般应按车间类别，以及劳务或产品类别设置明细账归集辅助生产车间的耗费。

(一) 辅助生产费用的内容

在生产规模较大的制造企业中，除基本生产车间外，一般都设有辅助生产车间，如供电车间、供水车间、锅炉车间、运输车间和机修车间等。这些辅助生产车间是专门为基本生产车间和行政管理部门等提供劳务或产品的生产车间，是为了保证基本生产车间产品生产的正常进行，以满足企业内部需要为根本的。因此，尽管辅助生产车间有时也对外提供劳务或产品，但这并不是辅助生产车间的主要任务。

辅助生产车间在提供劳务或产品过程中会发生各种耗费，如原材料费用、工资费用、固定资产折旧费用、修理费、办公费、水电费和保险费等。辅助生产车间提供劳务或产品所耗费的各种生产耗费之和，构成这些劳务或产品的成本，称为辅助生产成本。辅助生产车间提供的劳务，如供电、供水、供气(汽)、运输和修理等；辅助生产车间提供的产品，如工具、模具和修理用备件等；由于这些劳务或产品绝大部分被本企业内部各车间、部门所消耗、领用，因此对于耗用这些劳务或产品的基本生产车间和行政管理部门等来说，这些辅助生产车间的劳务或产品成本又是一种耗费，称为辅助生产费用。

辅助生产车间提供的劳务或产品被基本生产车间所消耗的部分，构成企业产品成本的一部分；被行政管理部门所消耗的部分，构成管理费用的一部分，因此，辅助生产车间提供劳务或产品成本的高低，对于企业产品成本水平和当期损益确定有着直接的影响。同时，也只有在辅助生产的劳务或产品成本确定以后，才能归集出各基本生产车间发生的全部制造费用，才能着手基本生产产品成本的计算与当期损益的确定。因此，正确、及时地组织辅助生产费用的归集和分配，对于节约生产耗费、降低产品成本，以及正确、及时地计算产品成本和当期损益有着重要意义。

辅助生产车间发生的各项耗费一般包括下述三个方面：

(1) 直接材料，是指辅助生产车间为提供劳务或产品而直接消耗的各种材料，包括原料及主要材料、辅助材料、外购半成品、修理用备件、包装材料和燃料等。

(2) 职工薪酬，是指辅助生产车间直接从事劳务供应或产品生产人员的职工薪酬，包括工资、奖金、津贴和补贴以及其他费用。

(3) 制造费用，是指辅助生产车间为组织和管理生产所发生的各项耗费，包括辅助生产车间管理人员的职工薪酬，辅助生产车间厂房、机器设备等固定资产的折旧费、修理费，水电费、取暖费、租赁费、机物料消耗、财产保险费、低值易耗品摊销劳动保护费以及其他制造费用。

(二) 辅助生产费用归集的方法

辅助生产车间主要是为基本生产车间和行政管理部门等提供劳务或产品。辅助生产车间按其所提供的劳务或产品的品种可以分为两种类型：一类是只提供一种劳务或产品的辅助生产，如供电、供水、运输等车间；另一类是提供多种劳务或产品的辅助生产，如修理、工模具制造等车间。辅助生产费用的归集与辅助生产的类型有着密切的联系。在只提供一种劳务或产品的辅助生产车间，其所发生的一切耗费都是直接计入耗费，一般可按经济用途即成本项目直接归集，并且，由于这些车间生产的产品或劳务一般无在产品，因此归集的生产耗费总额也就是该车间劳务或产品的总成本，除以劳务或产品的数量，即为劳务或产品的单位成本。在提供多种劳务或产品的辅助生产车间，所发生的各项耗费包括直接耗费和间接耗费，需要分清是哪一种劳务或产品所耗，对于能分清的直接计入耗费应直接计入该种劳务或产品的成本中并予以归集：对于不能分清的共同耗费作为间接计入耗费，应先按辅助生产车间分别归集，然后采用适当的分配标准，在各种劳务或产品之间进行分配并予以分别归集，最后确定各种劳务或产品的总成本和单位成本。

为了归集辅助生产费用和计算辅助生产产品或劳务的成本，需设置“辅助生产成本”账户。该账户借方登记为进行辅助生产所发生的一切耗费，包括辅助生产车间内直接发生的耗费以及从其他辅助生产车间分配转入的耗费；该账户贷方登记完工入库的自制材料、工模具的成本以及向其他辅助生产车间、基本生产车间、行政管理部门、销售部门等受益单位分配转出的劳务费；该账户期末如有借方余额，表示辅助生产车间的在产品成本。

在“辅助生产成本”账户下，还需要根据各个辅助生产车间的实际情况再设置明细账并分设成本项目，进行明细核算。对于只提供一种劳务或生产一种产品的辅助生产车间，可根据车间类别设置明细账，账内可按耗费的经济内容并适当结合用途分设成本项目。对于提供多种劳务或生产多种产品的辅助生产车间，需根据车间按每种劳务或产品设置明细账，账内可按耗费的经济用途分设成本项目。

辅助生产费用归集的方法按是否设置“制造费用——辅助生产车间”明细账具体可分为两种不同的方法。

在设置“制造费用——辅助生产车间”明细账的方法下，可比照基本生产车间一样处理。对于辅助生产车间提供劳务或产品发生的耗费计入“辅助生产成本”账户及其所属明细账，而对于辅助生产车间为组织和管理生产等发生的制造费先计入“制造费用——辅助生产车间”账户，月末再分配转入“辅助生产成本”账户，经分配结转后，“制造费用——辅助生产车间”账户应无余额。

在不设置“制造费用——辅助生产车间”明细账的方法下，凡是辅助生产车间发生的各项耗费(无论是为提供劳务或产品发生，还是为组织、管理生产而发生的制造费用)全部直接计入“辅助生产成本”账户。

万世公司辅助生产成本归集到明细账中的具体数据如表 3.15、表 3.16 所示。

表 3.15　辅助生产成本明细表(锅炉车间)

车间名称：锅炉车间　　　　金额单位：元

2017 年		凭证号数	摘　　要	直接材料	燃料动力	直接人工	折旧费	机物料消耗	合计
月	日								
5	31	略	原材料费用分配表	10 976					10 976
	31		燃料及动力费用分配表		5 700				5 700
	31		低值易耗品费用分配表					300	300
	31		工资费用分配表			7 440			7 440
	31		社保及其他费用分配表			2 664			2 664
	31		固定资产折旧费用分配表				1 650		1 650
	31		待分配费用合计	10 976	5 700	10 104	1 650	300	28 730

表 3.16　辅助生产成本明细表(机修车间)

车间名称：机修车间　　　　金额单位：元

2017 年		凭证号数	摘　　要	直接材料	燃料动力	直接人工	折旧费	机物料消耗	合计
月	日								
5	31	略	原材料费用分配表	1 314					1 314
	31		燃料及动力费用分配表		4 800				4 800
	31		低值易耗品费用分配表					150	150
	31		工资费用分配表			4 100			4 100
	31		社保及其他费用分配表			1 476			1 476
	31		固定资产折旧费用分配表				460		460
	31		待分配费用合计	1 314	4 800	5 576	460	150	12 300

二、辅助生产费用的分配

辅助生产费用归集后，在期末要采用一定的方法，按照一定的标准在各个受益对象之间进行分配。

(一) 辅助生产费用分配的程序与原则

辅助生产费用的分配，就是将归集在“辅助生产成本”明细账借方的辅助生产费用，采用一定的处理方法进行结转和分配。由于辅助生产提供劳务或生产产品的种类不同，其耗费结转和分配的程序也不同。

对于生产工具、模具、修理用备件而发生的辅助生产费用，在工具、模具、修理用备件完工入库时，其成本也从“辅助生产成本”账户的贷方转入“周转材料”“原材料”等账户的借方，其结转过程与基本生产车间完工产品成本的结转基本相同。在领用时，根据用途按存货发出的各种计价方法，从“周转材料”和“原材料”等账户的贷方转入“制造费用”“管理费用”等账户的借方。

对于提供水、电、运输、修理等劳务发生的辅助生产费用，应按受益单位的耗用量，采用一定的分配方法在受益单位之间进行分配，从“辅助生产成本”账户的贷方转入“辅助生产成本”“基本生产成本”“制造费用——基本生产车间”“管理费用”“销售费用”“在建工程”等账户的借方。

为了正确分配辅助生产费用，应遵循以下分配原则：

(1) 谁受益谁承担。对于接受辅助生产车间提供的劳务或生产的产品的受益单位均应负担辅助生产费用。其中，凡是能够直接确认受益对象的，应直接计入该对象成本中；不能直接确认受益对象的，应按受益比例在各受益单位之间进行分配，受益多的多分配，受益少的少分配。

(2) 方法简便合理。辅助生产费用的分配要采用既简便又合理的方法进行。为此，企业应根据辅助生产车间提供劳务的具体情况及其管理上的要求，选择合适的分配方法进行分配，既不能只求分配方法的简单而忽略了分配结果的准确，又不能只求分配结果的准确而致使分配方法过于复杂。

根据辅助生产费用的分配原则，各受益单位负担辅助生产费用时，对于不能直接确认受益对象的，应按受益(分配标准)程度在各受益单位之间进行分配。由此可见，分配辅助生产费用关键之处在于分配标准的选择及其对受益程度的正确计量。受益程度的确定，必须采用科学的计量工具和合理的标准来加以测定。凡是能够用仪器、仪表计量的，如供电、供水等，可以仪器、仪表的抄见数作为确定受益程度的依据。对于无法用仪器、仪表计量的，如机修，应选择合理的计量标准，如选择实际修理时间等作为确定受益程度的依据，并且应加强对原始记录的监管，以确保其正确性。只有选择合理的分配标准和正确地加以计量，才能保证辅助生产费用分配的正确。

(二) 辅助生产费用的分配方法

辅助生产费用的分配必须根据车间进行，其分配的计算一般通过编制辅助生产费用分配表进行。该表不仅起到分配计算辅助生产费用的作用，而且也是各受益部门耗用辅助生产费用据以入账的依据。

辅助生产费用的分配方法很多，主要有直接分配法、顺序分配法、交互分配法、代数分配法和计划成本分配法等方法。

1. 直接分配法

直接分配法是辅助生产费用分配的基本方法，此方法不考虑辅助生产车间之间相互提供劳务或产品的情况，将辅助生产费用直接分配给辅助生产车间以外的各受益单位。其计算公式如下：

$$费用分配率=\frac{该辅助生产车间待分配耗费总额}{该辅助生产车间对外提供的劳务总量}$$

$$\begin{matrix}辅助生产车间以外各\\受益单位应负担的耗费\end{matrix}=\begin{matrix}辅助生产车间以外各受\\益单位耗用劳务数量\end{matrix}\times\begin{matrix}费用\\分配率\end{matrix}$$

[例 3-15]　万世公司 2017 年 5 月锅炉车间和机修车间成本总额分别为 28 730 元和 12 300 元(见表 3.15、表 3.16)，假定这两个车间供应的对象和数量如表 3.17 所示。要求编制辅助生产费用分配表及会计分录。

表 3.17　辅助生产车间提供劳务量汇总表

受益对象		锅炉车间供汽/吨	机修车间机修/小时
辅助生产车间	锅炉车间		200
	机修车间	300	
基本生产车间		10 465	2 375
行政管理部门		3 600	500
合计		14 365	3 075

解：根据“辅助生产车间提供劳务量汇总表”，用直接分配法计算各辅助生产车间的费用分配率如下：

$$锅炉车间费用分配率=\frac{28\ 730}{14\ 065}=2.04\ (元/吨)$$

$$机修车间费用分配率=\frac{12\ 300}{2\ 875}=4.28\ (元/吨)$$

根据费用分配率计算的各受益对象应负担的辅助生产成本，辅助生产费用分配如表 3.18 所示。

表 3.18　辅助生产费用分配表(直接分配法)

2017 年 5 月　　　　金额单位：元

辅助生产车间名称			锅炉车间	机修车间	合计
待分配费用			28 730	12 300	41 030
供应辅助生产车间以外的劳务量			14 065	2 875	
应借科目	制造费用(基本生产车间)	劳务量	10 465	2 375	
		分配金额	21 376.43	10 160.87	31 537.3
	管理费用	劳务量	3 600	500	
		分配金额	7 353.57	2 139.13	9 492.7①
分配金额合计			28 730	12 300	41 030

注①：行数据为倒推求得。

根据辅助生产费用分配表编制会计分录如下：

借：制造费用　　　　　　　　　　　　　　31 537.3
　　管理费用　　　　　　　　　　　　　　 9 492.7
　　贷：生产成本——辅助生产成本——锅炉车间　　　　28 730
　　　　　　　　　　　　　　　　——机修车间　　　　12 300

由于各辅助生产车间的耗费只需直接对外一次分配即可完成，因此采用直接分配法计算方法最为简便；但由于在计算耗费分配率时，一方面，待分配耗费没有包括耗用其他辅助生产车间劳务的成本，因此该辅助生产车间归集的耗用是不完整的，它并不是该辅助生产车间的实际耗费，因此分配结果也就不够准确。这种方法一般只适用于辅助生产车间之间相互不提供劳务或相互提供劳务不多的企业。

课堂练习 3-7

1. 目的：练习辅助生产费用的分配。

2. 资料：某企业 2017 年 5 月份“辅助生产成本”明细账归集的辅助生产费用总额为：机修车间 24 000 元、动力车间 30 000 元。机修、动力两个辅助生产车间提供的劳务数量如表 3.19 所示。

表 3.19　辅助生产车间供应产品及劳务数量

项　　目	机修供应数量/小时	动力供应数量/度
机修车间		800
动力车间	500	
产品生产耗用——A 产品		10 000
车间一般耗用	3 000	1 500
专设销售部门	500	1 000
企业管理部门	800	1 700
合计	4 800	15 000

3. 要求：采用直接分配法编制并填写“辅助生产费用分配表”见表 3.20，并作相应的会计分录。

表 3.20　辅助生产费用分配表(直接分配法)

2017 年 5 月　　　　金额单位：元

<table>
<tr><td colspan="3">辅助生产车间名称</td><td>动力车间</td><td>机修车间</td><td>合计</td></tr>
<tr><td colspan="3">待分配费用</td><td></td><td></td><td></td></tr>
<tr><td colspan="3">供应辅助生产车间以外的劳务量</td><td></td><td></td><td></td></tr>
<tr><td rowspan="4">应借科目</td><td rowspan="2">生产成本——基本生产成本——A 产品</td><td>劳务量</td><td></td><td></td><td></td></tr>
<tr><td>分配金额</td><td></td><td></td><td></td></tr>
<tr><td rowspan="2">制造费用(基本生产车间)</td><td>劳务量</td><td></td><td></td><td></td></tr>
<tr><td>分配金额</td><td></td><td></td><td></td></tr>
</table>

续表

辅助生产车间名称			动力车间	机修车间	合计
应借科目	销售费用	劳务量			
		分配金额			
	管理费用	劳务量			
		分配金额			
分配金额合计					

2. 顺序分配法

顺序分配法又称梯形分配法，是将各辅助生产车间按受益多少的顺序依次排列，受益少的排在前，先将耗费分配出去，受益多的排在后，后将耗费分配出去，排列在前的分配给排列在后的，排列在后的不再分配给排列在前的。但应注意的是：受益多少是指受益金额的大小，而不是指受益数量的多少。排列在后的进行分配时，应在原发生的耗费基础上加上排列在前的辅助生产车间耗费分配转入数。

[例 3-16] 根据例 3-15 的资料，锅炉车间为机修车间提供的劳务金额为(28 730 ÷ 14 365 × 300 = 600 元)，机修车间为锅炉车间提供的劳务金额为(12 300 ÷ 3 075 × 200 = 800 元)，所以机修车间受益少先分配，锅炉车间受益多后分配。要求编制辅助生产费用分配表及会计分录。

解：根据题中所讲顺序编制辅助生产费用分配表如表 3.21 所示。

表 3.21　辅助生产费用分配表(顺序分配法)

2017 年 5 月　　　　金额单位：元

应借账户 供应单位		生产成本——辅助生产成本		制造费用	管理费用	合计
		机修车间	锅炉车间			
机修车间	供应数量		200	2 375	500	3 075
	直接费用					12 300
	待分配费用					12 300
	分配率					4
	分配金额		800	9 500	2 000	12 300
锅炉车间	供应数量			10 460	3 600	14 060
	直接费用					28 730
	待分配费用					29 530①
	分配率					2.1002845
	分配金额			21 968.98	7 561.02	29 530
分配金额合计			800	31 468.98	9 561.02	41 830

注①：行数据为 28 730 + 800 求得。

根据辅助生产费用分配表编制会计分录如下：

借：生产成本——辅助生产成本——锅炉车间　　　　800

制造费用 9 500

管理费用 2 000

贷：生产成本——辅助生产成本——机修车间 12 300

借：制造费用 21 968.98

管理费用 7 561.02

贷：生产成本——辅助生产成本——锅炉车间 29 530

采用顺序分配法，各辅助生产车间的耗费也只需分配一次即可完成，分配方法简单，同时，还能反映出各辅助生产车间之间相互提供劳务的差异程度。由于辅助生产分配时既分配给辅助生产车间以外的各受益单位，又分配给排列在后的其他辅助生产车间，使得排列在后的辅助生产车间耗费归集较全，因而分配结果正确性较直接分配法有所提高。但由于排列在前的辅助生产车间不负担排列在后的辅助生产车间的耗费，致使其分配结果的正确性受到排列顺序的影响。另外，各辅助生产车间之间耗费分配排列顺序的确定也比较困难，为此，其使用受到了一定的限制。这种分配方法只适宜在各辅助生产车间之间相互受益具有明显差异的企业中采用。

课堂练习 3-8

根据课堂练习 3-7 的资料，练习采用顺序分配法编制并填写“辅助生产费用分配表”见表 3.22，并作相应的会计分录。

表 3.22 辅助生产费用分配表(顺序分配法)

2017 年 5 月 金额单位：元

应借账户 供应单位	生产成本——辅助生产成本		生产成本——基本生产成本——A 产品	制造费用	管理费用	销售费用	合计
供应数量							
直接费用							
待分配费用							
分配率							
分配金额							
供应数量							
直接费用							
待分配费用							
分配率							
分配金额							
分配金额合计							

3. 交互分配法

交互分配法是将辅助生产费用先在各辅助生产车间之间按照它们相互提供劳务的数量进行一次交互分配，然后再将各辅助生产车间交互分配后的实际耗费，在辅助生产车间以外的各受益单位之间进行分配的方法。在这种分配方法下，一方面，各辅助生产车间之间相互提供劳务都要分配相应的耗费，各个辅助生产车间对其他辅助生产车间应负担的耗费都要予以计算入账；另一方面，各辅助生产车间对其所有的受益对象的耗费分配一般并不是同时进行的，而是将各辅助生产车间对其他辅助生产车间的耗费分配要先于对辅助生产车间以外的各受益单位的耗费分配，因此，交互分配法实际上是将辅助生产费分两步进行分配。具体分配计算步骤如下：

第一步(交互分配)，根据辅助生产车间之间相互提供劳务的数量以及辅助生产车间交互分配的耗费分配率在辅助生产车间之间进行一次交互分配。有关计算公式如下：

$$\text{交互分配的耗费分配率}=\frac{\text{该辅助生产车间交互分配前的耗费总额}}{\text{该辅助生产车间提供劳务总量}}$$

第二步(对外分配)，将各辅助生产车间交互分配前的耗费加上交互分配转入的耗费减去交互分配转出的耗费计算出交互分配后的实际耗费，再按对外提供劳务的数量，在辅助生产车间以外的各受益单位之间采用直接分配法进行第二次分配。有关计算公式如下：

$$\text{对外分配的耗费分配率}=\frac{\text{该辅助生产车间交互分配的耗费总量}}{\text{该辅助生产车间对外提供的劳务总量}}$$

$$\begin{matrix}\text{该辅助生产车间交互}\\\text{分配后的实际耗费}\end{matrix}=\begin{matrix}\text{该辅助生产车间}\\\text{交互分配前的耗费}\end{matrix}+\begin{matrix}\text{交互分配}\\\text{转入耗费}\end{matrix}-\begin{matrix}\text{交互分配}\\\text{转出耗费}\end{matrix}$$

$$\text{辅助生产车间以外各受益单位应负担的耗费}=\begin{matrix}\text{辅助生产车间以外各}\\\text{受益单位受益劳务数量}\end{matrix}\times\begin{matrix}\text{该辅助生产车间对外}\\\text{分配的耗费分配率}\end{matrix}$$

[例 3-17]　根据例 3-15 的资料，运用交互分配法，编制辅助生产费用分配表及会计分录。

解：(1) 计算交互分配前劳务单位成本。

$$\text{锅炉车间交互分配前费用分配率}=\frac{28\ 730}{14\ 365}=2\ (\text{元/吨})$$

$$\text{机修车间交互分配前费用分配率}=\frac{12\ 300}{3\ 075}=4\ (\text{元/小时})$$

(2) 计算交互分配的劳务费用。

锅炉车间分配转入的修理费用 = 200 × 4 = 800 (元)

机修车间分配转入的供汽费用 = 300 × 2 = 600 (元)

(3) 计算辅助生产车间交互分配后的实际费用。

锅炉车间交互分配后的实际费用 = 28 730 + 800 − 600 = 28 930 (元)

机修车间交互分配后的实际费用 = 12 300 + 600 − 800 = 12 100 (元)

(4) 计算交互分配后劳务单位成本。

$$\text{锅炉车间交互分配后费用分配率}=\frac{28\ 930}{14\ 365-300}=2.057\ (\text{元/吨})$$

$$\text{机修车间交互分配后费用分配率}=\frac{12\ 100}{3\ 075-200}=4.209\ (\text{元/小时})$$

(5) 计算对外分配的劳务费用。

基本生产车间应分配的供汽费用 = 10 465 × 2.057 = 21 526 (元)

基本生产车间应分配的机修费用 = 2 375 × 4.209 = 9 996 (元)

行政管理部门应分配的供汽费用 = 28 930 − 21 526 = 7 404 (元)

行政管理部门应分配的机修费用 = 12 100 − 9 996 = 2 104 (元)

根据计算结果编制辅助生产费用分配表如表 3.23 所示。

表 3.23　辅助生产费用分配表(交互分配法)

2017 年 5 月　　　　金额单位：元

项　目				交互分配			对外分配		
辅助生产车间名称				锅炉	机修	合计	锅炉	机修	合计
待分配费用				28 730	12 300	41 030	28 930	12 100	41 030
劳务供应数量总额				14 365	3 075		14 065	2 875	
费用分配率				2	4		2.057	4.209	
应借账户	生产成本——辅助生产成本	锅炉车间	数量		200				
			金额		800	800			
		机修车间	数量	300					
			金额	600		600			
		金额小计		600	800	1 400			
	制造费用	基本生产车间	数量				10 465	2 375	
			金额				21 526	9 996	31 522
	管理费用		数量				3 600	500	
			金额				7 404	2 104	9 508①
	对外分配金额合计						28 930	12 100	41 030

注①：行数据为倒推求得。

根据辅助生产费用分配表编制会计分录如下：

① 交互分配的会计分录。

借：生产成本——辅助生产成本——锅炉车间　　800
　　　　　　　　　　　　　　——机修车间　　600
　　贷：生产成本——辅助生产成本——机修车间　　800
　　　　　　　　　　　　　　　　——锅炉车间　　600

② 对外分配的会计分录。

借：制造费用　　31 522
　　管理费用　　9 508
　　贷：生产成本——辅助生产成本——锅炉车间　　28 930
　　　　　　　　　　　　　　　　——机修车间　　12 100

采用交互分配法，由于对各辅助生产车间之间相互提供的劳务都进行了交互分配，因此与直接分配法和顺序分配法相比较提高了分配结果的准确性，而且方法便于理解运用。但是，由于各辅助生产费要进行两次分配，要计算两个耗费分配率，工作量有所增加，并且交互分配时的耗费分配率，由于是根据原发生的耗费计算的，耗费分配率不够完整，因此分配结果也只具有相对的准确性，同时进行两次分配往往还会影响成本核算的及时性。另外，由于采用实际的单位成本(耗费分配率)进行分配，因此，采用这种方法也会将辅助生产车间发生的超支或节约差异转嫁到基本生产车间，从而不利于对基本生产车间业绩的考核与评价。这种分配方法一般适用于各辅助生产车间之间相互提供劳务较多的企业。

课堂练习 3-9

根据课堂练习 3-7 的资料，练习采用交互分配法编制“辅助生产费用分配表”见表 3.24，并作相应的会计分录。

表 3.24　辅助生产费用分配表(交互分配法)

2017 年 5 月　　　　金额单位：元

<table>
<tr><td colspan="4">项　目</td><td colspan="3">交互分配</td><td colspan="3">对外分配</td></tr>
<tr><td colspan="4">辅助生产车间名称</td><td>动力</td><td>机修</td><td>合计</td><td>动力</td><td>机修</td><td>合计</td></tr>
<tr><td colspan="4">待分配费用</td><td></td><td></td><td></td><td></td><td></td><td></td></tr>
<tr><td colspan="4">劳务供应数量总额</td><td></td><td></td><td></td><td></td><td></td><td></td></tr>
<tr><td colspan="4">费用分配率</td><td></td><td></td><td></td><td></td><td></td><td></td></tr>
<tr><td rowspan="14">应借账户</td><td rowspan="5">生产成本——辅助生产成本</td><td rowspan="2">动力车间</td><td>数量</td><td></td><td></td><td></td><td></td><td></td><td></td></tr>
<tr><td>金额</td><td></td><td></td><td></td><td></td><td></td><td></td></tr>
<tr><td rowspan="2">机修车间</td><td>数量</td><td></td><td></td><td></td><td></td><td></td><td></td></tr>
<tr><td>金额</td><td></td><td></td><td></td><td></td><td></td><td></td></tr>
<tr><td colspan="2">金额小计</td><td></td><td></td><td></td><td></td><td></td><td></td></tr>
<tr><td rowspan="2">生产成本</td><td rowspan="2">基本生产成本——A 产品</td><td>数量</td><td></td><td></td><td></td><td></td><td></td><td></td></tr>
<tr><td>金额</td><td></td><td></td><td></td><td></td><td></td><td></td></tr>
<tr><td rowspan="2">制造费用</td><td rowspan="2">基本生产车间</td><td>数量</td><td></td><td></td><td></td><td></td><td></td><td></td></tr>
<tr><td>金额</td><td></td><td></td><td></td><td></td><td></td><td></td></tr>
<tr><td colspan="2" rowspan="2">销售费用</td><td>数量</td><td></td><td></td><td></td><td></td><td></td><td></td></tr>
<tr><td>金额</td><td></td><td></td><td></td><td></td><td></td><td></td></tr>
<tr><td colspan="2" rowspan="2">管理费用</td><td>数量</td><td></td><td></td><td></td><td></td><td></td><td></td></tr>
<tr><td>金额</td><td></td><td></td><td></td><td></td><td></td><td></td></tr>
<tr><td colspan="3">对外分配金额合计</td><td></td><td></td><td></td><td></td><td></td><td></td></tr>
</table>

4. 代数分配法

代数分配法，是运用代数中多元一次联立方程的原理，在辅助生产车间之间相互提供产品或劳务情况下的一种辅助生产成本分配方法。采用这种分配方法，首先应根据各辅助生产车间相互提供产品和劳务的数量，求解联立方程式，计算辅助生产产品或劳务的单位成本；然后，根据各受益单位(包括辅助生产内部和外部各单位)耗用产品或劳务的数量和单位成本，计算分配辅助生产费用。其基本计算步骤如下：

(1) 设未知数，并根据辅助生产车间之间交互服务关系建立方程组。

(2) 解方程组，算出各种产品或劳务的单位成本。

(3) 用各单位成本乘以各受益部门的耗用量，求出各受益部门应分配计入的辅助生产费用。

[例 3-18]　根据例 3-15 的资料，采用代数分配法，编制辅助生产费用分配表及会计分录。

解：设 X 为每吨汽的成本，Y 为每小时修理的成本，则设立联立方程式为

$$28\,730 + 200Y = 14\,365X \quad (1)$$

$$12\,300 + 300X = 3\,075Y \quad (2)$$

求解二元一次方程式得

$$X = 2.0635\ (\text{元})$$

$$Y = 4.2013\ (\text{元})$$

根据上述计算结果，编制辅助生产费用分配表如表 3.25 所示。

表 3.25　辅助生产费用分配表(代数分配法)

2017 年 5 月　　　　金额单位：元

辅助生产车间名称				锅炉车间	机修车间	合计
待分配费用				28 730	12 300	41 030
劳务供应数量总额				14 365	3 075	
用代数法算出的实际单位成本				2.0635	4.2013	
应借账户	辅助生产成本	锅炉车间	数量		200	
			金额		840.26	840.26
		机修车间	数量	300		
			金额	619.05		619.05
		金额小计		619.05	840.26	1 459.31
	制造费用	基本生产车间	数量	10 465	2 375	
			金额	21 594.53	9 978.09	31 572.62
	管理费用	数量		3 600	500	
		金额		7 428.6	2 100.65	9 529.25
分配金额合计				29 642.18	12 919	42 561.18

说明：辅助生产车间分配金额合计 42 561.18 元与待分配费用 41 030 元相差 531.18 元，这是由于两辅助生产车间之间交互分配内部转账以及单位成本的小数引起的。

根据辅助生产费用分配表编制会计分录如下：

借：生产成本——辅助生产成本——锅炉车间　　840.26
　　　　　　　　　　　　　——机修车间　　619.05
　　制造费用　　31 572.62
　　管理费用　　9 529.25
　　贷：生产成本——辅助生产成本——锅炉车间　　29 642.18
　　　　　　　　　　　　　　　——机修车间　　12 919

采用代数分配法，由于辅助生产费用是用联立方程式求解得到的实际单位成本进行分配的，因此其分配结果最准确。但在分配前先要解联立方程式，如果辅助生产车间多，未知数也就多，计算工作量就会大大增加，计算亦较复杂。因此，这种方法一般适宜在辅助生产车间不多或已经实现会计电算化的企业中采用。

课堂练习 3-10

根据课堂练习 3-7 的资料，练习采用代数分配法编制“辅助生产费用分配表”见表 3.26，并作相应的会计分录。

表 3.26　辅助生产费用分配表(代数分配法)

2017 年 5 月　　　　金额单位：元

<table>
<tr><td colspan="4">辅助生产车间名称</td><td colspan="2">动力车间</td><td colspan="2">机修车间</td><td colspan="2">合计</td></tr>
<tr><td colspan="4">待分配费用</td><td></td><td></td><td></td><td></td><td></td><td></td></tr>
<tr><td colspan="4">劳务供应数量总额</td><td></td><td></td><td></td><td></td><td></td><td></td></tr>
<tr><td colspan="4">用代数法算出的实际单位成本</td><td></td><td></td><td></td><td></td><td></td><td></td></tr>
<tr><td rowspan="14">应借账户</td><td rowspan="5">生产成本——辅助生产成本</td><td rowspan="2">动力车间</td><td>数量</td><td></td><td></td><td></td><td></td><td></td><td></td></tr>
<tr><td>金额</td><td></td><td></td><td></td><td></td><td></td><td></td></tr>
<tr><td rowspan="2">机修车间</td><td>数量</td><td></td><td></td><td></td><td></td><td></td><td></td></tr>
<tr><td>金额</td><td></td><td></td><td></td><td></td><td></td><td></td></tr>
<tr><td colspan="2">金额小计</td><td></td><td></td><td></td><td></td><td></td><td></td></tr>
<tr><td rowspan="2">生产成本</td><td rowspan="2">基本生产成本——A 产品</td><td>数量</td><td></td><td></td><td></td><td></td><td></td><td></td></tr>
<tr><td>金额</td><td></td><td></td><td></td><td></td><td></td><td></td></tr>
<tr><td rowspan="2">制造费用</td><td rowspan="2">基本生产车间</td><td>数量</td><td></td><td></td><td></td><td></td><td></td><td></td></tr>
<tr><td>金额</td><td></td><td></td><td></td><td></td><td></td><td></td></tr>
<tr><td colspan="2" rowspan="2">销售费用</td><td>数量</td><td></td><td></td><td></td><td></td><td></td><td></td></tr>
<tr><td>金额</td><td></td><td></td><td></td><td></td><td></td><td></td></tr>
<tr><td colspan="2" rowspan="2">管理费用</td><td>数量</td><td></td><td></td><td></td><td></td><td></td><td></td></tr>
<tr><td>金额</td><td></td><td></td><td></td><td></td><td></td><td></td></tr>
<tr><td colspan="3">对外分配金额合计</td><td></td><td></td><td></td><td></td><td></td><td></td></tr>
</table>

5. 计划成本分配法

计划成本分配法，是辅助生产车间生产的产品或劳务，按照计划单位成本核算、分配辅助生产费用的方法。辅助生产为各受益单位(包括其他辅助生产车间)提供的产品或劳务，一律按产品或劳务的实际耗用量和计划单位成本进行分配；辅助生产车间实际发生的费用，包括辅助生产交互分配转入的费用在内，与按计划单位成本分配转出的费用之间的差额，也就是辅助生产产品或劳务的成本差异，可追加分配给辅助生产车间以外的各受益单位。为了简化计算工作，也可以全部计入“管理费用”科目。有关计算公式如下：

(1) 按计划成本分配。

$$\frac{\text{各受益单位负担某}}{\text{项劳务的计划成本}}=\frac{\text{各受益单位实际耗}}{\text{用该项劳务的数量}}\times\frac{\text{该辅助生产车间劳}}{\text{务的单位计划成本}}$$

(2) 分配成本差异。

$$\frac{\text{成本}}{\text{差异}}=\frac{\text{各辅助生产车}}{\text{间发生的费用}}+\frac{\text{按计划单位成本}}{\text{分配转入的耗费}}-\frac{\text{按计划单位成本}}{\text{分配转出耗费}}$$

$$\text{成本差异分配率}=\frac{\text{成本差异额}}{\text{辅助生产车间以外的受益单位劳务量}}$$

$$\text{各受益单位应分成本差异}=\text{各受益单位受益量}\times\text{成本差异分配率}$$

[例 3-19] 根据例 3-15 的资料，采用计划成本分配法，编制辅助生产费用分配表及会计分录。

解：假设锅炉车间的蒸汽每吨 1.9 元，机修车间每小时 3.8 元，编制的辅助生产费用分配表如表 3.27 所示。

锅炉车间辅助生产实际成本 = 28 730 + 760 − 570 = 28 920

机修车间辅助生产实际成本 = 12 300 + 570 − 760 = 12 110

表 3.27　辅助生产费用分配表(计划成本分配法)

2017 年 5 月　　金额单位：元

项目 \ 劳务供应				锅炉车间		机修车间		合计
				数量/吨	费用	数量/小时	费用	
待分配费用					28 730		12 300	41 030
计划成本分配	计划单位成本				1.9		3.8	
	应借账户	辅助生产成本	锅炉			200	760	760
			机修	300	570			570
			小计		570		760	
		制造费用	基本生产车间	10 465	19 883.5	2 375	9 025	28 908.5
		管理费用		3 600	6 840	500	1 900	8 740
	按计划成本分配合计				27 293.5		11 685	38 978．5
辅助生产实际成本					28 920		12 110	41 030
成本差异分配	待分配成本差异额				1 626.5		425	2 051.5
	分配率				0.1156		0.1478	
	应借账户	制造费用	基本生产车间	10 465	1 210.19	2 375	351.09	1 561.28
		管理费用		3 600	416.31①	500	73.91①	490.22
	成本差异分配金额				1 626.5		425	2 051.5

注①：行数据为倒推求得。

根据辅助生产费用分配表编制会计分录如下：

按计划成本分配的会计分录：

借：生产成本——辅助生产成本——锅炉车间　760

——机修车间　570

制造费用　28 908.5

管理费用　8 740

贷：生产成本——辅助生产成本——锅炉车间　27 293.5

——机修车间　11 685

成本差异分配的会计分录：

借：制造费用　1 561.28

管理费用　490.22

贷：生产成本——辅助生产成本——锅炉车间　1 626.5

——机修车间　425

采用计划成本分配法，由于辅助生产车间的产品或劳务的计划单位成本有现成资料，只要有各受益单位耗用辅助生产车间的产品或劳务量，就可进行分配，从而简化和加速分配的计算工作；按照计划单位成本分配，排除了辅助生产实际费用的高低对各受益单位成本的影响，便于考核和分析各受益单位的经济责任，还能够反映辅助生产车间产品或劳务的实际成本脱离计划成本的差异。但是采用该种分配方法，辅助生产产品或劳务的计划单位成本必须比较正确。

课堂练习 3-11

根据课堂练习 3-7 的资料，练习采用计划成本分配法编制“辅助生产费用分配表”，并作相应的会计分录。(假设动力车间的每度计划成本为 1.8 元，机修车间每小时计划成本为 4.8 元。)

第七节　制造费用的核算

一、制造费用的归集

制造费用是指制造企业内各生产单位为生产产品(或提供劳务)而发生的应计入产品成本，但没有专设成本项目的各项间接费用。

(一) 制造费用的内容

制造费用的内容可概括为以下三大方面：

1. 间接用于产品生产的耗费

制造费用大部分是间接用于产品生产的耗费，如机物料消耗，车间生产用的房屋及建筑物的折旧费、修理费、租赁费和保险费，车间生产用的照明费、取暖费、运输费、劳动保护费，以及季节性和修理期间的停工损失等。

2. 直接用于产品生产的耗费

直接用于产品生产的耗费虽然用于产品生产，但管理上不要求或不便于单独核算，因而没有专设成本项目的耗费。如机器设备的折旧费、修理费、租赁费和保险费，生产工具的摊销，产品设计制图费和试验检验费，未专设成本项目的生产工艺用动力等。

3. 生产单位组织管理生产而发生的耗费

生产单位组织管理生产而发生的耗费虽然具有管理费用的性质，但由于车间(或分厂)是企业从事生产活动的单位，它的管理费用与制造费用很难严格划分，为了简化核算工作，也作为制造费用核算。这些耗费有车间管理人员职工薪酬，车间管理用的房屋和设备的折旧费、修理费、租赁费和保险费，车间管理用具摊销，车间管理用的照明费、水费、取暖费、差旅费和办公费等。

制造费用的内容比较复杂，为了减少耗费项目，简化核算工作，制造费用的耗费项目一般不按直接用于产品生产、间接用于产品生产以及用于组织管理生产划分，而是将性质相同的耗费合并设立相应的耗费项目。制造费用的具体栏目有：

(1) 职工薪酬。职工薪酬是指生产单位(分厂、车间)除生产工人之外的管理人员、工程技术人员和其他生产人员的工资以及按工资的一定比例计提的社保及其他费用。

(2) 折旧费用。折旧费是指生产单位的房屋、建筑物、机器设备等固定资产按规定的折旧方法计算的折旧费用。

(3) 租赁费。租赁费是指生产单位租入固定资产和专用工具而发生的租金，但不包括融资租赁费。

(4) 修理费。修理费是指生产单位使用的固定资产发生的各种修理费。

(5) 机物料消耗。机物料消耗是指生产单位为维护生产设备等管理上所消耗的各种材料而产生的费用。

(6) 低值易耗品摊销。低值易耗品摊销是指生产单位使用的各种低值易耗品的摊销费。

(7) 取暖费。取暖费是指生产单位用于职工防寒取暖而发生的耗费，不包括支付给职工的取暖津贴。

(8) 水电费。水电费是指生产单位管理上耗用水、电而发生的耗费。生产工艺耗用水、电比较大的，可以专门设置“燃料和动力”成本项目核算。

(9) 办公费。办公费是指生产单位耗用的文具、印刷、邮电、办公用品等耗费。

(10) 差旅费。差旅费是指生产单位职工因公出差而发生的交通、住宿、出差补助等耗费。

(11) 运输费。运输费是指生产单位耗用厂内、厂外的运输劳务耗费。

(12) 保险费。保险费是指生产单位应负担的财产物资保险费。从保险公司取得的赔偿应从本项目扣除。

(13) 设计制图费。设计制图费是指生产单位应负担的图纸费、制图用品费和委托设计部门设计图纸而发生的耗费。

(14) 试验检验费。试验检验费是指生产单位应负担的对材料、半成品、产品进行试验或进行检查、化验、分析的耗费。

(15) 劳动保护费。劳动保护费是指生产单位为保护职工劳动安全所发生的劳动用品费，如劳保眼镜，工作用的鞋、帽、手套和服装等。

(16) 季节性、修理期间停工损失。季节性、修理期间停工损失是指季节性停工和生产用固定资产修理期间的停工损失。

(17) 其他。其他是指以上各项以外的应计入产品成本的其他制造费用，如在产品盘亏、毁损损失。

(二) 制造费用归集的核算

制造费用是产品成本的组成部分并占有一定比重。在当今知识经济时代，直接生产费用在产品成本中的比重呈下降趋势，间接制造成本在产品成本中呈上升趋势，因此间接制造成本，也就是制造费用的核算，直接影响产品成本核算的正确性。

制造费用的归集和分配是通过“制造费用”账户进行的。对于基本生产车间，应该按车间分设明细账，不管该车间是生产多种产品还是一种产品，为了管理和控制该项耗费发生，都应按车间单独核算。对于辅助生产车间，可以设置“制造费用”账户单独核算；若生产的产品或劳务单一，且制造费用金额少，可不对制造费用单独设账，直接将其计入“辅助生产成本”账户核算。

制造费用明细账应根据管理要求，按车间设置，账内按具体项目设置专栏。具体项目可以根据耗费比重大小和管理要求，进行适当的合并，以简化核算工作。企业发生的制造费用，其发生地点和用途归集于“制造费用”账户借方及其所属明细账的有关栏目，一般于月末根据“材料费用分配表”“人工费用分配表”“动力费用分配表”“折旧费用分配表”“其他费用分配表”等有关凭证登记“制造费用”及其所属明细账归集。

二、制造费用的分配方法

为了正确计算产品成本，必须合理地分配制造费用。由于各车间制造费用水平不同，因而制造费用应按各个车间分别进行分配。

(一) 制造费用分配程序及分配标准的选择

本期实际发生的制造费用归集汇总后，应于期末按一定的标准分配给本车间的受益对象。

在只生产一种产品的车间，所发生的制造费用是直接制造费用，应直接计入该产品的成本。在生产多种产品的车间，且产品生产是在不同的生产小组进行的，如果各生产小组按产品品种分工生产的情况下，各小组本身发生的制造费用是直接制造费用，应直接计入各该产品的成本，各小组共同发生的耗费是间接制造费用，则应按一定的方法分配计入各产品的成本；如果各生产小组按生产工艺分工生产的情况下，车间发生的所有制造费用都是间接制造费用，则都应按一定的标准在车间所生产的产品中进行分配。

制造费用正确分配的关键在于选择恰当的分配标准。而恰当的分配标准既要合理又要资料容易取得，并且要相对稳定。

(二) 制造费用分配的方法

制造费用分配的方法一般有按生产工时、生产工人工资、机器工时、原材料数量或成本、直接成本、产品产量、年度计划分配率等。企业具体采用哪种分配方法，由企业自行决定。分配方法一经确定，不得随意变更。如需变更，应当在会计报表附注中予以说明。

1. 生产工时比例法

生产工时比例法是按照各种产品所耗生产各工时的比例分配制造费用的一种方法。其基本的计算公式如下：

$$\text{制造费用分配率}=\frac{\text{制造费用总额}}{\text{各产品生产工时总额}}$$

$$\text{各产品应分配的制造费用}=\text{该各产品生产工时}\times\text{制造费用分配率}$$

[例 3-20]　某企业第一车间生产甲、乙两种产品，2017 年 5 月发生的制造费用和有关资料如表 3.28 所示。要求编制制造费用分配表及其会计分录。

表 3.28　企业第一车间制造费用和有关资料

项　　目	甲产品	乙产品	合计
产量/件	2 000	3 000	
生产工人实际生产工时/小时	1 800	1 200	3 000
直接材料/元	500 000	350 000	850 000
直接人工(其中生产工人工资)	100 000	70 000	170 000
机器工时/小时	1 200	1 350	2 550
制造费用合计/元			25 500

解：根据上述资料，计算分配如下：

$$\text{制造费用分配率}=\frac{25\ 500}{1\ 800+1\ 200}=8.5$$

$$\text{甲产品负担的制造费用}=1\ 800\times 8.5=15\ 300\ (\text{元})$$

$$\text{乙产品负担的制造费用}=1\ 200\times 8.5=10\ 200\ (\text{元})$$

实际工作中，制造费用的分配可以通过编制“制造费用分配表”进行。根据上述资料编制该车间的制造费用分配表如表 3.29 所示。

表 3.29　制造费用分配表

2017 年 5 月　　　　金额单位：元

应　借　科　目	生产工人工时/小时	分配率	制造费用/元
生产成本——基本生产成本(甲产品)	1 800	8.5	15 300
生产成本——基本生产成本(乙产品)	1 200	8.5	10 200
合计	3 000		25 500

根据制造费用分配表，编制会计分录如下：

借：生产成本——基本生产成本——甲产品　　15 300
　　　　　　　　　　　　　——乙产品　　10 200
　贷：制造费用　　25 500

采用这种标准分配制造费用，能将劳动生产率与产品负担的制造费用水平联系起来。在超额完成生产计划时，由于产量增加，单位产品耗用工时相对减少，所负担的制造费用也就相应减少，使单位产品制造成本降低，从而正确反映了劳动生产率与产品制造成本之间的关系。同时，生产工时是分配间接计入费用常用的分配标准之一，多数企业有较完整的工时记录，工时资料容易取得。但是，采用这一方法，各种产品工艺过程的机械化程度应该相差不多；否则机械化程度高的产品，由于生产工时较少，分配负担的制造费用也就较少。但是，制造费用中有比重较大的与机器使用相关的耗费，如折旧费、修理费、租赁费和保险费等，因而会影响耗费分配的合理性。产品生产的机械化程度高，应该多负担这些耗费，而不应该少负担这些耗费。

如果产品的工时定额比较准确，制造费用的分配也可采用生产工人定额工时比例分配。

课堂练习 3-12

1. 目的：练习制造费用的分配。

2. 资料：基本生产车间 20××年 9 月份制造费用总额为 68 000 元，实际生产工时为 80 000 小时，其中，甲产品实际生产工时为 60 000 小时，乙产品实际生产工时为 20 000 小时。

3. 要求：按生产工时分配制造费用，并作相应的会计分录。

2. 生产工人工资比例法

生产工人工资比例法是按照各种产品所耗生产工人工资的比例分配制造费用的一种方法。根据例 3-20 资料，计算分配如下：

$$\text{制造费用分配率}=\frac{25\ 500}{100\ 000+70\ 000}=0.15$$

$$\text{甲产品负担的制造费用}=100\ 000\times 0.15=15\ 000\ (\text{元})$$

$$\text{乙产品负担的制造费用}=70\ 000\times 0.15=10\ 500\ (\text{元})$$

采用这种方法，由于能够从产品成本明细账或人工费用分配表中直接取得生产工人工资的资料，分配标准容易取得。但是，该种方法会使机械化程度低、加工技术等级高的产品负担较多的制造费用。制造费用中固定资产的折旧费、修理费对于机械化程度低的产品应该少负担；加工技术等级的高低往往与直接人工有关而与制造费用无关。因此，该种方法要求各种产品生产的机械化程度和生产工人的技术等级应大致相同；否则，会影响分配结果的合理性。

如果生产工人工资是计时工资形式并且人工费用分配是按生产工时比例分配的，则按照生产工人工资比例分配制造费用的结果和按生产工人工时比例分配基本一样。

3. 机器工时比例法

机器工时比例法是按照各种产品生产所耗机器设备运转时间的比例分配制造费用的一种方法。根据例 3-20 的资料，计算分配如下：

$$制造费用分配率=\frac{25\ 500}{1\ 200+1\ 350}=10$$

$$甲产品负担的制造费用=1\ 200\times10=12\ 000\ (元)$$

$$乙产品负担的制造费用=1\ 350\times10=13\ 500\ (元)$$

这一方法适用于产品生产机械化程度较高的车间。因为在这种车间的制造费用中，与机器设备使用有关的耗费(如折旧费、修理费等)比重较大，而这一部分耗费与机器设备运转的时间有着密切的联系。采用这一方法，必须具备各种产品所用机器工时的原始记录。如果车间中机器设备的类型不一，应将机器设备分为若干类别，按照机器设备的类别归集和分配制造费用，以提高分配结果的合理性。

4. 原材料成本比例法

原材料成本比例法是以各种产品所耗用的原材料成本为标准分配制造费用的一种方法。根据例 3-20 的资料，计算分配如下：

$$制造费用分配率=\frac{25\ 500}{500\ 000+350\ 000}=0.03$$

$$甲产品负担的制造费用=500\ 000\times0.03=15\ 000\ (元)$$

$$乙产品负担的制造费用=350\ 000\times0.03=10\ 500\ (元)$$

这种方法适用于各产品耗用同一种原材料，加工过程比较简单，制造费用中对原材料进行处理的耗费所占比重较大的车间。

5. 直接成本比例法

直接成本比例法是以产品成本中直接材料、直接人工的成本作为标准分配制造费用的一种方法。根据例 3-20 的资料，计算分配如下：

$$制造费用分配率=\frac{25\ 500}{600\ 000+420\ 000}=0.025$$

$$甲产品负担的制造费用=600\ 000\times0.025=15\ 000\ (元)$$

$$乙产品负担的制造费用=420\ 000\times0.025=10\ 500\ (元)$$

这种方法综合考虑了直接材料和直接人工成本的因素，但是产品成本中材料成本和工资成本的比重是不一样的，产品成本中往往原材料成本占的比重较大，直接材料成本和直接人工成本对制造费用的影响程度并不一致。另外，采用这种方法也要求各种产品生产机械化程度大致相同；否则，也会影响耗费分配的合理性。

6. 产品产量比例法

产品产量比例法是以产品的实际产量(或标准产量)为标准分配制造费用的一种方法。根据例 3-20 的资料，计算分配如下：

$$\text{制造费用分配率}=\frac{25\ 500}{2\ 000+3\ 000}=5.1$$

$$\text{甲产品负担的制造费用}=2\ 000\times 5.1=10\ 200\ (\text{元})$$

$$\text{乙产品负担的制造费用}=3\ 000\times 5.1=15\ 300\ (\text{元})$$

这种方法虽然分配标准容易取得，但制造费用的发生和产品产量往往无明显的因果关系。因此，人们将实际产量按照换算系数折合成标准产量分配制造费用。但是按产品产量作为换算系数，准确性较差，如果以产品的成本项目作为换算系数，工作量较大。不管怎样，系数的确定影响着耗费分配结果的合理性。

由于制造费用包括各种性质和用途的耗费，为了提高分配结果的合理性，在增加核算工作量不多的情况下，也可以将制造费用加以分类，如分为与机器设备使用有关的耗费和由于管理、组织生产而发生的耗费两类，分别采用适当的分配方法进行分配；前者可按机器工时比例分配，后者可按生产工时比例分配。

7. 年度计划分配率法

年度计划分配率法是在年度开始前按制造费用全年预算数和全年预计产量的定额标准，确定计划分配率分配制造费用的一种方法。其计算公式如下：

$$\text{制造费用计划分配率}=\frac{\text{年度制造费用预算数}}{\text{年度各种产品计划产量的定额工时总额}}$$

$$\begin{matrix}\text{某月某种产品}\\\text{应分配有制造费用}\end{matrix}=\begin{matrix}\text{该月该种产品实际}\\\text{产量的定额工时数}\end{matrix}\times\begin{matrix}\text{年度计划}\\\text{分配率}\end{matrix}$$

采用这种分配方法，无论各月实际发生的制造费用为多少，每月各种产品成本中的制造费用都按年度计划分配率分配。由于“制造费用”账户借方归集的是实际发生的制造费用，而贷方转出的是按计划分配率分配的制造费用，因此“制造费用”账户月末一般有余额。如果是借方余额，表示制造费用的实际发生数大于计划分配数，即表明已实际发生而尚未分配计入相关的产品成本，类似于待摊费用；如果是贷方余额，表示制造费用的实际发生数小于计划分配数，即为尚未发生而提前计入了相关的产品成本，类似于预提费用。各月制造费用按计划分配率计算分配的耗费与实际发生的耗费的差额，年末一次按已分配数的比例进行调整，其计算公式如下：

$$\text{年末差异分配率}=\frac{\text{全年制造费用}-\text{全年按计划分配率分配的制造费用}}{\text{全年各产品按计划分配率分配的制造费用之和}}$$

$$\text{某产品应负担的差异}=\text{该产品全年按计划分配率分配的制造费用}\times\text{年末差异分配率}$$

如果制造费用实际发生数大于计划分配数，用蓝字补足分配额；如果制造费用实际发生数小于计划分配数，用红字冲减分配额。

[例 3-21]　某企业某基本生产车间全年制造费用预算数为 690 000 元，全年各种产品计划产量为：甲产品 5 200 件，乙产品 3 400 件。单位产品工时定额为：甲产品 4 小时，乙产品 2 小时。假设 5 月份实际产量为：甲产品 400 件，乙产品 300 件，5 月份实际发生的制造费用为 57 300 元。要求计算 5 月份甲、乙产品负担的制造费用及编制其会计

分录。

解：

$$\text{制造费用计划分配率}=\frac{690\ 000}{5\ 200\times 4+3\ 400\times 2}=25$$

$$\text{甲产品 5 月份实际产量的定额工时}=400\times 4=1\ 600\ (\text{小时})$$

$$\text{乙产品 5 月份实际产量的定额工时}=300\times 2=600\ (\text{小时})$$

$$\text{5 月份甲产品负担的制造费用}=1\ 600\times 25=40\ 000\ (\text{元})$$

$$\text{5 月份乙产品负担的制造费用}=600\times 25=15\ 000\ (\text{元})$$

根据上述分配结果，编制会计分录如下：

借：生产成本——基本生产成本——甲产品　　40 000
　　　　　　　　　　　　　　——乙产品　　15 000
　贷：制造费用　　55 000

[例 3-22] 根据例 3-21 的资料，假定该车间全年实际发生制造费用为 749 760 元，至年末累计已分配制造费用 710 000 元，其中甲产品已分配 550 000 元，乙产品已分配 160 000 元。求甲、乙产品应追加分配的制造费用及编制其会计分录。

解：

$$\text{年末差异分配率}=\frac{749\ 760-710\ 000}{550\ 000+160\ 000}=0.056$$

$$\text{甲产品应追加分配的制造费用}=550\ 000\times 0.056=30\ 800\ (\text{元})$$

$$\text{乙产品应追加分配的制造费用}=160\ 000\times 0.056=8\ 960\ (\text{元})$$

追加分配的会计分录如下：

借：生产成本——基本生产成本——甲产品　　30 800
　　　　　　　　　　　　　　——乙产品　　8 960
　贷：制造费用　　39 760

年末差额调整后，“制造费用”总账及其所属明细账均无余额。

这种分配方法核算工作简便，各月按计划分配制造费用，不必每月等到实际制造费用资料出来再计算分配率进行分配，便于及时计算产品成本，并能均衡各期产品负担的制造费用，而且能及时反映制造费用预算数与实际数的差异，有利于分析预算执行情况。该方法特别适用于季节性生产的车间，因为它不受淡季和旺季产量相差悬殊而使各月单位产品成本中制造费用忽高忽低的影响。但是，采用这种分配方法要求计划工作水平较高；否则，年度制造费用预算脱离实际太大，会影响产品成本核算的正确性。如果出现年度制造费用预算严重脱离实际，应及时调整计划分配率。

课堂练习 3-13

1. 目的：练习制造费用的分配。

2. 资料：甲企业对制造费用采用年度计划分配率法进行分配。2016 年度，该公司一车间计划发生制造费用 180 000 元，该车间生产 A、B 产品的年度计划产量分别为 20 000 件和 5 000 件，A、B 产品的定额工时分别为 5 小时和 10 小时，假定该车间 5 月的产品实际产量为：A 产品 2 000 件、B 产品 400 件。

3. 要求：按年度计划分配率法分配 5 月份的制造费用，并作相应的会计分录。

第八节　生产损失的核算

生产损失是指企业在生产过程中，由于计划调整、停电、待料、机器设备发生故障以及生产技术和生产组织等问题而导致的各种损失。产生生产损失不仅会降低产品质量，提高生产成本，而且会减少产量，影响生产计划的完成。因此，企业必须建立和健全生产责任制度，减少甚至防止各种生产损失，努力提高经济效益。

工业企业的生产损失按其产生的原因可以分为两大类：一是废品损失；二是停工损失。下面分别说明废品损失和停工损失的核算方法。

一、废品损失的核算

生产中的废品是指不符合规定的技术标准，不能按照原定用途使用，或者需要加工修理后才能使用的在产品、半成品和产成品，包括生产过程中发现的和入库后发现的废品。废品按其报损程度和修复价值，可分为可修复废品和不可修复废品。可修复废品是指技术、工艺上可以修复，且所发生的修复费用在经济上合算的废品。不可修复废品是指在技术、工艺上不可修复，或者虽可修复，但所发生的修复费用在经济上不合算的废品。

废品损失是指在生产过程中发现的、入库后发现的不可修复废品的生产成本，以及可修复废品的修复费用，再扣除回收的废品残料价值和应收赔款以后的净损失。经质量检验部门鉴定不需要返修可以降价出售的不合格品，其降价损失不作为废品损失，在计算损益时体现；产品入库后由于保管不善等原因而损坏变质的损失，以及实行包退、包修、包换(三包)的企业，在产品出售以后发现的废品所发生的一切损失，应作为管理费用处理，也不作为废品损失。根据质量检验部门填制并审核后的废品损失通知单是进行废品损失核算的原始凭证。单独核算废品损失的企业，应设置“废品损失”科目，在成本项目中增设“废品损失”成本项目。废品损失的归集和分配，应根据废品损失计算表和分配表等有关凭证，通过“废品损失”科目进行。“废品损失”科目应按照车间设置明细账，账内按产品品种和成本项目登记废品损失的详细资料。该科目的借方归集不可修复废品的生产成本和可修复废品的修复费用。不可修复废品的生产成本应根据不可修复废品损失计算表，借记“废品损失”科目，贷记“生产成本——基本生产成本”科目；可修复废品的修复费用应根据各种费用分配表所列废品损失数额，借记“废品损失”科目，贷记“原材料”“应付职工薪酬”“生产成本——辅助生产成本”和“制造费用”等科目。该科目的贷方登记废品残料回收的价值、应收赔款和应由本月生产的同种合格产品成本负担的废品损失，即从“废品损失”科目的贷方转出，分别借记“原材料”“其他应收款”“生产成本——基本生产成本”等科目。经过上述归集和分配，“废品损失”科目月末无余额。

(一) 不可修复废品损失的归集与分配

为了归集和分配不可修复的废品损失，必须首先计算废品的成本。废品成本是指生产过程中截至报废时所耗费的一切费用，扣除废品的残值和应收赔款，计算出废品损失。由于不可修复废品的成本与合格产品的成本是归集在一起同时发生的，因此需要采取一定的方法予以确定。一般有两种方法：一是按废品所耗实际费用计算；二是按废品所耗定额费用计算。

1. 按废品所耗实际费用计算法

按废品所耗实际费用计算法，就是在废品报废时根据废品和合格品发生的全部实际费用，采用一定的分配方法，在合格品与废品之间进行分配，计算出废品的实际成本，从“生产成本——基本生产成本”科目贷方转入“废品损失”科目的借方。

[例 3-23] 某车间本月生产甲产品 400 件，经验收入库发现不可修复废品 10 件；合格品生产工时为 11 700 小时，废品工时为 300 小时，全部生产工时为 12 000 小时。按所耗实际费用计算废品的生产成本，甲产品成本核算单(即基本生产成本明细账)所列合格品和废品的全部生产费用为：原材料 20 000 元；燃料和动力 11 880 元；职工薪酬 12 120 元；制造费用 7 200 元，共计 51 200 元。废品残料回收入库价值 120 元，原材料是生产开工时的一次投入。原材料费用按合格品数量和废品数量的比例分配；其他费用按生产工时比例分配。要求编制不可修复废品损失计算表及其会计分录。

解：根据上述资料，编制不可修复废品损失计算表见表 3.30。

表 3.30　不可修复废品损失计算表(按实际成本核算)

产品名称：甲产品　　　　废品数量：10 件

车间名称：　　　　金额单位：元

项目	数量/件	原材料	生产工时/小时	燃料和动力	职工薪酬	制造费用	成本合计
费用总额	400	20 000	12 000	11 880	12 120	7 200	51 200
费用分配率		50		0.99	1.01	0.6	
废品成本	10	500	300	297	303	180	1 280
减：废品残料		120					
废品损失		380	300	297	303	180	1 160

根据不可修复废品损失计算表，编制如下会计分录：

(1) 结转废品成本(实际成本)。

借：废品损失——甲产品　　1 280

　　贷：生产成本——基本生产成本——甲产品——原材料　　500

　　　　——燃料和动力　　297

　　　　——人工费用　　303

　　　　——制造费用　　180

(2) 回收废品残料入库价值。

借：原材料　　120

贷：废品损失——甲产品　　120

(3) 废品损失转入该种合格产品成本。

借：生产成本——基本生产成本——甲产品——废品损失　　1 160

贷：废品损失——甲产品　　1 160

若在完工以后发现废品，则其单位废品负担的各项生产费用应与该单位合格品完全相同，可按合格品产量和废品的数量比例分配各项生产费用，计算废品的实际成本。按废品的实际成本核算和分配废品损失，符合实际，但工作量较大。

2. 按废品所耗定额费用计算法

按废品所耗定额费用计算法也称按定额成本核算法，是按不可修复废品的数量和各项费用定额计算废品的定额成本，再从废品的定额成本扣除废品残料回收价值，计算出废品损失，而不考虑废品实际发生的费用。

[例 3-24]　某车间本月生产丙产品，验收入库时发现不可修复废品 6 件，按废品所耗定额费用计算废品的生产成本。原材料费用定额为 200 元，单件工时定额为 20 小时，每小时费用定额为：燃料和动力 2.50 元、职工薪酬 2 元、制造费用 1.50 元。回收废品残值 200 元。要求编制不可修复废品损失计算表及会计分录。

解：编制不可修复废品损失计算见表 3.31。

表 3.31　不可修复废品损失计算表(按定额成本核算)

产品名称：丙产品　　废品数量：6 件

车间名称：　　金额单位：元

项目	原材料	燃料和动力	职工薪酬	制造费用	成本合计
费用定额	200	50	40	30	320
废品定额成本	1 200	300	240	180	1 920
减：收回残值	200				200
废品损失	1 000	300	240	180	1 720

根据不可修复废品损失计算表，编制如下会计分录：

(1) 结转废品成本(定额成本)。

借：废品损失——丙产品　　1 920

贷：生产成本——基本生产成本——丙产品——原材料　　1 200

——燃料和动力　　300

——人工费用　　240

——制造费用　　180

(2) 回收废品残料价值。

借：原材料　　200

贷：废品损失——丙产品　　200

(3) 废品损失转入该种合格品成本。

借：生产成本——基本生产成本——丙产品——废品损失　　1 720

贷：废品损失——丙产品　　1 720

采用按废品所耗定额费用计算废品成本和废品损失的方法，核算工作比较简便，有利于考核和分析废品损失和产品成本。但必须具备比较准确的定额成本资料，否则会影响成本核算的正确性。

课堂练习 3-14

1. 目的：练习废品损失的分配。

2. 资料：

(1) 基本生产车间 2017 年 5 月生产的甲产品 450 件，其中合格品 420 件，不可修复废品 30 件，共耗用生产工时 2 000 小时，其中废品的生产工时为 400 小时。

(2) 甲产品生产明细账所列合格品和废品的全部生产成本为：原材料 90 000 元、燃料及动力 6 000 元、人工费用 8 000 元、制造费用 6 000 元。

(3) 废品回收残料价值为 2 000 元，原材料在生产开工时一次投入，因加工过失而应由责任人赔偿 500 元。

3. 要求：计算废品损失，其中原材料成本按在合格品数量与废品数量比例分配，其他费用按生产工时比例分配，并作相应的会计分录。

(二) 可修复废品损失的归集和分配

可修复废品损失是指废品在修复过程中所发生的各项修复费用。而可修复废品返修以前发生的生产费用，在“基本生产成本”科目及有关的成本明细账中不必转出，这是因为它不是废品损失。返修时发生的修复费用，应根据原材料、人工费用、辅助生产费用和制造费用等分配表计入“废品损失”科目的借方，以及有关科目的贷方。如有残值和应收赔款，根据废料交库凭证以及其他有关结算凭证，从“废品损失”科目的贷方转入“原材料”“其他应收款”等科目的借方。将废品净损失(修复费用减残值和赔款)从“废品损失”科目的贷方转入“基本生产成本”科目的借方及其有关成本明细账的“废品损失”成本项目。不单独核算废品损失的企业，不设“废品损失”科目和“废品损失”成本项目，在回收废品残料时，计入“原材料”科目的借方和“基本生产成本”科目的贷方，并从所属有关产品明细账的“原材料”成本项目中扣除残料价值。

辅助生产车间一般不单独核算废品损失。

二、停工损失的核算

停工损失是指企业生产车间或车间内某个班组在停工期间发生的各种费用，包括停工期间支付的生产工人工资、福利费等职工薪酬，以及车间所发生的各种制造费用等。工业企业的停工分为季节性停工和非季节性停工两种。

(一) 季节性生产企业停工损失的核算

季节性生产企业在停工期间所发生的费用，应由企业开工期间所生产的产品负担。因此，为了全面、正确地反映停工期间的费用，合理地分配和核算生产期间产品负担的停工损失，一般可专设“停工损失”账户或在“制造费用”账户下专设“停工损失”明细账进行单独核算。

季节性生产企业在停工期间归集在“停工损失”或“制造费用”账户的费用，应分配计入开工生产的产品成本中，并在“基本生产成本”明细账中设“停工损失”成本项目核算。其费用分配常采用年度计划分配率分配法，其计算公式如下：

$$\text{年度计划分配率}=\frac{\text{全年停工月份停工损失计划数}}{\text{全年各种产品计划产量定额工时总数}}$$

$$\begin{array}{c}\text{开工某月某种产品应}\\\text{分配的停工损失}\end{array}=\begin{array}{c}\text{该月该种产品实际}\\\text{产量的定额工时}\end{array}\times\begin{array}{c}\text{年度计划}\\\text{分配率}\end{array}$$

$$\begin{array}{c}\text{某月某种产品实际}\\\text{产量的定额工时}\end{array}=\begin{array}{c}\text{该月该种产品}\\\text{实际产量}\end{array}\times\begin{array}{c}\text{单位产品}\\\text{工时定额}\end{array}$$

采用这种分配方法，必须有较高的计划工作水平，否则停工损失计划数脱离实际数太大，将会影响成本核算的准确性。

[例 3-25] 某工业企业为季节性生产企业，全年停工月份停工损失计划为 30 720 元，全年各种产品的计划产量为：A 产品 1 400 件，B 产品为 650 件，单位产品的工时定额为：A 产品 50 小时，B 产品为 40 小时。计算年度计划分配率。

解： A 产品年度计划产量的定额工时 = 1 400 × 50 = 70 000 (小时)

B 产品年度计划产量的定额工时 = 650 × 40 = 26 000 (小时)

$$\text{年度计划分配率}=\frac{30\ 720}{70\ 000+26\ 000}=0.32$$

假定该企业某生产月份实际产量为：A 产品 120 件，B 产品 100 件。

A 产品该月应负担的停工损失 = 120 × 50 × 0.32 = 1 920 (元)

B 产品该月应负担的停工损失 = 100 × 40 × 0.32 = 1 280 (元)

根据上述计算结果，制作会计分录如下：

借：生产成本——基本生产成本——A 产品(停工损失)　　1 920

　　　　　　　　　　　　　　——B 产品(停工损失)　　1 280

　贷：停工损失　　　　　　　　　　　　　　　　　　　　3 200

该企业在停工月份发生的各种停工费用，应根据有关凭证作相应账务处理：

借：停工损失　　×××

　贷：应付职工薪酬　　×××

　　　银行存款等　　×××

采用计划分配率分配法，“停工损失”账户月末可能有借方余额或贷方余额，应在年末全部调整计入“基本生产成本”账户。

借：生产成本——基本生产成本——××产品(停工损失)　　×××

　贷：停工损失　　×××

如果实际发生停工损失小于计划分配数应用红字冲减。

(二) 非季节性生产企业停工损失的核算

非季节性生产企业在生产过程中，电力中断、原材料供应不足、机器设备故障、自然灾害以及计划减产等原因都可能引起停工。该类企业停工损失分配原则是：由于供货单位未执行合同、停工待料造成的损失，应向供货单位索赔；由过失人或保险公司负担的损失，应向其索赔；由于自然灾害造成的损失，应在营业外支出中列支；其他原因造成停工损失的应由开工生产的产品负担。

非季节性生产企业在停工期间发生的费用，如果需要单独核算的，应设置“停工损失”账户，并按车间和成本项目进行明细核算。该账户借方归集停工期内发生的停工损失，贷方反映停工损失的分配数，由过失人或保险公司负担的损失，应分配转入“其他应收款”的借方；由营业外支出列支的停工损失，应分配转入“营业外支出”账户的借方；由开工生产产品负担的停工损失，应分配转入“基本生产成本”账户及其明细账“停工损失”成本项目。

企业财会人员应对车间填列的“停工报告单”进行严格审核，核实报告单中所列停工范围、时数、原因以及过失单位(或个人)等项目，并根据审核无误的“停工报告单”进行停工损失的归集与分配。对于企业生产车间停工期间所发生的各种费用，应根据有关凭证或有关费用分配表，作如下会计分录：

借：停工损失　　　　　　　　　　×××
　　贷：应付职工薪酬　　　　　　　×××
　　　　银行存款　　　　　　　　　×××
　　　　累计折旧等　　　　　　　　×××

企业停工期间所发生的各种费用，按上述分配原则分配时，作如下会计分录：

应由有关单位或个人承担的停工损失：

借：其他应收款　　　　　　　　　×××
　　贷：停工损失　　　　　　　　　×××

应由营业外支出列支的停工损失：

借：营业外支出　　　　　　　　　×××
　　贷：停工损失　　　　　　　　　×××

应由开工生产的产品负担的停工损失：

借：生产成本——基本生产成本——××产品(停工损失)　　　×××
　　贷：停工损失　　　　　　　　　　　　　　　　　　　　×××

非季节性生产企业如果能够确定其停工损失应由开工产品成本负担时，可以不设“停工损失”账户。停工期间发生的属于停工损失的各项费用，直接计入“制造费用”账户。

企业的辅助生产车间由于规模不大，为了简化核算工作，可以不单独核算停工损失。

至此，企业发生的应由本期成本和当期损益负担的各项生产费用，均计入了“基本生产成本”“管理费用”“销售费用”和“财务费用”等账户。对于管理费用、销售费用和财务费用等期间费用，应于期末转入“本年利润”账户，以便确定本期损益。对于已计入本期“基本生产成本”账户的各项生产费用，仍需要继续分配，以便确定本期完工产品的制造成本。

❖ 本 章 小 结 ❖

1. 产品成本构成要素

对产品生产成本进行计算时，必须明确产品成本的开支范围和开支标准。产品成本是由材料费用、动力费用、人工费用、辅助生产费用、制造费用等要素构成的。值得注意的是，产品成本构成要素不等同于要素费用。要素费用是对企业中发生的所有费用按其经济性质所作的分类，而产品成本构成要素是由产品成本承担的要素费用，是所有要素费用中与产品生产相关的部分。

2. 生产费用的处理方法

生产费用的归集方法与产品成本核算对象相关。当一个生产车间只生产单一产品时，该生产车间所发生的全部生产费用都应当由该产品承担，将发生的生产费用直接计入该产品的各成本项目即可。一个生产车间同时生产多种产品时，发生的生产费用可分为直接计入费用与间接计入费用两种。在费用发生时，就能明确成本核算对象的费用是直接计入费用的，可直接计入各该产品的生产成本；在费用发生时，不能明确成本核算对象的费用是间接计入费用的，要按照一定的分配标准计算出生产费用分配率，再确定每一费用受益对象的费用承担金额。根据分配结果，编制生产费用分配表，据以编制记账凭证，计入各产品的生产成本账户。

3. 材料及动力费用

材料及动力费用是企业在产品生产过程中因消耗材料和动力而发生的生产费用。材料及动力费用的发生通常使直接材料成本项目增加。企业可以通过外购、自制加工、委托加工、接受投资、接受捐赠等方式收入材料。对收入的材料有两种计价方法：实际成本计价与计划成本计价。按实际成本计价时，企业要设置“原材料”“在途物资”等账户进行核算，对按实际成本发出的材料，要运用先进先出、加权平均、个别计价等方法确定发出材料的成本；按计划成本计价时，企业要设置“材料采购”“原材料”“材料成本差异”等账户进行核算，对按计划成本发出的材料，要通过计算材料成本差异率确定发出材料应负担的材料成本差异，将发出材料的计划成本调整为实际成本，保证产品成本核算的正确性。

企业在生产经营过程中因耗费原材料、辅助材料、修理用备件、外购半成品、燃料、包装物、低值易耗品等形成材料费用。对直接计入的材料费用可以直接计入有关成本费用项目，对间接计入的材料费用要分配后再计入成本费用项目。原材料费用分配时，由于选择的分配标准不同，从而产生了原材料定额耗用量分配法、原材料定额费用分配法和原材料实际耗用量分配法等方法。为了方便成本核算，对发生的材料费用要先编制“材料费用分配表”，再据以进行账务处理，编制记账凭证，登记成本费用账户。

外购动力费用的分配与核算有其特殊性，月末首先按仪表记录或受益程度进行分配，计入产品成本的“燃料及动力”成本项目或计入“制造费用”账户进行核算。应付的外购动力款通过“应付账款”账户核算，并在次月支付动力价款。

4. 人工费用

人工费用是企业在生产产品过程中发生的活劳动的耗费，包括生产工人的工资及按生产工人工资总额一定比例计提并缴纳的社保费用和住房公积金等。工资是企业支付给职工的劳动报酬，是企业对职工在工作中使用知识、技能，消耗时间、精力等而给予的一种补偿。工资总额是企业在一定时期内支付给全体职工的劳动报酬总额，包括计时工资、计件工资、奖金、津贴与补贴、加班加点工资和特殊情况下支付的工资。对应付职工工资需要进行计算。计时工资的计算方法主要有“月薪制”和“日薪制”，前者按月标准工资扣除缺勤工资计算应付工资，后者按出勤应付工资加缺勤应发工资计算应付工资。计件工资的计算分“个人计件工资”与“集体计件工资”两种情况，个人计件工资的计算较简单，集体计件工资要进一步分配，确定出每人应得工资。职工社保费用等是按工资总额的规定比例计算提取缴纳的。发生的人工费用要按工资费用发生的岗位和受益情况进行分配，基本生产车间同时生产多种产品的情况下，生产工人工资分配的标准主要有实际工时和定额工时。工资费用分配后要编制“工资费用分配表”，并据以进行会计核算。按工资总额的一定标准计提并缴纳的社会保险费用及住房公积金，也要编制“社保费用分配表”进行会计核算。

5. 辅助生产费用

制造企业的辅助生产是指为基本生产提供劳务或产品而进行的生产活动。辅助生产与基本生产的最大区别是：基本生产车间生产的产品主要是对外销售的，而辅助生产车间生产的产品或劳务主要是对内服务的。辅助生产车间归集的生产费用构成辅助生产产品或劳务的成本，受益产品或部门接受辅助生产车间提供的产品或劳务，构成产品成本或费用。

辅助生产车间在生产产品或提供劳务过程中归集的生产费用，通过“辅助生产成本”账户核算。月终时，要将归集的辅助生产费用按各受益对象的受益比例进行分配。

辅助生产费用的分配方法有五种：直接分配法、交互分配法、顺序分配法、代数分配法和计划成本分配法。其中，直接分配法和交互分配法是企业常用的分配方法。各种分配方法之间的区别，主要是分配程序与分配率确定的方式不同。辅助生产费用的分配，要通过编制“辅助生产费用分配表”进行，不同分配方法的费用分配表的格式有较大区别。最后，根据辅助生产费用分配表编制记账凭证(会计分录)，并登记有关的成本费用账户。

6. 制造费用

制造费用是企业的生产车间(一般是基本生产车间)在组织产品生产过程中所发生的管理费用,以及在产品生产过程中发生而不能直接归属到所制造的产品成本中的各种生产费用。不单独核算废品损失和停工损失的企业，发生的废品损失和停工损失也在制造费用中核算。

企业发生的制造费用通过设置“制造费用”账户进行归集。对生产车间发生的固定资产折旧费、物料消耗费、车间管理人员人工费用、水电费、日常办公费等，分别根据各项费用分配表编制记账凭证，在制造费用明细账户分栏登记归集。

企业在产品生产过程中发生的废品损失，包括不可修复废品损失与可修复废品损失，要正确确定其损失额，设置“废品损失”账户进行核算，计入当期完工产品成本，或先计入“制造费用”账户，再分配计入产品成本。

企业因停工而产生的停工损失，或者先计入“停工损失”账户后，再分配计入有关成本、费用账户；或者在发生时按其损失的性质分别计入“制造费用”或“其他应收款”或“营业外支出”等账户。对归集的制造费用，要根据受益原则进行分配，计入本车间生产的产品成本之中。

制造费用的分配方法很多，主要有工时比例法、工资比例法、年度计划分配率法等。企业可以根据实际情况选择使用，分配方法一经选定，不得随意变更。制造费用分配后，要编制“制造费用分配表”，据以进行会计处理，按月或在年末结平“制造费用”账户。

通过对发生的各种生产费用的归集和分配，就形成了各产品成本核算对象的成本。

◈ 同步测试 ◈

【业务练习题一】

1. 目的：练习材料费用分配的核算。

2. 资料：某企业生产丙、丁两种产品领用 C、D 两种材料，实际成本总计 66 480 元。本月投产丙产品 200 件、丁产品 100 件，丙产品的材料消耗定额为：C 材料 5 千克，D 材料 8 千克。丁产品的材料消耗定额是：C 材料 7 千克，D 材料 9 千克。C、D 两种材料的计划单价分别是 12 元和 14 元。

3. 要求：采用产品材料定额费用比例法分配每种产品应负担的材料费用。

【业务练习题二】

1. 目的：练习材料费用分配的核算。

2. 资料：长江公司 2017 年 5 月的发出材料明细表如表 3.32 所示。

表 3.32　长江公司发出材料明细表

附领料单×张

2017 年 5 月　　金额单位：元

材料类别	品名	发出数量	单位成本	金额	用　途
原材料	甲材料	7 560 千克	10	75 600	A、B 产品耗用
原材料	乙材料	3 500 千克	12.5	43 750	B 产品领用
原材料	丙材料	3 000 千克	55	165 000	A 产品领用
原材料	丙材料	100 千克	55	5 500	公司办公室领用
燃料	大同煤	30 吨	420	12 600	供汽车间领用
辅助材料	润滑剂	10 千克	30	300	机修车间领用
辅助材料	101 材料	500 千克	8	4 000	机修车间领用
修车备件	三角皮带	10 条	8.5	85	一车间修理领用
修车备件	齿轮	5 只	85	425	一车间修理领用
合计				307 260	

表 3.32 中所列甲材料 7 560 千克由 A、B 产品共同消耗，本月 A、B 产品的产量分别为 500 件和 800 件，单位产品消耗定额分别为 8 千克和 4 千克。

3. 要求：

(1) 按定额耗用量比例法分配计算基本生产车间 A、B 两种产品分别负担的材料费用，填制原材料费用分配表(见表 3.33)。

(2) 根据原材料费用分配表编制会计分录。

表 3.33　长江公司原材料费用分配表

2017 年 5 月　　金额单位：元

应借账户			成本或费用项目	间接计入费用			直接计入费用	合计
总账账户	二级账户	明细账户		消耗定额	分配率	分配额		
生产成本	基本生产成本	A 产品	直接材料					
		B 产品	直接材料					
		小计						
	辅助生产成本	供汽车间	直接材料					
		机修车间	直接材料					
		小计						
制造费用		一车间	修理费					
管理费用			物料消耗					
合计								

【业务练习题三】

1. 目的：练习燃料费用分配的核算。

2. 资料：五环公司因生产产品过程中消耗燃料动力费用较多，对购入的燃料单设“燃料”账户进行核算，对发生的燃料动力费用在产品成本核算单中单设“燃料及动力”成本项目。2017 年 5 月，该公司生产 C、D 两种产品共同消耗燃料费用 31 010 元，按燃料消耗定额计算，C、D 两种产品的定额燃料费用分别为 18 000 元和 14 000 元。

3. 要求：

(1) 按定额费用比例法分配计算 C、D 两种产品分别负担的燃料费用，填制燃料费用分配表(见表 3.34)。

(2) 根据燃料费用分配表编制会计分录。

表 3.34　燃料费用分配表

2017 年 5 月 31 日　　金额单位：元

应借账户			成本项目	定额燃料费用	分配率	分配金额
总账账户	二级账户	明细账户				
生产成本	基本生产成本	C 产品	燃料及动力			
		C 产品	燃料及动力			
合计						

【业务练习题四】

1. 目的：练习外购动力费用分配的核算。

2. 资料：长江公司 2017 年 5 月份总电表记录的用电量为 81 804 度，每度 0.80 元。分电表的记录为：一车间生产用电 52 000 度，用于 A、B 两种产品生产，其中，A 产品实际消耗工时为 24 000 小时，B 产品实际消耗工时 16 000 小时；一车间照明用电 1 300 度；供汽车间用电 20 000 度；机修车间用电 5 000 度；公司管理部门用电 1 900 度。

3. 要求：

(1) 根据上述资料分配动力费用，编制动力费用分配表(见表 3.35)。

(2) 根据燃料费用分配表编制会计分录。

表 3.35　外购动力费用分配表

2017 年 5 月　　　　金额单位：元

应借账户			成本或费用项目	电力耗用量			费用分配率	合计
总账账户	二级账户	明细账户		实际工时	分配率	仪表记录		
生产成本	基本生产成本	A 产品	燃料动力					
		B 产品	燃料动力					
		小计						
	辅助生产成本	供汽车间	制造费用					
		机修车间	制造费用					
		小计						
制造费用		一车间	电费					
		小计						
管理费用			电费					
合计								

【业务练习题五】

1. 目的：练习计时工资的计算。

2. 资料：职工王三强月标准工资为 941.40 元，该职工工龄 7 年，当月日历天数 30 天，本月份请事假 6 天(其中双休日 2 天)，病假 2 天(其中节假日 1 天)，病假支付标准为标准工资的 80%。

3. 要求：

(1) 根据上述资料，采用日薪制(分别按 30 天和 20.8 天)计算王三强本月份工资。

(2) 根据上述资料，采用月薪制(分别按 30 天和 20.8 天)计算王三强本月份工资。

【业务练习题六】

1. 目的：练习个人计件工资的计算。

2. 资料：职工张新 6 月份加工甲、乙两种产品，加工甲产品 300 件，乙产品 150 件。验收时，发现甲产品有废品 30 件，其中料废 10 件，工废 20 件；乙产品全部合格。甲产品的单位计件工资为 3 元，乙产品的单位计件工资为 2 元。

3. 要求：根据上述资料，计算张新本月份的应付计件工资。

【业务练习题七】

1. 目的：练习集体计件工资的计算。

2. 资料：某企业的某一个生产小组，本月份生产 A 产品 200 件，每件计件单价为 8 元。该小组共有职工 4 人，每位职工的小时工资率分别为：王明 6 元，李平 5 元，刘邦 6 元，赵阳 8 元。本月份工作时间王明 170 小时，李平 150 小时，刘邦 160 小时，赵阳 140 小时。

3. 要求：根据上述资料，计算该小组应得的计件工资，并采用计件工资和计时工资的比例分配计算每一位职工应得的计件工资，并将计算结果填入表 3.36 中。

表 3.36　计件工资分配表　　金额单位：元

工人姓名	小时工资率	实际工作小时	计时工资	分配率	应付计件工资

【业务练习题八】

1. 目的：练习人工费用分配的计算。

2. 资料：某企业本月份发生生产工人工资 180 000 元，共生产三种产品。三种产品的生产工时分别为甲产品 2 000 小时，乙产品 4 000 小时，丙产品 3 000 小时。

3. 要求：根据上述资料进行如下几项计算

(1) 按生产工时的比例计算每种产品应分配的工资费，并将计算结果直接填入表 3.37 中。

表 3.37　工资费用分配表　　金额单位：元

分配对象	分配标准	分配率	分配金额
甲产品			
乙产品			
丙产品			
合计			

(2) 按 36%的比例计提应提取当月社会保险费及其他费用，并将计算结果直接填入表 3.38 中。

表 3.38　社会保险费及其他费用分配表　　金额单位：元

分配对象	分配标准	分配率	分配金额
甲产品			
乙产品			
丙产品			
合计			

【业务练习题九】

1. 目的：练习人工费用分配的计算。

2. 资料：长江公司采用计时工资制计算工资。2017 年 5 月份发生工资费用 129 300 元，其中：一车间生产 A、B 产品的工人工资 64 800 元；一车间管理人员工资 4 500 元；供汽车间人员工资 8 000 元；机修车间人员工资 11 000 元；销售人员工资 15 000 元；公司管理人员工资 26 000 元。本月 A、B 产品的实际工时分别为 9 000 小时与 7 200 小时。

3. 要求：按 A、B 产品生产的实际工时分配，编制工资费用分配表见表 3.39。

表 3.39　工资费用分配表

2017 年 5 月　　　　金额单位：元

应借账户			成本项目或费用项目	实际工时	分配率	分配金额
总账账户	二级账户	明细账户				
生产成本	基本生产成本	A 产品	直接人工			
		B 产品	直接人工			
		小计				
	辅助生产成本	供汽车间	直接人工			
		机修车间	直接人工			
		小计				
制造费用		一车间	工资			
销售费用			工资			
管理费用			工资			
合计						

【业务练习题十】

1. 目的：练习辅助生产费用分配的计算。

2. 资料：长江公司设有供汽和机修两个辅助生产车间。2017 年 5 月份，供汽车间和机修车间分别发生生产费用 41 260 元和 25 820 元。另外，两个车间提供的劳务总量及受益情况如表 3.40 所示。

表 3.40　辅助生产车间提供劳务汇总表

2017 年 5 月

受益对象		供汽数量/立方米	机修工时/小时
辅助生产车间	供汽车间		40
	机修车间	590	
一车间		5 100	1 800
公司管理部门		2 700	600
合计		8 390	2 440

3. 要求：

(1) 根据上述资料，采用直接分配法分配供汽车间和机修车间的辅助生产费用，编制辅助生产费用分配表(见表 3.41)。

(2) 根据上述资料，采用交互分配法分配供汽车间和机修车间的辅助生产费用，编制辅助生产费用分配表(见表 3.42)。

(3) 根据上述资料，采用顺序分配法分配供汽车间和机修车间的辅助生产费用，编制辅助生产费用分配表(见表 3.43)。

(4) 根据上述资料，采用代数分配法分配供汽车间和机修车间的辅助生产费用，编制辅助生产费用分配表(见表 3.44)。

(5) 根据上述资料，假定长江公司事先确定供汽车间的计划分配率为 5.10，机修车间的计划分配率为 13.50，分配过程中产生的劳务成本差异全部列为当月的管理费用。采用计划分配法分配供汽车间和机修车间的辅助生产费用，编制辅助生产费用分配表(见表 3.45)。

表 3.41 辅助生产费用分配表(直接分配法)

2017 年 5 月　　　　金额单位：元

项　目				供汽车间	机修车间	金额合计
归集的辅助生产费用						
提供给辅助车间以外的劳务量						
辅助费用分配表						
应借账户	制造费用	一车间	接受劳务量			
			应负担费用			
	管理费用		接受劳务量			
			应负担费用			
分配费用额合计						

表 3.42 辅助生产费用分配表(交互分配法)

2017 年 5 月　　　　金额单位：元

项　目				交互分配			对外分配		
辅助生产车间				供汽	机修	合计	供汽	机修	合计
归集的辅助生产费用									
提供的劳务总量									
辅助生产费用分配率									
应借账户	生产成本——辅助生产成本	供汽车间	劳务量						
			金额						
		机修车间	劳务量						
			金额						
	制造费用	一车间	劳务量						
			金额						
	管理费用		劳务量						
			金额						
	对外分配金额合计								

表 3.43 辅助生产费用分配表(顺序分配法)

2017 年 5 月　　　　金额单位：元

项 目			供汽车间			机修车间		
分配顺序			一			二		
归集的辅助生产费用								
顺序分配分入费用								
被分配辅助生产费用								
提供的劳务总量								
用于分配的劳务总量								
分配项目			劳务量	分配率	金额	劳务量	分配率	金额
应借账户	生产成本——辅助生产成本	机修车间						
	制造费用	一车间						
	管理费用							
	合计							
	制造费用	一车间						
	管理费用							
	合计							

表 3.44 辅助生产费用分配表(代数分配法)

2017 年 5 月　　　　金额单位：元

项 目					供汽车间	机修车间	合计
归集的辅助生产费用							
提供的劳务总量							
用代数分配法确定的分配率							
应借账户	生产成本	辅助生产成本	供汽车间	耗用劳务			
				分配金额			
			机修车间	耗用劳务			
				分配金额			
			分配金额小计				
	制造费用	一车间		耗用劳务			
				分配金额			
	管理费用			耗用劳务			
				分配金额			
分配金额小计							

表 3.45　辅助生产费用分配表(计划分配法)

2017 年 5 月　　金额单位：元

<table>
<tr><td colspan="6">项　目</td><td>供汽车间</td><td>机修车间</td><td>合计</td></tr>
<tr><td colspan="6">归集的辅助生产费用</td><td></td><td></td><td></td></tr>
<tr><td colspan="6">提供的劳务总量</td><td></td><td></td><td></td></tr>
<tr><td colspan="6">计划分配率</td><td></td><td></td><td></td></tr>
<tr><td rowspan="9">计划成本分配</td><td rowspan="9">应借账户</td><td rowspan="5">生产成本</td><td rowspan="5">辅助生产成本</td><td rowspan="2">供汽车间</td><td>耗用劳务</td><td></td><td></td><td></td></tr>
<tr><td>分配金额</td><td></td><td></td><td></td></tr>
<tr><td rowspan="2">机修车间</td><td>耗用劳务</td><td></td><td></td><td></td></tr>
<tr><td>分配金额</td><td></td><td></td><td></td></tr>
<tr><td colspan="2">分配金额小计</td><td></td><td></td><td></td></tr>
<tr><td rowspan="2">制造费用</td><td rowspan="2">一车间</td><td rowspan="2"></td><td>耗用劳务</td><td></td><td></td><td></td></tr>
<tr><td>分配金额</td><td></td><td></td><td></td></tr>
<tr><td rowspan="2">管理费用</td><td rowspan="2"></td><td rowspan="2"></td><td>耗用劳务</td><td></td><td></td><td></td></tr>
<tr><td>分配金额</td><td></td><td></td><td></td></tr>
<tr><td colspan="6">计划分配金额小计</td><td></td><td></td><td></td></tr>
<tr><td colspan="6">辅助生产实际成本</td><td></td><td></td><td></td></tr>
<tr><td colspan="6">劳务成本差异</td><td></td><td></td><td></td></tr>
</table>

【业务练习题十一】

1. 目的：练习制造费用分配的计算。

2. 资料：2017 年 5 月某企业某生产车间生产甲、乙、丙三种产品，甲产品实耗生产工人工时 2 000 小时，乙产品实耗生产工人工时 800 小时，丙产品实耗生产工人工时 1 200 小时。甲产品发生的生产工人的工资为 3 600 元，乙产品发生的生产工人的工资为 2 000 元，丙产品发生的生产工人的工资为 2 400 元。该车间本月制造费用实际发生额为 64 600 元。

3. 要求：

(1) 根据上述资料，采用产品生产工时比例法计算分配各种产品应分担的制造费用，编制制造费用分配表，见表 3.46。

(2) 根据上述资料，采用生产工人工资比例法计算分配各种产品应分担的制造费用，编制造费用分配表，见表 3.47。

表 3.46　制造费用分配表

生产车间：　　2017 年 5 月　　金额单位：元

<table>
<tr><td colspan="2">借 方 账 户</td><td rowspan="2">生产工时</td><td rowspan="2">分配率</td><td rowspan="2">制造费用</td></tr>
<tr><td>总账账户</td><td>明细账户</td></tr>
<tr><td rowspan="3">生产成本</td><td>基本生产成本(甲产品)</td><td></td><td></td><td></td></tr>
<tr><td>基本生产成本(乙产品)</td><td></td><td></td><td></td></tr>
<tr><td>基本生产成本(丙产品)</td><td></td><td></td><td></td></tr>
<tr><td colspan="2">合计</td><td></td><td></td><td></td></tr>
</table>

表 3.47　制造费用分配表

生产车间：　　　　2017 年 5 月　　　　金额单位：元

借方账户		生产工人工资	分配率	制造费用
总账账户	明细账户			
生产成本	基本生产成本(甲产品)			
	基本生产成本(乙产品)			
	基本生产成本(丙产品)			
合计				

【业务练习题十二】

1. 目的：练习制造费用分配的计算。

2. 资料：某企业第二生产车间全年计划制造费用额为 360 000 元，各种产品全年定额工时为 400 000 小时。12 月份甲产品实际产量的定额工时为 26 000 小时，乙产品实际产量的定额工时为 11 000 小时。年末核算时，该车间全年共发生制造费用 378 000 元。1～11 月份按计划分配率分配的制造费用甲产品为 244 800 元，乙产品为 107 100 元。

3. 要求：根据上述资料，采用计划分配率法分配制造费用。

【业务练习题十三】

1. 目的：练习不可修复废品损失的计算。

2. 资料：2017 年 5 月，东方公司的基本生产车间生产甲产品 1 000 件，生产过程中发现不可修复废品 20 件。本月生产甲产品耗费生产费用为：材料费用 200 000 元，人工费用 49 500 元，制造费用 29 700 元，合计 279 200 元。废品残料 1 000 元回收入库。分配材料费用时，废品按完工产品计算；分配其他生产费用时，废品折合为约当产量 10 件。

3. 要求：根据上述资料，编制不可修复废品损失计算表(见表 3.48)。

表 3.48　不可修复废品损失计算表

生产车间：基本生产车间

产品名称：甲产品　　　　2017 年 5 月　　　　金额单位：元

项目	产量	直接材料	约当产量	直接人工	制造费用	成本合计
生产费用						
分配率						
废品生产成本						
残料价值						
废品损失						

第四章　生产费用的分配

【知识目标】

(1) 了解在产品的范围和在产品的收发结存日常核算。

(2) 掌握在产品的清查及其盈亏的核算。

(3) 了解在产品成本法、在产品按固定成本计价法和在产品按完工产品计算法的应用。

(4) 掌握在产品按所耗原材料费用计价法、约当产量比例法、在产品按定额成本计价法和定额比例法的应用。

【能力目标】

熟练地掌握完工产品与在产品成本分配的各种方法，准确地把握各种分配方法的原理、特点和适用范围，通过学习，能运用约当产量法、定额比例法和定额成本法等方法对企业的完工产品和在产品成本进行分配。

第一节　在产品核算

工业企业在生产过程中发生的各种耗费经过归集、分配，都已经按成本项目集中反映在“基本生产成本”科目及其所属明细账中。月末，生产车间生产的产品的完工情况有三种：第一，本期全部完工，对于没有在产品的情况来说，计入该成本核算对象的全部生产费用，即为完工产品的总成本。第二，本期产品全部未完工，计入该成本核算对象的全部生产费用，即为月末在产品成本。第三，在实际工作过程中，更多的情况是月末生产车间既有完工产品，也有在产品，那么本期负担的生产费用即月初结存在产品成本加上本月发生的生产费用，要在完工产品和月末在产品之间，采用适当的方法，进行生产费用的分配和归集，以计算完工产品和月末在产品成本。月初在产品、本月生产费用与本月完工产品成本和月末在产品四者之间的关系如下列公式所示：

月初在产品成本＋本月生产费用＝完工产品成本＋月末在产品成本

本期的生产费用在完工产品和月末在产品之间分配的方法与标准多种多样，主要有两种方法：一种是先确定月末在产品成本，然后再确定完工产品成本。本月完工产品成本计算公式如下：

本月完工产品成本＝月初在产品成本＋本月生产费用－月末在产品成本

另一种是完工产品成本与在产品成本同时确定，也就是将本月生产费用与月初在产品费用之和，按一定比例在完工产品与月末在产品之间进行分配，同时计算出完工产品与月末在产品成本。

不论采用哪种方法，都必须取得在产品数量的核算资料。在产品数量是核算在产品成本的基础。

一、在产品的数量核算

(一) 在产品的含义

在产品是指企业已经投入生产，但尚未最后完工，不能作为商品销售的产品。在产品有广义和狭义之分。广义的在产品是从整个企业来看，凡是在企业各个车间加工中的在制品，已经完成一个或几个生产步骤，但还需要继续加工的自制半成品，包括等待返修中的可修复废品和正在返修中的可修复废品，以及已经完工尚未验收入库的产成品。狭义的在产品是指正在各个车间或各生产步骤加工的在制品。

要正确计算月末在产品成本，就必须加强在产品的实物管理，组织好在产品数量的核算。而工业企业在产品品种规格多，又处于不断流动之中，在产品数量的日常核算是一个比较复杂的问题。对在产品的数量核算主要包括在产品的收发结存的日常核算和在产品的清查两项工作。

(二) 在产品收发结存的日常核算

为进行在产品的收发结存的日常核算，要求企业设置“在产品收发结存账簿”，这种账簿也叫“在产品台账”。通过在产品台账的登记，反映在产品的数量。

在产品台账应当分生产单位(厂、车间)，按产品的品种和零部件的名称来设置，以反映各生产单位各种在产品收入、发出和结存情况。在产品台账还可以结合企业生产工艺特点和内部管理的需要，进一步按照加工工序(生产步骤)来组织在产品数量核算。在产品台账的一般格式见表 4.1。

表 4.1　在产品台账

车　　间：××车间

产品名称：××产品　　　　2017 年 5 月　　　　计量单位：件

日期	摘要	收入		发出			结存		备注
		凭证号数	数量	凭证号数	合格品	废品	完工	未完工	

“在产品台账”应当根据有关领料凭证、在产品内部转移凭证、产品检验凭证和产品

交库单等原始凭证逐笔登记。生产单位的核算人员应对“在产品台账”的登记情况进行审核和汇总。“在产品台账”的设置，使企业可以从账面上随时掌握在产品动态；在账面结存数与实际结存数核对以后，又可以为计算月末在产品成本提供资料。由于在产品品种多、数量大，每月组织在产品数量的盘点核对有困难，故可以直接根据“在产品台账”提供的月末在产品结存数量来计算月末在产品成本。

二、在产品清查及其盈亏的核算

在产品与其他存货一样，是企业的重要资产，企业应当定期进行在产品的清查盘点，做到账实相符，保证在产品的安全、完整。在产品的清查采用实地盘点法，应当根据清查结果编制“在产品盘点盈亏报告表”，说明发生盈亏的原因及处理意见等。对于毁损的在产品还要登记残值。成本会计人员应对“在产品盘点盈亏报告表”进行认真审核，按照企业内部财务会计制度规定的审批程序报有关部门审批，并及时进行账务处理。

为了反映在产品盘盈、盘亏和毁损的处理过程，应当设置“待处理财产损益”账户。盘亏和毁损在产品价值登记在其借方，盘盈在产品价值登记在其贷方，盘盈、盘亏、毁损在产品经批准转销后，该账户应无余额。

企业盘盈的在产品，冲减管理费用；盘亏、毁损的在产品，扣除过失人或者保险公司赔款和回收的残料价值以后，计入管理费用。在产品因非常损失造成的毁损，扣除保险公司赔款和回收的残料价值以后，计入营业外支出。盘点的结果应填制”在产品盘点表”，并与在产品台账核对。具体处理程序和方法如下：

(一) 盘盈的会计处理

1. 发生盘盈时

借：生产成本——基本生产成本——××产品

贷：待处理财产损益——待处理流动资产损益

2. 批准后予以转销时

借：待处理财产损益——待处理流动资产损益

贷：管理费用

(二) 盘亏及毁损的会计处理

1. 发生盘亏及毁损时

借：待处理财产损益——待处理流动资产损益

贷：生产成本——基本生产成本——××产品

需说明的是，在产品盘亏、毁损要换算应负担的增值税，其增值税额也应计入“待处理财产损益”，即借记“待处理财产损益”账户，贷记“应交税费——应交增值税(进项税额转出)”账户。

2. 批准后转销时

批准后转销时，应区别不同情况来处理：

(1) 收回残值。

借：原材料(毁损在产品收回的残值)

　　贷：待处理财产损益——待处理流动资产损益

(2) 过失人赔偿。

借：其他应收款(应收过失人或保险公司赔偿的损失)

　　贷：待处理财产损益——待处理流动资产损益

(3) 因意外自然灾害或无法索赔的损失。

借：营业外支出(非常损失的净损失)

　　贷：待处理财产损益——待处理流动资产损益

(4) 无法收回的损失。

借：管理费用(无法收回的损失)

　　贷：待处理财产损益——待处理流动资产损益

第二节　产品成本在完工产品与在产品之间分配的方法

产品成本在完工产品与在产品之间的分配是成本核算工作中的一个重要问题。在那些在产品数量大、品种规格多、完工程度不一的工业企业中，这一成本核算步骤是一个比较复杂的问题。企业应该根据在产品数量的多少、各月在产品数量变化的大小、各项费用比重的大小以及定额管理基础等具体条件，并考虑管理的要求，选择合理而又简便的方法。产品成本计算实务中常用的方法有：不计算在产品成本法、在产品按固定成本计价法、在产品按所耗原材料费用计价法、约当产量比例法、在产品按完工产品计算法、在产品按定额成本计价法和定额比例法。

一、不计算在产品成本法

不计算在产品成本法，简称“不计算成本法”，是指月末在产品不计算成本，本期归集的生产费用全部由本期完工产品承担的方法。某些企业所生产的产品，月末虽然有在产品，但由于数量较少，且各月变动不大，当月发生的生产费用全部由本月完工产品成本负担，对本月完工产品成本影响很小，为了简化成本核算工作，可以不计算在产品成本。

采用这种方法，本月完工产品的总成本等于当月该种产品发生的(应负担的)全部生产费用，并且账面上没有期末在产品成本，用计算公式表示为：

本月完工产品成本＝本月发生生产费用

该方法的基本特点是：基本生产成本明细账中归集的产品成本，全部由本月完工产品负担，月末在产品不分担。它适用于各月在产品数量很少的产品。

[例 4-1]　中华工厂 2017 年 5 月大批量生产甲产品，甲产品月末在产品数量很少，请采用不计算在产品成本法计算完工产品实际总成本和单位成本。本月甲产品投入直接材料 30 000 元，直接人工 8 000 元，制造费用 2 000 元。月末，甲产品完工入库 100 件。

解：完工产品实际总成本和单位成本的核算见表 4.2。

表 4.2　产品成本核算单(不计算在产品成本法)

产品名称：甲产品　　产量：100 件　　2017 年 5 月　　金额单位：元

摘　　要	直接材料	直接人工	制造费用	合计
本月发生生产费用	30 000	8 000	2 000	40 000
完工产品总成本	30 000	8 000	2 000	40 000
完工产品单位成本	300	80	20	400

根据成本核算结果，编制结转本月完工入库产品成本的会计分录如下：

借：库存商品——甲产品　　800 000

　　贷：生产成本——基本生产成本——甲产品　　800 000

二、在产品按固定成本计价法

在产品按固定成本计价法，是指年内各月都固定地以上年末计算确定的在产品成本作为各月的月末在产品成本，并以此确定当月完工产品的方法。采用这种方法，每年只在年末计算 12 月末的在产品成本，在次年 1 月至 11 月份，不论在产品的数量是否发生变化，都固定地以上年 12 月末的在产品成本作为各月在产品成本。由于 1 月至 11 月各月末在产品成本是固定的，因此大大简化了成本核算工作。而且不论年末在产品数量变动与否，都对在产品进行实地盘点，并以实际盘存数为计算基础重新确定年末在产品成本，所以全年完工产品总成本的计算也是准确的。

采用这种方法，本月完工产品成本等于当月该种产品发生的(应负担的)全部生产费用，但账面上有期末在产品成本。用计算公式表示为：

$$\text{本月完工产品成本}=\text{月初在产品成本(年初固定数)}+\text{本月生产费用}-\text{月末在产品成本(年初固定数)}$$

该方法的基本特点是：年内各月的月末在产品都按年初在产品成本核算，固定不变。这种方法适用于各月月末在产品结存数量较少，或者虽然在产品结存数量较多，但各月月末在产品数量稳定、起伏不大的产品。

[例 4-2]　大东工厂 2017 年 5 月生产的乙产品月末在产品数量比较稳定，请采用在产品按固定成本计价法计算乙产品本月完工产品实际总成本和单位成本。该产品月初在产品成本为 5 000 元，其中，直接材料 3 000 元，直接人工 1 500 元，制造费用 500 元。5 月份发生生产费用 10 000 元，其中，直接材料 5 000 元，直接人工 3 000 元，制造费用 2 000 元。本月完工入库乙产品 200 件。

解：根据月初在产品成本和本月发生的生产费用资料，乙产品本月完工产品实际总成本和单位成本的计算见表 4.3。

根据成本核算结果，编制结转完工入库产品成本的会计分录如下：

借：库存商品——乙产品　　10 000

　　贷：生产成本——基本生产成本——乙产品　　10 000

表 4.3　产品成本核算单(在产品按固定成本计价法)

产品名称：乙产品　　数量：200 件　　2017 年 5 月　　　　金额单位：元

摘　　要	直接材料	直接人工	制造费用	合计
月初在产品成本	3 000	1 500	500	5 000
本月发生生产费用	5 000	3 000	2 000	10 000
生产费用合计	8 000	4 500	2 500	15 000
完工产品总成本	5 000	3 000	2 000	10 000
完工产品单位成本	25	15	10	50
月末在产品成本	3 000	1 500	500	5 000

三、在产品按所耗原材料费用计价法

在产品按所耗原材料费用计价法，是指在确定月末在产品成本时，只计算在产品所消耗的材料费用，将人工费用与制造费用全部由当期完工产品负担的方法。

某些企业所生产的产品，直接材料费用在产品成本总额中所占比重较大。例如，酿酒、造纸等行业的产品，直接材料费用占产品成本总额的 70%以上。这些企业的月末在产品可以只计算材料成本，直接人工和制造费用全部由本月完工产品成本负担。

采用这种方法，本月完工产品成本等于月初在产品材料成本加上当月发生的全部生产费用，再减去月末在产品材料成本。用计算公式表示为：

$$\text{本月完工产品成本} = \text{月初在产品材料成本} + \text{本月发生的生产费用} - \text{月末在产品材料成本}$$

该方法的基本特点是：月末在产品成本只按所耗的原材料费用计算确认，人工成本和制造费用则全部由完工产品成本承担。它适用于各月末在产品数量较大、各月在产品数量变化也较大以及原材料费用在产品成本中所占比重也较大的产品。在产品可以不计算直接人工及制造费用。如酿酒、造纸和纺织等企业的产品就可以采用这种方法。

[例 4-3]　大华工厂 2017 年 5 月生产的乙产品原材料在生产开始时一次投入，材料费用在产品成本总额中所占比重较大，请采用在产品按所耗原材料费用计价法计算乙产品的有关成本。乙产品月初在产品总成本(即在产品直接材料费用)为 3 000 元；本月发生生产费用 25 800 元，其中，直接材料 15 000 元，直接人工 7 200 元，制造费用 3 600 元；乙产品本月完工 90 件，月末在产品 10 件。

解：乙产品的有关成本核算见表 4.4。

(1) 月末在产品的原材料费用：

$$\text{直接材料费用分配率} = \frac{3\,000 + 15\,000}{90 + 10} = 180\ (\text{元/件})$$

$$\text{月末在产品材料成本(月末在产品总成本)} = 180 \times 10 = 1\,800\ (\text{元})$$

表 4.4　产品成本核算单(在产品按所耗原材料费用计价法)

产品名称：乙产品　　产量：90 件　　2017 年 5 月　　金额单位：元

摘　　要	直接材料	直接人工	制造费用	合计
月初在产品成本	3 000			3 000
本月发生生产费用	15 000	7 200	3 600	25 800
生产费用合计	18 000	7 200	3 600	28 800
完工产品总成本	16 200	7 200	3 600	27 000
完工产品单位成本	180	80	40	300
月末在产品成本	1 800			1 800

(2) 本月完工产品成本：

本月完工产品直接材料成本 = 180 × 90 = 16 200 (元)

或 = 18 000 − 1 800 = 16 200 (元)

本月完工产品总成本 = 16 200 + 7 200 + 3 600 = 27 000 (元)

(3) 根据成本核算结果，编制结转本月完工入库产品成本的会计分录：

借：库存商品——乙产品　　27 000

　　贷：生产成本——基本生产成本——乙产品　　27 000

课堂练习 4-1

1. 目的：采用在产品按所耗原材料费用计价法计算月末在产品成本和完工产品成本。

2. 资料：某企业 2017 年 5 月生产甲产品，材料成本占产品成本比重大，该企业采用只计算直接材料成本的方法计算在产品成本，材料在生产开始时一次投入，本月月初在产品成本为 52 000 元，月初在产品数量为 400 件，本月投产 800 件，本月发生的生产费用为 110 000 元，其中直接材料为 100 000 元，直接人工为 4 000 元，制造费用为 6 000 元，月末在产品为 200 件，完工产品为 1 000 件。

3. 要求：按所耗原材料费用计价法计算甲产品月末在产品成本和完工产品成本，并完成表 4.5。

表 4.5　甲产品成本核算单

产品名称：　　产量：　　2017 年 5 月　　金额单位：元

摘　　要	直接材料	直接人工	制造费用	合计
月初在产品成本				
本月发生生产费用				
生产费用合计				
完工产品总成本				
完工产品单位成本				
月末在产品成本				

四、约当产量比例法

(一) 约当产量

约当产量也称为在产品约当量，它是将企业(车间)月末在产品的实际数量，按照其完工程度折合为完工产品的数量。约当产量法是指按照本月完工产品的数量和月末在产品的约当量分配生产费用，以确定本月完工产品和月末在产品实际成本的方法。采用约当产量法来分配生产费用，是按成本项目进行的。有关计算公式为：

$$\text{在产品约当产量}=\text{在产品实际数量}\times\text{在产品完工程度(或投料程度)}$$

$$\text{某项费用分配率}=\frac{\text{月初在产品成本}+\text{本月发生生产费用}}{\text{完工产品产量}+\text{在产品约当产量}}$$

$$\text{完工产品应分配该项费用}=\text{完工产品产量}\times\text{该项费用分配率}$$

$$\text{在产品应分配该项费用}=\text{在产品约当产量}\times\text{该项费用分配率}$$

$$\text{在产品应分配的该项费用}=\text{月初在产品成本}+\text{本月发生生产费用}-\text{完工产品该项费用}$$

该方法的基本特点是：将期初结存在产品成本与本期发生的生产费用之和，按完工产品数量与月末在产品约当产量的比例进行分配，以计算完工产品成本和月末在产品成本。这种方法适用于月末在产品数量较大，各月末在产品数量变化也较大，产品成本中原材料费用和人工及制造费用的比重相差不多的产品。

(二) 计算在产品约当产量

采用约当产量比例分配法分配生产费用的关键是正确计算月末在产品约当产量，而计算约当产量的关键则是合理确定在产品完工程度或投料程度。

在生产过程中，随着生产的进行和产品的形成，耗用于产品的各项费用也逐渐增加。产品所耗用的原材料费用的多少与产品的投料方式和投料程度成比例关系，而产品所耗用的人工费用和制造费用的多少则与产品的加工程度成比例关系。因此，要分成本项目计算在产品的约当产量，直接材料费用分配率所依据的在产品约当产量，应按在产品的投料程度来确定；直接人工费用、制造费用的分配率所依据的约当产量，应按在产品的完工程度来确定。下面按成本项目说明在产品完工程度和投料程度的确认方法。

1. 用以分配“直接材料费用”的在产品投料程度和约当产量计算

在产品约当产量计算公式为：

$$\text{在产品约当产量}=\text{在产品实际数量}\times\text{在产品投料程度}$$

在产品投料程度指的是在产品已投材料占完工产品应投材料的百分比，具体情况如下：

(1) 如原材料是生产开始时一次投入的，则在产品和完工产品所耗材料数量相同，因而在产品的投料程度为 100%。这样无论在产品的完工程度如何，在分配材料费用时，直接按完工产品和在产品数量比例分配。具体公式如下：

$$\text{在产品约当产量}=\text{在产品实际数量}\times\text{在产品投料程度(100\%)}$$

(2) 如原材料是随生产过程陆续投入的，则材料的投料程度与生产工时的投入进度基本一致，分配材料费用的在产品约当产量按在产品的完工程度折算。具体公式如下：

$$在产品约当产量 = 在产品实际数量 \times 在产品完工程度$$

(3) 如原材料是分工序投入的，并在每道工序开始时一次投入，则月末在产品的投料程度按下列公式计算：

$$某道工序投料程度 = \frac{在上道工序累计投入材料数量 + 本工序投入材料数量}{完工产品应投材料数量} \times 100\%$$

上面公式中的数量和费用可以是实际数，也可以是定额数。

[例 4-4] 某企业甲产品经过三道工序加工完成，原材料于每个工序一开始时投入。月末每道工序的在产品数量及原材料消耗情况如表 4.6 所示。

要求：计算各工序在产品投料程度及月末在产品直接材料成本项目的约当产量。

表 4.6　在产品数量和原材料的消耗情况

工序	月末在产品数量/件	单位产品原材料消耗定额/千克
1	100	40
2	300	60
3	200	100
合计	400	200

解：月末在产品直接材料的投料程度和约当产量计算见表 4.7。

表 4.7　在产品投料程度和约当产量计算表(一开始时投入)

工序	月末在产品数量/件	单位产品原材料消耗定额/千克	投料程度	在产品约当产量/件
1	100	40	$\frac{40}{200} \times 100\% = 20\%$	20
2	300	60	$\frac{40+60}{200} \times 100\% = 50\%$	150
3	200	100	$\frac{40+60+100}{200} \times 100\% = 100\%$	200
合计	400	200		370

$$第 1 道工序在产品投料程度 = \frac{40}{200} \times 100\% = 20\%$$

$$第 2 道工序在产品投料程度 = \frac{40+60}{200} \times 100\% = 50\%$$

$$第 3 道工序在产品投料程度 = \frac{40+60+100}{200} \times 100\% = 100\%$$

第 1 道工序在产品约当产量 = 100 × 20% = 20

第 2 道工序在产品约当产量 = 300 × 50% = 150

第 3 道工序在产品约当产量 = 200 × 100% = 200

在产品约当产量 = 20 + 150 + 200 = 370

(4) 如原材料是分工序投入的，并在每道工序随加工进度逐步投入，则月末在产品投料程度按下列公式计算：

$$某道工序投料程度=\frac{上道工序累计投入材料数量(费用)+本工序投入材料数量(费用)\times 50\%}{完工产品应投材料数量(费用)}\times 100\%$$

[例 4-5]　某企业甲产品经过三道工序加工完成，原材料分工序投入，并于每道工序随加工进度逐步投入，其月末每道工序的在产品数量及原材料消耗情况同例 4-4。

要求：计算各工序在产品投料程度及月末在产品直接材料成本项目的约当产量。

解：月末在产品直接材料约当产量计算见表 4.8。

表 4.8　在产品投料程度和约当产量计算表(分工序投入)

工序	月末在产品数量/件	单位产品原材料消耗定额/公斤	投　料　程　度	在产品约当产量/件
1	100	40	$\frac{40\times 50\%}{200}\times 100\%=10\%$	10
2	300	60	$\frac{40+60\times 50\%}{200}\times 100\%=35\%$	105
3	200	100	$\frac{40+60+100\times 50\%}{200}\times 100\%=75\%$	150
合计	400	200		265

$$第1道工序在产品投料程度=\frac{40\times 50\%}{200}\times 100\%=10\%$$

$$第2道工序在产品投料程度=\frac{40+60\times 50\%}{200}\times 100\%=35\%$$

$$第3道工序在产品投料程度=\frac{40+60+100\times 50\%}{200}\times 100\%=75\%$$

第 1 道工序在产品约当产量 = 100 × 10% = 10

第 2 道工序在产品约当产量 = 300 × 35% = 105

第 3 道工序在产品约当产量 = 200 × 75% = 150

在产品约当产量 = 10 + 105 + 150 = 265

课堂练习 4-2

1. 目的：练习投料程序和在产品约当产量的计算。

2. 资料：某企业生产的 B 产品分三道工序制成，各工序的原材料消耗定额各不相同。其中，第 1 道工序 200 千克，第 2 道工序 100 千克，第 3 道工序 50 千克。在产品数量为：第 1 道工序 150 件，第 2 道工序 200 件，第 3 道工序 250 件。

3. 要求：

(1) 假设该产品原材料在每道工序开始时一次投入，计算各工序在产品投料程度和约当产量，见表 4.9。

表 4.9　在产品投料程度和约当产量计算表(开始时一次投入)

工序	月末在产品数量/件	单位产品原材料消耗定额/千克	投 料 程 度	在产品约当产量/件

(2) 假设该产品原材料随着生产进度陆续投入(投料程度为 50%)，计算各工序在产品的投料程度和约当产量(见表 4.10)。

表 4.10　在产品投料程度和约当产量计算表(随生产进度陆续投入)

工序	月末在产品数量/件	单位产品原材料消耗定额/千克	投 料 程 度	在产品约当产量/件

2. 用以分配直接人工、制造费用等其他成本项目在产品完工程度和约当产量计算

在产品约当产量计算公式为：

$$在产品约当产量 = 在产品实际数量 \times 在产品完工程度$$

对于直接材料费用以外的成本项目，如直接人工、制造费用等其他成本项目，通常按完工程度来计算在产品约当产量。因为这些费用的发生与完工程度关系密切，它们随着生产过程的进行而逐渐投入，产品的加工程度越高，所消耗的工时越多，所应负担的这部分费用也就越多。完工程度是指根据截止到某一工序为止在产品实耗工时(或定额工时)占完工产品实耗工时(或定额工时)的百分比。其计算公式如下：

$$某道工序完工程度 = \frac{在产品上道工序累计实际工时 + 在产品在本工序实际工时 \times 50\%}{完工产品实际工时} \times 100\%$$

或

$$某道工序完工程度 = \frac{在产品上道工序累计定额工时 + 在产品在本工序定额工时 \times 50\%}{完工产品定额工时} \times 100\%$$

[例 4-6]　假定某企业甲产品经过三道工序加工而成，各工序工时定额资料见表 4.11。要求：计算各工序在产品完工程度及月末在产品约当产量。

表 4.11　在产品数量和各工序的工时定额

工序	月末在产品数量/件	各工序工时定额/小时
1	100	30
2	300	20
3	200	50
合计	400	100

解：月末用以分配直接人工、制造费用的在产品完工程度和约当产量计算见表 4.12。

表 4.12 在产品完工程度和约当产量计算表(甲产品)

工序	月末在产品数量/件	各工序工时定额/小时	完 工 程 度	在产品约当产量/件
1	100	30	$\frac{30\times 50\%}{100}\times 100\% = 15\%$	15
2	300	20	$\frac{30+20\times 50\%}{100}\times 100\% = 40\%$	120
3	200	50	$\frac{20+30+50\times 50\%}{100}\times 100\% = 75\%$	150
合计	400	100		285

表 4.12 中各工序完工程度及约当产量的计算如下：

第 1 道工序在产品完工程度 $= \frac{30\times 50\%}{100}\times 100\% = 15\%$

第 2 道工序在产品完工程度 $= \frac{30+20\times 50\%}{100}\times 100\% = 40\%$

第 3 道工序在产品完工程度 $= \frac{20+30+50\times 50\%}{100}\times 100\% = 75\%$

第 1 道工序在产品约当产量 $=100\times 15\%=15$

第 2 道工序在产品约当产量 $=300\times 40\%=120$

第 3 道工序在产品约当产量 $=200\times 75\%=150$

在产品约当产量 $=15+120+150=285$

课堂练习 4-3

1. 目的：练习在产品完工程度和约当产量的计算。

2. 资料：某企业生产 A 产品，分 3 道工序制成。A 产品工时定额为 200 小时，其中第 1 道工序工时定额为 100 小时，第 2 道工序为 20 小时，第 3 道工序为 80 小时，每道工序按本道工序工时定额的 50%计算，在产品数量是：第 1 道工序为 1 000 件，第 2 道工序为 1 200 件，第 3 道工序为 1 500 件。

3. 要求：计算在产品各工序的完工程序和约当产量，并填入表 4.13。

表 4.13 在产品完工程度和约当产量计算表(A 产品)

工序	月末在产品数量/件	各工序工时定额/小时	完 工 程 度	在产品约当产量/件

[例 4-7]　假定某企业 2017 年 5 月生产乙产品要经过两道工序加工完成，原材料分工序投入，并于每道工序开始时一次投入，本月份完工产品产量为 400 件，月末在产品 100 件，本月有关的生产费用和在产品结存于各工序及定额资料如表 4.14、表 4.15 所示。

表 4.14　本月有关生产费用

产品名称：乙产品　　　　2017 年 5 月　　　　金额单位：元

摘　　要	直接材料	直接人工	制造费用	合计
月初在产品成本	2 000	1 000	1 700	4 700
本月发生生产费用	3 000	3 000	1 300	7 300
生产费用合计	5 000	4 000	3 000	12 000

表 4.15　在产品结存于各工序数量及定额资料

工　　序	在产品数量/件	材料消耗定额/千克	工时定额/小时
1	30	120	20
2	70	80	30
合计	100	200	50

要求：采用约当产量法计算完工产品与月末在产品的成本。

解：根据上述资料，具体计算程序如下：

(1) 计算各工序在产品投料程度及月末在产品直接材料成本项目的约当产量，见表 4.16。

表 4.16　在产品投料程度及月末在产品直接材料成本项目的约当产量计算表

工序	月末在产品数量/件	单位产品原材料消耗定额/千克	投　料　程　度	在产品约当产量/件
1	30	120	$\frac{120}{200}\times 100\% = 60\%$	18
2	70	80	$\frac{120+80}{200}\times 100\% = 100\%$	70
合计	100	200		88

(2) 计算各工序在产品完工程度及月末在产品直接人工、制造费用成本项目的约当产量，见表 4.17。

表 4.17　在产品完工程度及月末在产品直接人工、制造费用成本项目的约当产量计算表

工序	月末在产品数量/件	工时定额/小时	完　工　程　度	在产品约当产量/件
1	30	20	$\frac{20\times 50\%}{50}\times 100\% = 20\%$	6
2	70	30	$\frac{20+30\times 50\%}{50}\times 100\% = 70\%$	49
合计	100	50		55

(3) 计算直接材料、直接人工和制造费用成本项目的分配率、完工产品与月末在产品的成本，见表 4.18。

表 4.18　基本生产成本明细账

产品名称：乙产品

产量：400 件　　　　2017 年 5 月　　　　金额单位：元

摘　　要	直接材料	直接人工	制造费用	合计
月初在产品成本	2 000	1 000	1 700	4 700
本月发生生产费用	3 000	3 000	1 300	7 300
生产费用合计	5 000	4 000	3 000	12 000
月末在产品数量	100	100	100	—
月末在产品约当产量	88	55	55	—
月末完工产品数量	400	400	400	—
约当生产总量	488	455	455	—
完工产品总成本	4 100	3 516	2 636	10 252
完工产品单位成本	10.25	8.79	6.59	25.63
月末在产品成本	900	484	364	1 748

① 直接材料费用的分配。直接材料费用在完工产品与在产品之间分配如下：

$$\text{直接材料费用单位成本(分配率)}=\frac{5\,000}{400+88}=10.25\ (\text{元/件})$$

$$\text{完工产品应分摊的直接材料费用}=10.25\times 400=4\,100\ (\text{元})$$

$$\text{月末在产品应分摊的直接材料费用}=5\,000-4\,100=900\ (\text{元})$$

② 直接人工费用的分配。直接人工费用在完工产品与在产品之间分配如下：

$$\text{直接人工费用单位成本(分配率)}=\frac{4\,000}{400+55}=8.79\ (\text{元/件})$$

$$\text{完工产品应分摊的直接工资费用}=8.79\times 400=3\,516\ (\text{元})$$

$$\text{在产品应分摊的直接工资费用}=4\,000-3\,516=484\ (\text{元})$$

③ 制造费用的分配。制造费用在完工产品与在产品之间分配如下：

$$\text{制造费用单位成本(分配率)}=\frac{3\,000}{400+55}=6.59\ (\text{元/件})$$

$$\text{完工产品应分摊的制造费用}=6.59\times 400=2\,636\ (\text{元})$$

$$\text{在产品应分摊的制造费用}=3\,000-2\,636=364\ (\text{元})$$

根据上述计算，据此编制完工产品入库的会计分录为：

借：库存商品——乙产品　　　　10 252

　　贷：生产成本——基本生产成本——乙产品　　　　10 252

课堂练习 4-4

1. 目的：练习约当产量法的应用。

2. 资料：某工厂 2017 年 5 月生产的 A 产品本月完工验收入库数量为 2000 件，月末在产品数量为 800 件，在产品的完工程度为 50%，材料系生产开始时一次投入。A 产品生产成本明细账归集的生产费用表明，月初在产品成本为 400 000 元，其中直接材料 200 000 元，直接人工 144 000 元，制造费用 56 000 元。A 产品本月发生的生产费用为 3500 000 元，其中直接材料 2500 000 元，直接人工 400 000 元，制造费用 600 000 元。

3. 要求：

(1) 采用约当产量法计算 A 产品月末在产品成本和本月完工产品成本。

(2) 编制结转本月完工入库产品成本的会计分录，并填入表 4.19。

表 4.19　本月完工入库产品成本的明细账

产品名称：　　产品　　产量：　　件　　　年　　月　　　　　　金额单位：元

摘　要	直接材料	直接人工	制造费用	合计
月初在产品成本				
本月发生生产费用				
生产费用合计				
月末在产品数量				
月末在产品约当产量				
月末完工产品数量				
约当生产总量				
完工产品总成本				
完工产品单位成本				
月末在产品成本				

五、在产品按完工产品计算法

在产品按照完工产品计算法，是指将月末在产品视同已经完工产品，按照月末在产品数量与本月完工产品数量的比例来分配生产费用，以确定月末在产品成本和本月完工产品成本的方法。该方法的特点是：将在产品视同完工产品来分配生产费用。在产品按完工产品成本计价简化了成本核算的工作，但它只适用于在产品已接近完工，只是尚未包装或尚未验收入库的产品。否则，会影响本月完工产品成本核算的准确性。

六、在产品按定额成本计价法

在产品按照定额成本计价法，是指根据月末在产品数量和单位定额成本核算月末在产品成本，以确定本期完工产品成本的方法。采用这种方法，月末在产品成本根据月末在产品数量和单位定额成本核算，然后从本月该种产品的全部生产费用(如果有月初在产品，则应包括月初在产品成本)中扣除，以求得完工产品的成本。其计算公式为：

某产品月末在产品定额成本 = 月末在产品数量 × 在产品单位定额成本

$$\frac{\text{在产品单位}}{\text{定额成本}}=\frac{\text{在产品定额}}{\text{材料成本}}+\frac{\text{在产品定额}}{\text{人工成本}}-\frac{\text{在产品定额}}{\text{制造费用}}$$

完工产品成本＝月初在产品定额成本＋本月生产费用－月末在产品定额成本

该方法的基本特点是：在产品只按定额成本核算，月末在产品的实际成本与定额成本之间的差额由本期完工产品负担。这种方法适用于各项消耗定额或费用定额比较准确、稳定，各月末在产品数量变化不大的产品。因为如果产品各项定额准确，月初和月末单位在产品实际费用脱离定额的差异就不会大，各月末在产品数量变化不大，月初在产品费用总额脱离月末在产品定额费用的总额差异也就不会大。所以，月末在产品成本不计算成本差异，对完工产品成本影响不大。

采用在产品按定额成本计价法的关键在于计算月末在产品的定额成本，月末在产品的定额成本的计算一般是分成本项目进行的。其中直接材料项目可根据在产品数量和单位在产品材料定额成本核算，其他成本项目可根据在产品累计工时定额和每一工时定额的费用额来计算。具体计算步骤如下：

（一）确定月末在产品材料定额成本

针对月末在产品定额材料成本的确定，由于材料的投料方式不同，计算方法也不一样。具体情况如下：

1. 原材料为生产开始时一次投入

原材料为生产开始时一次投入情况下的月末在产品定额原材料成本核算方法为：

$$\text{月末在产品定额原材料成本}=\sum(\text{每道工序在产品数量}\times\text{单位产品材料费用定额})$$

2. 原材料为分工序投入

原材料为分工序投入情况下的月末在产品定额材料成本核算方法为：

$$\text{月末在产品定额原材料成本}=\sum(\text{某工序累计原材料费用定额}\times\text{该工序在产品数量})$$

(1) 原材料为分工序投入，并在每道工序随加工进度逐步投入，则某工序累计材料费用定额按下列方法计算：

$$\frac{\text{某工序累计原材料}}{\text{费用定额}}=\frac{\text{前道工序累计原材料}}{\text{费用定额}}+\frac{\text{本工序原材料}}{\text{费用定额}}\times 50\%$$

(2) 原材料为分工序一次投入，并在每道工序开始时一次投入，则某工序累计材料费用定额按下列方法计算：

$$\frac{\text{某工序累计原材料}}{\text{费用定额}}=\frac{\text{前道工序累计原材料}}{\text{费用定额}}+\frac{\text{本工序原材料}}{\text{费用定额}}$$

（二）确定月末在产品定额工时

确定月末在产品定额工时，要根据各工序结存的在产品数量和累计工时定额来计算。计算公式为：

$$月末在产品定额工时 = \sum(某工序累计工时定额 \times 该工序在产品数量)$$

其中，某工序累计工时定额 = 前道工序累计工时定额 + 本工序工时定额 × 50%。

(三) 确定月末在产品定额人工成本和定额制造费用成本

1. 计算月末在产品定额人工成本

计算公式如下：

$$月末在产品定额人工成本 = 月末在产品定额工时 \times 每小时人工定额$$

2. 计算月末在产品定额制造费用成本

计算公式如下：

$$月末在产品定额制造费用成本 = 月末在产品定额工时 \times 每小时制造费用定额$$

(四) 计算月末在产品定额成本

月末在产品定额成本计算公式如下：

月末在产品定额成本 = 月末在产品定额材料成本 + 月末在产品定额人工成本 + 月末在产品定额制造费用成本

下面举例说明月末在产品定额成本的计算和生产费用的分配。

[例 4-8] 某企业 2017 年 5 月生产的丙产品由两道工序组成，原材料于生产开始时一次投入。本月完工丙产品 500 件，单位丙产品原材料费用定额为 100 元，每小时的人工定额为 10 元，每小时制造费用定额为 5 元。本月有关丙产品的生产费用和在产品结存于各工序数量及定额资料如表 4.20 和表 4.21 所示。

表 4.20　本月有关生产费用(乙产品)

产品名称：乙产品　　2017 年 5 月　　金额单位：元

摘　　要	直接材料	直接人工	制造费用	合计
月初在产品成本	2 000	1 000	5 000	8 000
本月发生生产费用	67 000	30 000	15 000	112 000
生产费用合计	69 000	31 000	20 000	120 000

表 4.21　在产品结存于各工序数量及定额资料(乙产品)

工　　序	在产品数量/件	材料费用定额/元	工时定额/小时
1	80	100	20
2	20	—	30
合计	100	100	50

要求：采用在产品按定额成本计价法计算丙产品完工产品与月末在产品的成本。

解：(1) 根据上述资料计算丙产品月末在产品定额成本，见表 4.22。

表 4.22　丙产品月末在产品定额成本核算表

工序	在产品数量/件	直接材料定额成本	在产品定额工时	直接人工定额成本	制造费用定额成本	定额成本合计
1	80	8 000	800	8 000	4 000	20 000
2	20	2 000	700	7 000	3 500	12 500
合计	100	10 000	1 500	15 000	7 500	32 500

① 表 4.22 中在产品直接材料定额成本核算如下：

第 1 道工序在产品直接材料定额成本 = 80 × 100 = 8 000 (元)

第 2 道工序在产品直接材料定额成本 = 20 × 100 = 2 000 (元)

在产品直接材料定额成本 = 8 000 + 2 000 = 10 000 (元)

② 表 4.22 中在产品定额工时计算如下：

第 1 道工序单位在产品工时定额 = 20 × 50% = 10 (小时)

第 1 道工序在产品定额工时 = 80 × 10 = 800 (小时)

第 2 道工序单位在产品工时定额 = 20 + 30 × 50% = 35 (小时)

第 2 道工序在产品定额工时 = 20 × 35 = 700 (小时)

③ 表 4.22 中在产品直接人工定额成本核算如下：

第 1 道工序在产品直接人工定额成本 = 800 × 10 = 8 000 (元)

第 2 道工序在产品直接人工定额成本 = 700 × 10 = 7 000 (元)

在产品直接人工定额成本 = 8 000 + 7 000 = 15 000 (元)

④ 表 4.22 中在产品制造费用定额成本核算如下：

第 1 道工序在产品制造费用定额成本 = 800 × 5 = 4 000 (元)

第 2 道工序在产品制造费用定额成本 = 700 × 5 = 3 500 (元)

在产品制造费用定额成本 = 4 000 + 3 500 = 7 500 (元)

⑤ 表 4.22 中在产品定额成本核算如下：

第 1 道工序在产品定额成本 = 8 000 + 8 000 + 4 000 = 20 000 (元)

第 2 道工序在产品定额成本 = 2 000 + 7 000 + 3 500 = 12 500 (元)

月末在产品定额成本 = 20 000 + 12 500 = 32 500 (元)

或　　　　　　　　　　= 10 000 + 15 000 + 7 500 = 32 500 (元)

(2) 根据上述有关月末在产品定额成本资料，编制丙产品生产成本分配表见表 4.23。

表 4.23　丙产品基本生产成本明细账

产品名称：丙产品　　　　　　　　2017 年 5 月　　　　　　　　金额单位：元

摘　　要	直接材料	直接人工	制造费用	合计
月初在产品成本	2 000	1 000	5 000	8 000
本月发生生产费用	67 000	30 000	15 000	112 000
生产费用合计	69 000	31 000	20 000	120 000
月末在产品定额成本	10 000	15 000	7 500	32 500
完工产品总成本	59 000	16 000	12 500	87 500
完工产品单位成本	118	32	25	175

课堂练习 4-5

1. 目的：练习采用在产品按定额成本法计算完工产品成本和在产品成本。

2. 资料：某企业生产甲产品，本月完工产品 100 件，月末在产品 20 件。原材料系生产开始时一次投入。月末在产品的完工程度均为 50%。单位产品定额成本为：直接材料 50 元/件，直接人工 8 元/小时，制造费用 3 元/小时，单位产品工时定额为 20 小时/件。月初在产品和本月发生的生产费用合计为：直接材料费 36 000 元，人工费用 2 100 元，制造费用 5 000 元。

3. 要求：

(1) 采用在产品按定额成本计价法，计算甲产品月末在产品成本和本月完工产品成本。

(2) 编制结转本月完工入库产品成本的会计分录，并填入表 4.24。

表 4.24　甲产品基本生产成本明细账

产品名称：甲产品　　　　年　　月　　　　金额单位：元

摘　　要	直接材料	直接人工	制造费用	合　计
本月生产费用合计				
月末在产品定额成本				
完工产品总成本				
完工产品单位成本				

七、定额比例法

定额比例法，是指将生产费用按照完工产品与月末在产品定额消耗量或定额费用的比例进行分配的方法。其中原材料费用，按原材料的定额消耗量或定额费用的比例分配；直接人工、制造费用等加工费用，可以按各项定额费用的比例分配，也可按定额工时比例分配。由于直接人工、制造费用等加工费用的定额费用一般根据定额工时乘以每小时的各该费用定额计算，因而这些费用一般按定额工时比例分配，以简化费用的计算工作。

定额比例法的计算公式如下：

直接材料费用的分配公式如下：

$$\text{直接材料费用分配率}=\frac{\text{月初在产品原材料成本}+\text{本月发生原材料费用}}{\text{完工产品定额原材料耗用量}+\text{月末在产品定额原材料耗用量}}$$

或

$$\text{直接材料费用分配率}=\frac{\text{月初在产品原材料成本}+\text{本月发生原材料费用}}{\text{完工产品定额原材料费用}+\text{月末在产品定额原材料费用}}$$

$$\text{完工产品应分配的直接材料费用}=\text{完工产品定额原材料耗用量(或费用)}\times\text{直接材料费用分配率}$$

$$\text{月末在产品应分配的直接材料费用}=\text{月末在产品定额原材料耗用量(或费用)}\times\text{直接材料费用分配率}$$

或

$$\frac{\text{月末在产品应分配的}}{\text{直接材料费用}}=\frac{\text{月初在产品}}{\text{成本}}+\frac{\text{本月发生的原材}}{\text{料费用}}-\frac{\text{完工产品应分配的}}{\text{直接材料费用}}$$

直接人工费用的分配公式如下：

$$\text{直接人工分配率}=\frac{\text{月初在产品直接人工}+\text{本月发生的直接人工}}{\text{完工产品定额工时}+\text{月末在产品定额工时}}$$

$$\frac{\text{完工产品应分配的}}{\text{直接人工}}=\frac{\text{完工产品}}{\text{定额工时}}\times\frac{\text{直接人工}}{\text{分配率}}$$

$$\frac{\text{月末在产品应分配的}}{\text{直接人工}}=\frac{\text{月末在产品}}{\text{定额工时}}\times\frac{\text{直接人工}}{\text{分配率}}$$

或

$$\frac{\text{月末在产品应分配的}}{\text{直接人工}}=\frac{\text{月初在产品}}{\text{直接人工}}+\frac{\text{本月发生的}}{\text{直接人工}}-\frac{\text{完工产品应分配的}}{\text{直接人工}}$$

制造费用的分配公式如下：

$$\text{制造费用分配率}=\frac{\text{月初在产品制造费用}+\text{本月发生的制造费用}}{\text{完工产品定额工时}+\text{月末在产品定额工时}}$$

$$\frac{\text{完工产品应分配的}}{\text{制造费用}}=\frac{\text{完工产品}}{\text{定额工时}}\times\frac{\text{制造费用}}{\text{分配率}}$$

$$\frac{\text{月末在产品应分配的}}{\text{制造费用}}=\frac{\text{月末在产品}}{\text{定额工时}}\times\frac{\text{制造费用}}{\text{分配率}}$$

或

$$\frac{\text{月末在产品应分配的}}{\text{制造费用}}=\frac{\text{月初在产品}}{\text{制造费用}}+\frac{\text{本月发生的}}{\text{制造费用}}-\frac{\text{完工产品应分配的}}{\text{制造费用}}$$

该方法的基本特点是：完工产品和月末在产品的成本核算按照生产费用占完工产品和月末在产品的定额消耗量或定额费用的比例来分配求得，而且在计算时，也是分成本项目进行的。这种方法适用于各项消耗定额或费用定额比较准确、稳定，但各月末在产品数量变动较大的产品。

[例 4-9]　某企业 2017 年 5 月份生产丁产品的有关资料如表 4.25 所示。要求：采用定额比例法，计算本月完工产品成本和月末在产品成本。

表 4.25　丁产品费用及定额资料

成本项目 / 内容	直接材料	直接人工	制造费用	合计
月初在产品成本	5 000	1 200	2 500	8 700
本月发生生产费用	15 000	32 800	12 500	60 300
单位完工产品定额	40 千克	10 小时	10 小时	
月末在产品定额	40 千克	5 小时	5 小时	
完工产品产量/件				400
月末在产品产量/件				100

解：根据上述资料，采用定额比例法，计算本月完工产品成本和月末在产品成本的结果见表 4.26。

表 4.26　完工产品与月末在产品费用分配表(定额比例法)

产品名称：丁产品　　2017 年 5 月　　金额单位：元

成本项目	月初在产品成本	本月生产费用	生产费用合计	分配率	本月完工产品		月末在产品	
					定额耗用量或工时	实际费用	定额耗用量或工时	实际费用
直接材料	5 000	15 000	20 000	1	16 000	16 000	4 000	4 000
直接人工	1 200	32 800	34 000	7.56	4 000	30 240	500	3 760
制造费用	2 500	12 500	15 000	3.33	4 000	13 320	500	1 680
合计	8 700	60 300	69 000			59 560		9 440

(1) 表 4.26 中完工产品定额耗用量或工时和月末在产品定额耗用量或工时计算如下：

完工产品直接材料定额耗用量 = 40×400 = 16 000 (千克)

月末在产品直接材料定额耗用量 = 40×100 = 4 000 (千克)

完工产品直接人工(制造费用)定额工时 = 10×400 = 4 000 (小时)

月末在产品直接人工(制造费用)定额工时 = 5×100 = 500 (小时)

(2) 表 4.26 中直接材料、直接人工和制造费用的分配率计算如下：

$$\text{直接材料的分配率}=\frac{20\ 000}{16\ 000+4\ 000}=1$$

$$\text{直接人工的分配率}=\frac{34\ 000}{4\ 000+500}=7.56$$

$$\text{制造费用的分配率}=\frac{15\ 000}{4\ 000+500}=3.33$$

(3) 表 4.26 中直接材料、直接人工和制造费用的实际费用计算如下：

完工产品应分摊的实际直接材料费用 = 16 000×1 = 160 000(元)

在产品应分摊的实际材料费用 = 4 000×1 = 4 000(元)

完工产品应分摊的实际直接人工费用 = 4 000×7.56 = 30 240(元)

在产品应分摊的实际直接人工费用 = 34 000 − 30 240 = 3 760(元)

完工产品应分摊的实际制造费用 = 4 000×3.33 = 13 320(元)

在产品应分摊的实际制造费用 = 15 000 − 13 320 = 1 680(元)

(4) 编制完工入库产品成本分录如下：

借：库存商品——丁产品　　59 560

　　贷：生产成本——基本生产成本——丁产品　　59 560

生产费用在完工产品与月末在产品之间分配的方法较多，企业可根据所生产不同产品的特点及管理条件合理选用其中一种或几种，但分配方法选定后，没有特殊情况不能随意变更，以便不同时期的产品成本具有可比性。

课堂练习 4-6

1. 目的：练习采用定额比例法计算完工产品成本和在产品成本。

2. 资料：某企业生产 B 产品，本月完工产品 500 件，月末在产品 100 件。原材料系生产开始时一次投入，月末在产品的完工程度均为 50%。完工产品单位定额耗用量为 20 千克，定额工时为 50 小时。本月共发生材料费用 25 000 元，人工费用 1 500 元，制造费用 10 500 元。

3. 要求：

(1) 采用定额比例法计算 A 产品月末在产品成本和本月完工产品成本。

(2) 编制结转本月完工入库产品成本的会计分录，并将计算结果填入表 4.27。

表 4.27　完工产品与月末在产品费用分配表(定额比例法)

产品名称：B 产品　　　　年　　月　　　　金额单位：元

成本项目	生产费用合计	分配率	本月完工产品		月末在产品	
			定额耗用量或工时	实际费用	定额耗用量或工时	实际费用
直接材料						
直接人工						
制造费用						
合计						

❖ 本 章 小 结 ❖

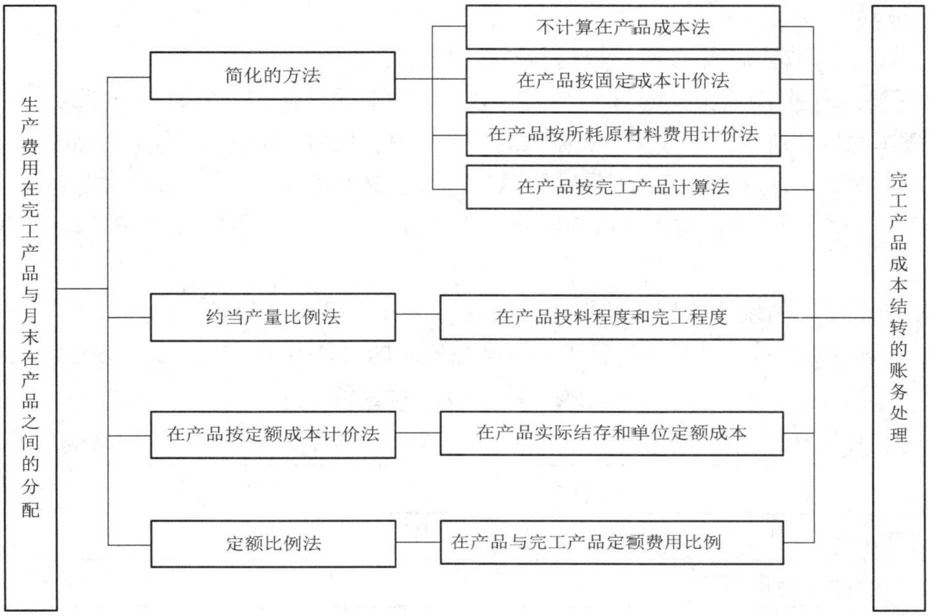

◈ 同步测试 ◈

【业务练习题一】

1. 目的：掌握在产品按固定成本计价法。

2. 资料：某工厂 2017 年 5 月生产的 A 产品月末在产品数量比较稳定，故采用在产品按固定成本计价法。该产品月初在产品成本为 8 000 元，其中直接材料为 5 000 元，直接人工为 2 000 元，制造费用为 1 000 元。5 月份发生生产费用为 15 000 元，其中直接材料为 8 000 元，直接人工为 4 000 元，制造费用为 3 000 元。本月完工入库 A 产品为 100 件。

3. 要求：

(1) 采用在产品按固定成本计价法分配完工产品与月末在产品成本。

(2) 根据计算结果，编制结转完工入库产品成本的会计分录，并将计算结果填入表 4.28。

表 4.28　产品成本核算单(一)

产品名称：A 产品　　产成品：100 件　2017 年 5 月　　金额单位：元

摘　要	直接材料	直接人工	制造费用	合计
月初在产品成本				
本月发生生产费用				
生产费用合计				
完工产品总成本				
完工产品单位成本				
月末在产品成本				

【业务练习题二】

1. 目的：掌握在产品按所耗原材料费用计价法。

2. 资料：前进工厂 2017 年 5 月生产的 B 产品原材料在生产开始时一次投入，材料费用在产品成本总额中所占比重较大，故在产品只计算材料成本。B 产品月初在产品总成本(即在产品直接材料费用)为 6 000 元；本月发生生产费用为 56 000 元，其中，直接材料为 52 000 元，直接人工为 3 000 元，制造费用为 1 000 元；乙产品本月完工 150 件，月末在产品为 100 件。

3. 要求：

(1) 采用在产品按所耗原材料费用计价法分配完工产品与月末在产品成本。

(2) 根据计算结果，编制结转完工入库产品成本的会计分录，并将计算结果填入表 4.29。

表 4.29　产品成本核算单(二)

产品名称：B 产品　　产成品：150 件　　2017 年 5 月　　金额单位：元

摘　要	直接材料	直接人工	制造费用	合计
月初在产品成本				
本月发生生产费用				

续表

摘　　要	直接材料	直接人工	制造费用	合计
生产费用合计				
完工产品总成本				
完工产品单位成本				
月末在产品成本				

【业务练习题三】

1. 目的：掌握投料程度及约当产量的计算。

2. 资料：某企业生产的甲产品分三道工序制成，各工序的原材料消耗定额各不相同。其中，第一道工序为 100 公斤，第二道工序为 60 公斤，第三道工序为 40 公斤。月末在产品数量：第一道工序为 150 件，第二道工序为 200 件，第三道工序为 250 件。

3. 要求：

(1) 若原材料于每道工序开始时一次投入，计算各工序在产品的投料程度和约当产量。

(2) 若原材料于每道工序开始后随生产进度陆续投入，计算各工序在产品的投料程度和约当产量，并填入表 4.30 和表 4.31。

表 4.30　月末在产品直接材料约当产量计算表

(原材料于每道工序开始时一次投入)

工序	月末在产品数量/件	单位产品原材料消耗定额	投料程度	在产品约当产量/件
1				
2				
3				
合计				

表 4.31　月末在产品直接材料约当产量计算表

(原材料于每道工序开始后随生产进度陆续投入)

工序	月末在产品数量/件	单位产品原材料消耗定额	投料程度	在产品约当产量/件
1				
2				
3				
合计				

【业务练习题四】

1. 目的：掌握完工程度及约当产量的计算。

2. 资料：某企业生产的甲产品分三道工序制成，各工序的工时定额各不相同。其中，第一道工序为 80 小时，第二道工序为 60 小时，第三道工序为 60 小时。月末在产品数量：第一道工序为 100 件，第二道工序为 200 件，第三道工序为 300 件。

3. 要求：计算各工序在产品的完工程度和约当产量，并填入表 4.32。

表 4.32　在产品完工程度和约当产量计算表

工序	月末在产品数量/件	各工序工时定额/小时	完工程度	在产品约当产量/件
1				
2				
3				
合计				

【业务练习题五】

1. 目的：掌握约当产量法分配完工产品与月末在产品成本。

2. 资料：某企业 2017 年 5 月生产丙产品要经过两道工序加工完成，原材料分工序投入，并于每道工序开始时一次投入，本月完工产品产量为 500 件，月末在产品为 100 件，本月有关的生产费用和在产品结存于各工序及定额资料如表 4.33 和表 4.34 所示。

3. 要求：采用约当产量法计算完工产品与月末在产品的成本，并将计算结果填入表 4.35 和表 4.36。

表 4.33　本月有关生产费用

产品名称：丙产品　　2017 年 5 月　　金额单位：元

摘　　要	直接材料	直接人工	制造费用	合计
月初在产品成本	4 000	2 000	2 000	8 000
本月发生生产费用	12 000	10 000	7 000	29 000
生产费用合计	16 000	12 000	9 000	37 000

表 4.34　在产品结存于各工序数量及定额资料

工　　序	在产品数量/件	材料消耗定额/千克	工时定额/小时
1	60	100	40
2	40	50	80
合计	100	150	120

(1) 计算各工序在产品的投料程度及月末在产品直接材料成本项目的约当产量。

表 4.35　在产品投料程度和约当产量计算表

工序	月末在产品数量/件	单位产品原材料消耗定额/千克	投料程度	在产品约当产量/件
1				
2				
合计				

(2) 计算各工序在产品的完工程度及月末在产品直接人工、制造费用成本项目的约当产量。

表 4.36　在产品完工程度和约当产量计算表

工序	月末在产品数量/件	工时定额/小时	完工程度	在产品约当产量/件
1				
2				
合计				

(3) 计算直接材料、直接人工和制造费用成本项目的分配率、完工产品与月末在产品的成本，填写表 4.37。

表 4.37　基本生产成本明细账

产品名称：丙产品

产量：500 件　　2017 年 5 月　　金额单位：元

摘　　要	直接材料	直接人工	制造费用	合计
月初在产品成本				
本月发生生产费用				
生产费用合计				
月末在产品数量				
月末在产品约当产量				
月末完工产品数量				
约当生产总量				
完工产品总成本				
完工产品单位成本				
月末在产品成本				

【业务练习题六】

1. 目的：掌握在产品按定额成本计价法。

2. 资料：某企业 2017 年 5 月生产的 A 产品由两道工序组成，原材料于生产开始时一次投入。本月完工 A 产品 300 件，单位丙产品原材料费用定额资料为 120 元，每小时的人工定额为 5 元，每小时的制造费用定额为 2 元。本月有关丙产品的生产费用和在产品结存于各工序数量及定额资料如表 4.38 和表 4.39 所示。

3. 要求：采用在产品按定额成本计价法，计算 A 产品完工产品与月末在产品的成本，并将计算结果填入表 4.40 和表 4.41。

表 4.38　本月有关生产费用

产品名称：A 产品　　2017 年 5 月　　金额单位：元

摘　　要	直接材料	直接人工	制造费用	合计
月初在产品成本	5 000	2 000	3 000	10 000
本月发生生产费用	80 000	15 000	20 000	115 000
生产费用合计	85 000	17 000	23 000	125 000

表 4.39　在产品结存于各工序数量及定额资料

工序	在产品数量/件	材料费用定额/元	工时定额/小时
1	30	500	70
2	20	—	30
合计	50	500	100

(1) 根据上述资料计算 A 产品月末在产品定额成本，并填写表 4.40。

表 4.40　A 产品月末在产品定额成本核算表

工序	在产品数量/件	直接材料定额成本	在产品定额工时	直接人工定额成本	制造费用定额成本	定额成本合计
1						
2						
合计						

(2) 根据上列有关月末在产品定额成本资料，编制 A 产品生产成本分配表，并填写表 4.41。

表 4.41　基本生产成本明细账

产品名称：A 产品　　2017 年 5 月　　金额单位：元

摘　要	直接材料	直接人工	制造费用	合计
月初在产品成本				
本月发生生产费用				
生产费用合计				
月末在产品定额成本				
完工产品总成本				
完工产品单位成本				

【业务练习题七】

1. 目的：练习定额比例法分配完工产品成本和月末在产品成本。
2. 资料：某企业生产的甲产品，2017 年 5 月份生产的有关资料如表 4.42 所示。

表 4.42　甲产品费用及定额资料

成本项目 / 内容	直接材料	直接人工	制造费用	合计
月初在产品成本	2 800	1 400	2 500	
本月发生生产费用	16 400	7 000	5 000	
单位完工产品定额	50 千克	30 小时	30 小时	
月末在产品定额	50 千克	20 小时	20 小时	
完工产品产量/件				400
月末在产品产量/件				100

3. 要求：根据上述资料，采用定额比例法计算甲产品完工产品与月末在产品的成本，并将计算结果填入表 4.43。

表 4.43　完工产品与月末在产品费用分配表(定额比例法)

产品名称：甲产品　　2017 年 5 月　　金额单位：元

成本项目	月初在产品成本	本月生产费用	生产费用合计	分配率	本月完工产品		月末在产品	
					定额耗用量或工时	实际费用	定额耗用量或工时	实际费用
直接材料								
直接人工								
制造费用								
合计								

第五章　产品成本核算的基本方法

【知识目标】

(1) 了解生产经营特点和管理要求对成本核算方法的影响。

(2) 了解品种法的概念、特点及适用范围，掌握品种法的成本核算程序。

(3) 了解分批法的概念、特点及适用范围，掌握分批法的成本核算程序。

(4) 了解简化分批法的概念、特点及适用范围，掌握简化分批法的成本核算程序。

(5) 了解逐步结转分步法的概念、特点及适用范围，掌握逐步结转分步法的成本核算程序。

(6) 掌握综合结转法的成本还原的计算。

(7) 了解平行结转分步法的概念、特点及适用范围，掌握平行结转分步法的成本核算程序。

【能力目标】

能够运用产品成本核算的品种法、分批法和分步法的原理，结合工业企业成本核算的实际，设计成本的具体核算程序，熟练地计算产品成本，并作出相应的账务处理。

第一节　产品成本核算方法概述

一、确定产品成本核算方法的原则

产品成本是由产品生产过程中企业各个生产单位(车间、分厂)所发生的生产费用形成的。因此，产品成本核算方法与企业生产单位的工艺技术过程和生产组织有密切的联系。同时，成本核算是成本会计的一个重要组成部分，而成本会计又是会计这一管理活动的一个重要分支。因此，产品成本核算必须满足企业管理方面的要求。这就是说，确定产品成本核算方法的原则是：从企业(企业生产单位)的具体情况出发，充分考虑企业生产经营特点和成本管理上的要求。

根据国家统一会计准则、制度的规定，企业应当根据经营特点和管理要求，确定适合本企业的成本核算对象、成本项目和成本核算方法。成本核算对象、成本项目及成本核算方法一经确定，不得随意变更；如需变更，应当根据管理权限，经股东大会或董事会，或经理(厂长)会议或类似机构批准，并在会计报表附注中予以说明。

二、工业企业生产的主要类型

不同部门、行业企业的生产千差万别，针对工业企业，可以根据生产工艺过程和生产组织的特点划分为不同类型。

(一) 按生产工艺过程的特点分类

工业企业的生产，按照生产工艺过程的特点，可以分为单步骤生产和多步骤生产两种类型。

(1) 单步骤生产也叫作简单生产，是指生产工艺过程不能间断，或者由于工作场地的限制不便于分散在几个不同地点进行的生产，如发电、采掘、化肥生产、铸件熔铸、玻璃制品熔制等。该类生产通常只能由一个企业整体进行。

(2) 多步骤生产也叫作复杂生产，是指生产工艺过程由若干个可以间断、分散在不同地点、分别在不同时间进行的生产步骤所组成的生产，如纺织品、钢铁、机械、服装等的生产。该类生产可以由一个企业的各个生产单位进行，也可以由几个企业协作进行。多步骤生产按其产品加工方式的不同，又可以分为连续式多步骤生产和装配式多步骤生产。连续式多步骤生产是指投入生产的原材料要依次经过各个生产步骤的加工，直到最后的生产步骤，才成为产成品的生产，如冶金、纺织、造纸、服装加工、搪瓷生产等。装配式多步骤生产是指先将原材料分别加工为零件、部件，再将零件、部件装配为产成品的生产，如机械制造、汽车制造、仪表制造等。

(二) 按生产组织的特点分类

工业企业的生产，按照生产组织的特点，可以分为大量生产、成批生产和单件生产三种类型。

(1) 大量生产，是指不断重复品种相同的产品的生产。在这种生产类型的企业或车间中，产品的品种较少，而且比较稳定，如采掘、发电、酿酒、造纸等。

(2) 成批生产，是指按照预先规定的产品批别和数量进行的生产。在这种生产类型的企业或车间中，产品的品种比较多，而且各种产品的生产往往成批重复地进行，生产具有一定的重复性，如服装加工、制鞋、某些机械制造等就是这种类型的生产。成批生产按照产品批量的大小，又可以分为大批生产和小批生产。大批生产的性质接近大量生产，小批生产的性质接近单件生产。

(3) 单件生产，是指按照购买单位订单的要求进行个别的、性质特殊的产品的生产。在这种生产类型的企业或车间中，产品的品种虽然很多，但却很少重复生产，如重型机械和船舶的制造等。

三、生产特点和管理要求对产品成本核算方法的影响

不同产品成本核算方法的主要区别表现在成本核算对象、成本核算期和完工产品与期末在产品之间费用的分配三个方面。生产特点和管理要求对产品成本核算方法的影响，表

现在以下四个方面。

(一) 对成本核算对象的影响

成本核算对象主要取决于生产类型的特点。

在大量大批单步骤的生产中，以产品的品种作为成本核算对象来归集生产费用；在大量大批多步骤的生产中，以各个加工步骤的产品作为成本核算对象，来计算各步骤半成品(最后步骤为产成品)的成本；单件或小批量生产，可以以产品的订单或批别作为成本核算对象，按某订单或批别来归集生产费用，以计算各订单或各批别的产品总成本。

(二) 对生产费用计入产品成本程序的影响

在单件生产情况下，生产该产品所发生的全部生产费用都可以直接计入该产品成本。

在成批生产情况下，产品生产所发生的生产费用，若能确定为生产某一批产品所发生的，则直接计入该批产品成本；若不能直接计入，则需要按一定标准分配计入各有关批别产品的成本。

在大量多步骤生产情况下，如果是分步骤计算半成品成本，则各步骤生产中发生的生产费用除了分别归集到各步骤产品中之外，还要将上步骤归集的半成品成本随着半成品的实物的转移而逐步结转到下步骤的产品成本中，直至累计到最后步骤，成为完工产品的成本。如果不需要计算各步骤半成品成本，则各生产步骤仅归集本步骤产品生产所发生的生产费用，并计算出由产成品负担的份额，最后组合成完工产品的成本。

(三) 对成本核算期的影响

在大量大批生产情况下，按月定期地计算产品成本，以满足分期计算损益的需要。这种情况下，成本核算期与会计报告期一致。

在小批或单件生产情况下，宜按照各批产品的生产周期计算产品成本，成本核算期与产品的生产周期一致，但与会计报告期不同。

(四) 对产品成本在完工产品与期末在产品之间费用分配方法的影响

在大量大批生产情况下，由于成本核算期与产品的生产周期不一致，每月末一般会有在产品存在，因而要将产品的生产成本采用适当的方法在完工产品与月末在产品之间分配。

在单件或小批量生产情况下，在每报告期末时，一般不需要将产品成本在完工产品与在产品之间分配。

四、产品成本核算的主要方法

产品成本核算是对有关费用数据进行处理的过程。它是以一定的成本核算对象为依据，分配和归集生产费用并计算其总成本和单位成本的过程。成本核算对象是处理各项费用数据的中心，是产品成本核算方法的核心。在实际工作中存在的各种各样的产品成本核算方法，主要是根据成本核算对象来命名的。

(一) 产品成本核算的基本方法

根据生产工艺过程和生产组织特点及企业成本管理要求，工业企业产品成本核算的基本方法有三种，分别是品种法、分批法和分步法。

1. 品种法

所谓品种法，是指在大量大批单步骤生产企业，或者管理上不要求分步骤计算成本的多步骤生产企业，只需要以产品品种作为成本核算对象来归集和分配生产费用，计算出各种产品(品种)的实际总成本和单位成本。

大量大批生产企业不可能等全部产品完工以后才计算其实际总成本，成本核算期只能与会计报告期(定期按月)一致，但与生产周期不一致。品种法在按月计算成本时，有些单步骤生产企业没有月末在产品，这时不需要在本月完工产品和月末在产品之间分配生产费用，本月生产费用等于本月完工产品成本；管理上不要求分步骤计算成本的大量大批多步骤生产企业，通常有月末在产品，这时需要在本月完工产品和月末在产品之间分配生产费用。

2. 分批法

所谓分批法，是指单件小批生产企业(单步骤生产或管理上不要求分步骤计算成本的多步骤生产)是按照客户的订单来组织生产的，客户的订单不仅在数量和质量上的要求不同，交货日期也不一样。因此，单件小批生产企业只能以生产的产品批别作为成本核算对象来归集和分配生产费用，计算出各批产品的实际总成本和单位成本。

在分批法下，由于成本核算对象是产品的批别，只有在该批产品全部完工以后，才能计算出实际总成本和单位成本，因此分批法的成本核算期是不固定的，但与产品周期一致。

分批法的成本核算期与生产周期一致，也就不存在期末在产品，不需要将生产费用在本月完工产品和月末在产品之间进行分配。

3. 分步法

所谓分步法，是指在大量大批多步骤生产企业，如果企业成本管理上要求按生产步骤归集生产费用、计算产品成本，就应当把产成品及其所经生产步骤作为成本核算对象，归集和分配生产费用，计算出各生产步骤和最终产成品的实际总成本与单位成本。

采用分步法的大量大批多步骤生产企业不可能等全部产品完工以后才计算成本，只能定期按月计算成本，成本核算期与会计报告期一致，但与生产周期不一致。大量大批多步骤生产企业在月末计算产品成本时，通常有在产品，因此，分步法需要将生产费用在本月完工产品和月末在产品之间进行分配。

上述产品成本核算的三种基本方法，其成本核算对象(由生产工艺过程、生产组织特点和成本管理要求决定)、成本核算期、生产费用在完工产品和期末在产品之间的分配方面的相同点是，无论采用哪种方法计算产品成本，最后都必须计算出各种产品的实际总成本和单位成本。按照产品的品种计算成本，是成本核算工作的共同要求，也是最起码的要求。因此，在三种基本方法中，品种法是最基本的方法。

(二) 产品成本核算的其他方法

在实际工作中，除了产品成本核算的上述三种基本方法以外，还有为了解决某一个特定问题而产生的其他方法，也称作产品成本核算的辅助方法。

1. 分类法

在产品品种、规格繁多的企业，为了解决成本核算对象的分类问题，产生了产品成本核算的分类法。分类法的成本核算对象是产品的类别，它需要运用品种法等基本方法的原理计算出各类产品的实际总成本，再求得类内各品种(各种规格)产品的实际总成本和单位成本。

2. 定额法

定额管理基础工作比较好的企业，可以将成本核算和成本控制结合起来，采用定额法计算产品成本。定额法将符合定额的费用和脱离定额的差异分别核算，以完工产品的定额成本为基础，加减脱离定额的差异、材料成本差异和定额变动差异来求得实际成本，解决成本的日常控制问题。

3. 标准成本法

标准成本法是成本控制的一种方法，也可以认为是一种特殊的成本核算方法。标准成本法与定额法不同，它只计算产品的标准成本，不计算产品的实际成本，实际成本脱离标准成本的差异直接计入当期损益。

4. 变动成本法

变动成本法是只将变动成本计入产品成本，而将固定成本全部作为期间成本(费用)直接计入当期损益的一种成本核算方法。

标准成本法和变动成本法在西方国家的企业中采用得较多，因为这两种方法都没有计算出产品的实际制造成本(生产成本)，我国一般将其作为管理会计的方法，而不作为产品成本核算的方法。

五、产品成本核算方法的应用

产品成本核算的品种法、分批法、分步法以及分类法、定额法、标准成本法和变动成本法等，是比较典型的成本核算方法。在实际工作中，一个企业总是将几种方法同时应用或结合应用。

(一) 几种方法同时应用

一个企业往往有若干个生产单位(厂、车间)，各个生产单位的生产特点和管理要求并不一定相同；同一个生产单位所生产的各种产品的生产特点和管理要求也不一定相同。因此，在一个企业或生产单位中，往往同时采用多种成本核算方法。

例如，企业基本生产单位与辅助生产单位的生产特点和管理要求不同，可能同时采用多种成本核算方法。基本生产单位可能采用品种法、分批法、分步法、分类法、定额法等多种方法计算产品成本，供电、供气、供水和机修等辅助生产单位一般采用品种法计算产品(劳务)成本，自制设备等可以采用分批法计算产品成本。

又如，在一个生产单位内，由于产品的生产组织方式不同，也可以同时采用多种成本核算方法。大量大批生产的产品可以采用品种法或分步法、分类法、定额法等多种方法计算产品成本，单件小批生产的产品则应采用分批法。

(二) 几种方法结合应用

一个企业或企业的生产单位(厂、车间)，除了可能同时应用几种成本核算方法以外，在计算某种产品成本时，还可以以一种成本核算方法为主，结合采用几种成本核算方法。

例如，在单件小批生产的机械制造企业中，产品的生产过程由铸造、加工、装配等生产步骤(车间)组成，而后由装配车间生产出最终产品。这时，主要产成品的成本核算可以采用分批法；铸造车间生产的铸件为自制半成品，可以采用品种法计算其成本；加工车间将铸件加工为零部件，加上投入的其他材料加工的零部件交给装配车间装配，铸造车间和加工车间之间以及加工车间和装配车间之间，可以采用不同的分步法(逐步结转分步法、平行结转分步法)计算成本。这样，产成品成本的计算以分批法为主，结合采用品种法、分步法(逐步结转分步法、平行结转分步法)等成本核算方法。企业采用分类法、定额法等计算产品成本时，因为它们是成本核算的辅助方法，必须结合品种法、分批法和分步法等成本核算的基本方法加以应用。

第二节　品　种　法

一、品种法概述

(一) 品种法的含义

产品成本核算的品种法，是指以产品的品种作为成本核算对象，用以归集费用并计算产品生产成本的方法。品种法是最基本的产品成本核算方法。不论是何种生产类型、采用何种生产工艺、实行何种成本管理要求，最终都必须计算出每种产品的成本。因此，按照产品品种计算产品成本是进行产品成本核算最基本、最起码的要求。

(二) 品种法的适用范围

品种法一般适用于单步骤大量大批生产的企业，如发电、供水、采掘等，也适用于不需要分生产步骤计算成本的多步骤大量大批生产的企业。在大量大批多步骤生产下，如果企业或车间的规模较小，或者车间是封闭式，也就是从原材料投入到产品产出的全部生产过程，都在一个车间内进行，或者生产是按流水线组织的，管理上不要求按照生产步骤计算产品成本，也可以采用品种法计算产品成本。例如，小型水泥厂、造纸厂、砖瓦厂等。此外，企业的辅助生产单位，如供水车间、供电车间、供气车间等，也可以采用品种法计算其产品(劳务)的成本。

在单步骤生产情况下，通常由于工艺技术的连续性，在时间上不能间断，或者由于受到工作场地的制约，在空间上不可分开，因此对产品的生产过程不可能清楚地划分为若干个生产步骤。同时，在单步骤生产情况下，产品生产一般都采用大量大批的形式，原材料不断投入，产品不断产出，因此无法清楚地区分产品的生产批次，只能以产品品种作为成本核算对象。

在多步骤生产情况下，由于产品制造过程是分生产步骤进行的，因此应分生产步骤归集生产耗费。但如果生产规模较小，或产品在一个生产车间内加工完成，或产品是按生产流水线组织生产的，那么在成本管理上可以不要求按产品生产步骤计算成本，亦可以采用品种法计算。

(三) 品种法的特点

品种法的特点如下：

(1) 以产品品种作为成本核算对象，设置生产成本明细账(产品成本核算单)。

企业或车间采用品种法计算产品成本时，产品品种就是成本核算对象。若以产品品种作为成本核算对象，则应以产品品种来开设基本生产明细账，并按成本项目设置专栏归集各种产品的费用，计算各种产品的成本。

采用品种法计算成本时，如果企业只生产一种产品，成本核算对象就是该种产品的产成品。基本生产成本明细账就是按该种产品设置的，所有生产费用都可以直接计入该种产品基本生产成本明细账相应的成本项目，不存在各成本核算对象之间分配费用的问题。

如果生产多种产品，则应该按照产品的品种分别设置基本生产成本明细账。企业发生的生产费用，若能够分清是哪种产品耗用的，则直接计入该种产品基本生产成本明细账相应的成本项目；若分不清，则要采用适当的分配方法，在各成本核算对象之间分配，然后分别计入产品基本生产成本明细账相应的成本项目。

(2) 成本核算定期按月进行。

品种法的成本核算是定期按月进行的，与会计报告期一致，与产品生产周期不一致。采用品种法计算成本的工业企业采用的是大量大批单步骤生产组织形式，以及不需要分步骤计算成本的大量大批多步骤生产组织形式。大量大批生产意味着原材料不断投入，不断有产品完工，所以也就不可能在产品全部完工以后才计算成本，它的成本核算是定期按月进行的。

(3) 有期末在产品时需要在本期完工产品和期末在产品之间分配费用。

采用品种法的单步骤生产企业，产品生产周期较短，一般没有在产品或在产品数量很少，或期初在产品的数量比较稳定，因而一般不需要将生产费用在完工产品与在产品间分配。

采用品种法的多步骤生产企业，由于其生产工艺过程是由若干个可以间断、分散在不同地点、分别在不同时间进行的生产步骤所组成，因而月末一般都有在产品。这就需要选择适当的分配方法，将产品成本明细账中归集的生产费用在完工产品与在产品之间进行分配，以便计算确定在产品成本和完工产品成本。

二、品种法成本核算程序

(一) 按产品品种设置有关成本明细账

企业应以产品品种作为成本核算对象，开设基本生产成本明细账(或产品成本核算单)，并根据企业成本管理的要求设置成本项目专栏，如果有月初在产品，在基本生产成本明细账中过入月初在产品成本。按照辅助生产单位或辅助生产单位提供的产品(劳务)品种，设置辅助生产成本明细账；在“制造费用”总分类账户下，按生产单位(厂、车间)设置制造费用明细账，制造费用明细账应当按费用项目设专栏。

(二) 归集和分配本月发生的各项费用

企业应根据发生各项费用的原始凭证、其他有关凭证归集与分配材料费用、人工费用和其他各项费用。按成本核算对象(即产品品种)归集与分配生产费用时，根据编制的会计分录，凡能直接计入有关基本生产成本明细账的应当直接计入；不能直接计入的，应当按照受益原则分配，再根据有关费用分配表分别计入有关产品基本生产成本明细账。各生产单位发生的制造费用，先通过制造费用明细账归集，计入有关制造费用明细账。同样，直接计入当期损益的管理费用、销售费用、财务费用，应分别计入有关期间费用明细账。

(三) 分配辅助生产费用

根据辅助生产成本明细账归集的本月辅助生产费用总额，按照企业确定的辅助生产费用分配方法，分别编制各辅助生产单位的“辅助生产费用分配表”，分配辅助生产费用。根据分配结果，编制会计分录，分别计入有关产品生产成本明细账(产品成本核算单)、制造费用明细账和期间费用明细账。

辅助生产单位发生的制造费用，如果通过制造费用明细账归集，应在分配辅助生产费用前分别转入各辅助生产成本明细账，并计入该辅助生产单位本期费用(成本)总额。

(四) 分配基本生产单位制造费用

根据各基本生产单位制造费用明细账归集的本月制造费用，按照企业确定的制造费用分配方法，分别编制各基本生产单位的“制造费用分配表”，分配制造费用。根据分配结果，编制会计分录，分别计入有关产品基本生产成本明细账。

(五) 计算本月完工产品实际总成本和单位成本

根据产品基本生产成本明细账归集的本月生产费用合计数，在本月完工产品和月末在产品之间分配生产费用，计算出本月完工产品的实际总成本和月末在产品成本。各产品完工产品实际总成本分别除以其实际总产量，可以计算出该产品本月实际单位成本。

(六) 结转本月完工产品成本

根据产品成本核算结果，编制本月“完工产品成本汇总表”，以及结转本月完工产品成本的会计分录，并分别计入有关产品基本生产成本明细账和库存商品明细账。

三、品种法举例

(一) 企业基本情况

大东工厂为大量大批生产组织形式、单步骤生产类型的小型企业，设有一个基本生产车间，大量生产甲、乙两种主要产品。该厂根据产品生产特点和成本管理要求，采用品种法计算产品生产成本。工厂设有供电和机修两个辅助生产车间，未单独设置制造费用明细账，车间发生的间接费用直接计入各车间辅助生产成本明细账。

(二) 2017 年 5 月生产甲、乙两种产品的相关成本核算资料

1. 月初在产品成本

甲、乙两种产品的月初在产品成本资料表如表 5.1 所示。

表 5.1　甲、乙两种产品的月初在产品成本资料表

2017 年 5 月　　金额单位：元

摘　　要	直接材料	直接人工	制造费用	合计
甲产品月初在产品成本	254 000	32 500	3 500	290 000
乙产品月初在产品成本	146 000	16 500	3 500	166 000

2. 本月生产数量

甲产品本月完工 500 件，月末在产品 100 件，实际生产工时 100 000 小时；乙产品本月完工 200 件，月末在产品 40 件，实际生产工时 50 000 小时。甲、乙两种产品的原材料都在生产开始时一次投入，加工费用发生比较均衡，月末在产品完工程度均为 50%。

3. 本月发生生产费用

(1) 本月发出材料汇总表，见表 5.2。

表 5.2　发出材料汇总表

2017 年 5 月　　金额单位：元

领料部门和用途	材　料　类　别			合计
	原材料	包装物	低值易耗品	
基本生产车间耗用				
甲产品耗用	800 000	10 000		810 000
乙产品耗用	600 000	5 000		605 000
甲、乙产品共同耗用	28 000			28 000
车间一般耗用	2 000		100	2 100
辅助生产车间耗用				
供电车间耗用	2 000			2 000
机修车间耗用	1 500			1 500
厂部管理部门耗用	1 000		500	1 500
合计	1 434 500	15 000	600	1 450 100

备注：生产甲、乙两种产品共同耗用的材料，按甲、乙两种产品直接耗用原材料的比例进行分配。

(2) 本月工资结算汇总表及社保费计算表(简化格式)，见表 5.3。

表 5.3　工资结算汇总表及社保费计算表

2017 年 5 月　　　　金额单位：元

人员类别	应付工资总额	应计提社保等费用(36%)	合计
基本生产车间			
产品生产工人	400 000	144 000	544 000
车间管理人员	20 000	7 200	27 200
辅助生产车间			
供电车间	5 000	1 800	6 800
机修车间	6 000	2 160	8 160
厂部管理人员	10 000	3 600	13 600
合计	441 000	158 760	599 760

(3) 本月应计提固定资产折旧费 25 000 元，其中：基本生产车间折旧 10 000 元，供电车间折旧 5 000 元，机修车间折旧 4 000 元，厂部管理部门折旧 6 000 元。

(4) 本月以银行存款支付的费用为 14 700 元，其中基本生产车间负担的办公费 1 000 元，水费 2 000 元，差旅费 1 400 元，设计制图费 2 600 元；供电车间负担的水费 500 元；机修车间负担的办公费 400 元；厂部管理部门负担的办公费 5 000 元，水费 1 000 元，招待费 800 元。

(5) 本月以现金支付的费用为 2 500 元，其中基本生产车间负担的办公费 250 元，市内交通费 150 元；供电车间负担的市内交通费 100 元；机修车间负担的办公费 400 元；厂部管理部门负担的办公费 1 500 元，材料市内运输费 100 元。

(三) 品种法的成本核算程序

1. 设置有关成本费用明细账和成本核算单

按甲、乙两种产品设置基本生产成本明细账(见表 5.8、表 5.9)和成本核算单(见表 5.19、表 5.20)，按供电车间和机修车间设置辅助生产成本明细账(见表 5.10、表 5.11)和制造费用明细账(见表 5.12)，其他与成本核算无关的费用明细账，如管理费用明细账等略。

2. 归集和分配本月发生的各项费用

根据各项生产费用发生的原始凭证和其他有关资料，编制各项要素费用分配表，分配各项要素费用。

(1) 分配材料费用。其中：生产甲、乙两种产品共同耗用材料按甲、乙两种产品直接耗用原材料的比例分配。原材料费用分配表见表 5.4。

表 5.4　原材料费用分配表

2017 年 5 月　　金额单位：元

应借账户			成本或费用明细项目	间接计入			直接计入	合计
				耗用材料/千克	分配率	分配额		
生产成本	基本生产成本	甲产品	直接材料	800 000	0.02	16 000	810 000	826 000
		乙产品	直接材料	600 000	0.02	12 000	605 000	617 000
		小计		1 400 000	0.02	28 000	1415 000	1443 000
	辅助生产成本	供电车间	直接材料				2 000	2 000
		机修车间	直接材料				1 500	1 500
		小计					3500	3 500
制造费用		基本生产车间	低值易耗品				100	100
			机物料消耗				2 000	2 000
			小计				2 100	2 100
管理费用		厂部管理部门	低值易耗品				500	500
			机物料消耗				1 000	1 000
			小计				1 500	1 500
合计						28 000	1 422 100	1 450 100

根据原材料费用分配表，编制发出材料的会计分录如下：

借：生产成本——基本生产成本——甲产品　　826 000
　　　　　　　　　　　　　——乙产品　　617 000
　　　　　——辅助生产成本——供电车间　　2 000
　　　　　　　　　　　　　——机修车间　　1 500
　　制造费用——基本生产车间　　2 100
　　管理费用——修理费　　1 500
　　贷：原材料　　1 434 500
　　　　周转材料——包装物　　15 000
　　　　　　　　——低值易耗品　　600

(2) 分配工资及社保等费用。其中：甲、乙两种产品应分配的工资及社保等费用按甲、乙两种产品的实际生产工时比例分配。分配结果见表 5.5。

表 5.5　工资及社保费用分配表

2017 年 5 月　　　　金额单位：元

分配对象			工资			社保等费用	
会计科目		明细科目	分配标准	分配率	分配额	提取率	分配额
生产成本	基本生产成本	甲产品	100 000		266 700		96 012
		乙产品	50 000		133 300		47 988
		小计	150 000	2.667	400 000		144 000
	辅助生产成本	供电车间			5 000		1 800
		机修车间			6 000		2 160
		小计			11 000		3 960
制造费用		基本生产车间			20 000		7 200
管理费用		工资、社保等费用			10 000		3 600
合计					441 000	36%	158 760

根据工资及社保费用分配表，编制工资及社保费用分配业务的会计分录如下：

借：生产成本——基本生产成本——甲产品　　266 700
　　　　　　　　　　　　　　——乙产品　　133 300
　　　　　　——辅助生产成本——供电车间　　5 000
　　　　　　　　　　　　　　——机修车间　　6 000
　　制造费用——基本生产车间　　20 000
　　管理费用　　10 000
　　贷：应付职工薪酬　　441 000

借：生产成本——基本生产成本——甲产品　　96 012
　　　　　　　　　　　　　　——乙产品　　47 988
　　　　　　——辅助生产成本——供电车间　　1 800
　　　　　　　　　　　　　　——机修车间　　2 160
　　制造费用——基本生产车间　　7 200
　　管理费用　　3 600
　　贷：应付职工薪酬　　158 760

(3) 计提固定资产折旧费用计算表，见表 5.6。

表 5.6　计提固定资产折旧费用计算表

2017 年 5 月　　　　金额单位：元

会计科目	明细科目		费用项目	分配金额
制造费用	基本生产车间		折旧费	10 000
生产成本	辅助生产成本	供电车间	折旧费	5 000
		机修车间	折旧费	4 000
管理费用			折旧费	6 000
合 计				25 000

根据计提固定资产折旧费用计算表，编制计提折旧的会计分录如下：

借：制造费用——基本生产车间　　10 000
　　生产成本——辅助生产成本——供电车间　　5 000
　　　　　　　　　　　　　　——机修车间　　4 000
　　管理费用——折旧费　　6 000
　　贷：累计折旧　　25 000

(4) 分配本月现金和银行存款支付费用。其他费用分配结果见表 5.7。

表 5.7　其他费用分配表

2017 年 5 月　　金额单位：元

会计科目	明细科目		现金支付	银行存款支付	合计
制造费用	基本生产车间		400	7 000	7 400
生产成本	辅助生产成本	供电车间	100	500	600
		机修车间	400	400	800
管理费用			1 600	6 800	8 400
合计			2 500	14 700	17 200

根据其他费用分配表，编制会计分录如下：

借：制造费用——基本生产车间　　7 400
　　生产成本——辅助生产成本——供电车间　　600
　　　　　　　　　　　　　　——机修车间　　800
　　管理费用　　8 400
　　贷：现金　　2 500
　　　　银行存款　　14 700

(5) 根据各项要素费用分配表及编制的会计分录，登记有关基本生产成本明细账(见表 5.8、表 5.9)、辅助生产成本明细账(见表 5.10、表 5.11)和制造费用明细账(见表 5.12)。

表 5.8　甲产品基本生产成本明细账

产品名称：甲产品　　金额单位：元

2017 年 月	日	凭证字号	摘　要	直接材料	直接人工	制造费用	合计
4	30		月初在产品成本	254 000	32 500	3 500	290 000
5	31	略	材料费用分配表	826 000			826 000
	31		工资及社保费分配表		362 712		362 712
	31		生产用电分配表			6 800	6 800
	31		制造费用分配表			36 930	36 930
	31		本月生产费用合计	826 000	362 712	43 730	1 232 442
	31		本月累计	1 080 000	395 212	47 230	1 522 442
	31		结转完工入库产品成本	900 000	359 285	42 935	1 302 220
	31		月末在产品成本	180 000	35 927	4 295	220 222

表 5.9　乙产品基本生产成本明细账

产品名称：乙产品　　单位：元

2017年		凭证字号	摘　要	直接材料	直接人工	制造费用	合计
月	日						
4	30		月初在产品成本	146 000	16 500	3 500	166 000
5	31	略	材料费用分配表	617 000			617 000
	31		工资及社保费分配表		181 288		181 288
	31		生产用电分配表			3 400	3 400
	31		制造费用分配表			18 470	18 470
	31		本月生产费用合计	617 000	181 288	21 870	820 158
	31		本月累计	763 000	197 788	25 370	986 158
	31		结转完工入库产品成本	635 834	179 808	23 064	838 706
	31		月末在产品成本	127 166	17 980	2 306	147 452

表 5.10　供电车间辅助生产成本明细账

车间名称：供电车间　　金额单位：元

2017年		凭证字号	摘　要	直接材料	直接人工	制造费用	合计
月	日						
5	31	略	材料费用分配表	2 000			2 000
	31		工资及社保费分配表		6 800		6 800
	31		计提折旧费			5 000	5 000
	31		其他费用			600	600
	31		本月合计	2 000	6 800	5 600	14 400
	31		结转各受益部门	2 000	6 800	5 600	14 400

表 5.11　机修车间辅助生产成本明细账

车间名称：机修车间　　金额单位：元

2017年		凭证字号	摘　要	直接材料	直接人工	制造费用	合计
月	日						
5	31	略	材料费用分配表	1 500			1 500
	31		工资及社保费分配表		8 160		8 160
	31		计提折旧费			4 000	4 000
	31		其他费用			800	800
	31		本月合计	1 500	8 160	4 800	14 540
	31		结转各受益部门	1 500	8 160	4 800	14 540

表 5.12　制造费用明细账

车间名称：基本生产车间　　金额单位：元

年 月	年 日	凭证号	摘　要	材料费	人工费	折旧费	办公费	水电费	修理费	其他	合计
5	31	略	材料费用分配表	2 100							2 100
	31		工资及社保费分配表		27 200						27 200
	31		折旧费用计算表			10 000					10 000
	31		其他费用分配表				1 250	2 000		4 150	7 400
	31		辅助生产分配表					1 700	7 000		8 700
	31		本月合计	2 100	27 200	10 000	1 250	3 700	7 000	4 150	55 400
	31		结转制造费用	2 100	27 200	10 000	1 250	3 700	7 000	4 150	55 400

3．分配辅助生产费用

(1) 根据各辅助生产车间制造费用明细账汇集的制造费用总额，分别转入该车间辅助生产成本明细账。由于本例题供电和机修车间未单独设置制造费用明细账，车间发生的间接费用已直接计入各车间辅助生产成本明细账。

(2) 根据辅助生产成本明细账(即表 5.10、表 5.11)归集的待分配辅助生产费用和辅助生产车间本月劳务供应量，采用计划成本分配法分配辅助生产费用(见表 5.14)，并据以登记有关基本生产成本明细账或成本核算单和有关费用明细账。

本月供电和机修车间提供的劳务量见表 5.13。

每度电的计划成本为 0.34 元，每小时机修费的计划成本为 3.50 元；成本差异全部由管理费用负担。产品生产用电按车间生产甲、乙两种产品的生产工时比例分配，其中：甲产品的生产工时为 100 000 小时；乙产品的生产工时为 50 000 小时。分配计入产品成本核算单中“直接材料”成本项目，分配结果见表 5.15。

表 5.13　供电和机修车间提供的劳务量表

受益部门		供电车间/度	机修车间/小时
供电车间			400
机修车间		2 000	
基本生产车间	产品生产	30 000	
	一般耗费	5 000	2 000
	小计	35 000	2 000
厂部管理部门		8 000	1 600
合计		45 000	4 000

表 5.14　辅助生产费用分配表

2017 年 5 月　　金额单位：元

受 益 部 门		供电(单位成本 0.34 元)		机修(单位成本 3.50 元)	
		用电度数	计划成本	机修工时	计划成本
供电车间				400	1 400
机修车间		2 000	680		
基本生产车间	产品生产	30 000	10 200		
	一般耗费	5 000	1 700	2 000	7 000
	小计	35 000	11 900	2 000	7 000
厂部管理部门		8 000	2 720	1 600	5 600
合　　计		45 000	15 300	4 000	14 000
实际成本			15 800		15 220
成本差异			500		1 220

备注：供电车间实际成本 = 14 400 + 1400 − 680 = 15 120 (元)；
机修车间实际成本 = 14 540 + 680 − 1400 = 13 820 (元)

表 5.15　产品生产用电分配表

20××年 8 月　　金额单位：元

产　　品	生产工时/小时	分配率	分配金额
甲产品	100 000		6 800
乙产品	50 000		3 400
合计	150 000	0.068	10 200

根据辅助生产费用分配表，编制会计分录如下。

(1) 结转辅助生产计划成本：

借：生产成本——基本生产成本——甲产品　　6 800
　　　　　　　　　　　　　——乙产品　　3 400
　　生产成本——辅助生产成本——供电车间　　1 400
　　　　　　　　　　　　　——机修车间　　680
　　制造费用——基本生产车间　　8 700
　　管理费用　　8 320
　　贷：生产成本——辅助生产成本——供电车间　　15 300
　　　　　　　　　　　　　　　——机修车间　　14 000

(2) 结转辅助生产成本差异。为了简化成本核算工作，成本差异全部计入管理费用：

借：管理费用　　1 720
　　贷：生产成本——辅助生产成本——供电车间　　500
　　　　　　　　　　　　　　　——机修车间　　1 220

4. 分配制造费用

根据基本生产车间制造费用明细账(见表 5.12)归集的制造费用总额，编制制造费用分配表，并登记基本生产成本明细账和有关成本核算单。

本例题按甲、乙两种产品的生产工时比例分配制造费用，分配结果见表 5.16。

表 5.16　制造费用分配表

车间名称：基本生产车间　　金额单位：元

产　品	生产工时	分配率	分配金额
甲产品	100 000		36 930
乙产品	50 000		18 470
合　计	150 000	0.3693	55 400

根据制造费用分配表，编制会计分录如下：

借：生产成本——基本生产成本——甲产品　　36 930

　　　　　　　　　　　　　——乙产品　　18 470

　贷：制造费用——基本生产车间　　55 400

5. 在完工产品与在产品之间分配生产费用

根据各产品成本核算单归集的生产费用合计数和有关生产数量记录，在完工产品和月末在产品之间分配生产费用。

该企业本月甲产品完工入库 500 件，月末在产品 100 件；乙产品完工入库 200 件，月末在产品 40 件。按约当产量法分别计算甲、乙两种产品的完工产品成本和月末在产品成本。月末在产品约当产量计算情况见表 5.17 和表 5.18。

表 5.17　甲产品在产品约当产量计算表

产品名称：甲产品　　单位：件

成本项目	在产品数量	投料程度(加工程度)	约当产量
直接材料	100	100%	100
直接人工	100	50%	50
制造费用	100	50%	50

表 5.18　乙产品在产品约当产量计算表

产品名称：乙产品　　单位：件

成本项目	在产品数量	投料程度(加工程度)	约当产量
直接材料	40	100%	40
直接人工	40	50%	20
制造费用	40	50%	20

根据甲、乙两种产品的月末在产品约当产量，采用约当产量法在甲、乙两种产品的完工产品与月末在产品之间分配生产费用。编制成本核算单见表 5.19、表 5.20。

表 5.19　甲产品成本核算单

产品名称：甲产品　　产成品：500 件　　在产品：100 件

摘　要	直接材料	直接人工	制造费用	合计
月初在产品成本	254 000	32 500	3 500	290 000
本月发生生产费用	826 000	362 712	43 730	1 232 442
生产费用合计	1 080 000	395 212	47 230	1 522 442
完工产品数量	500	500	500	
在产品约当量	100	50	50	
总约当产量	600	550	550	·
单位成本	1 800	718.57	85.87	2 592.08
完工产品总成本	900 000	359 285	42 935	1 302 220
月末在产品成本	180 000	35 927	4 295	220 222

表 5.20　乙产品成本核算单

产品名称：乙产品　　产成品：200 件　　在产品：40 件

摘　要	直接材料	直接人工	制造费用	合计
月初在产品成本	146 000	16 500	3 500	166 000
本月发生生产费用	617 000	181 288	21 870	820 158
生产费用合计	763 000	197 788	25 370	986 158
完工产品数量	200	200	200	
在产品约当量	40	20	20	
约当总产量	240	220	220	
单位成本	3 179.17	899.04	115.32	4 193.53
完工产品总成本	635 834	179 808	23 064	838 706
月末在产品成本	127 166	17 980	2 306	147 452

6. 编制完工产品成本汇总表

根据表 5.19、表 5.20 中的分配结果，编制完工产品成本汇总表(见表 5.21)，并据以结转完工产品成本。

表 5.21　完工产品成本汇总表

2017 年 5 月　　金额单位：元

成本项目	甲产品(500 件)		乙产品(200 件)	
	总成本	单位成本	总成本	单位成本
直接材料	900 000	1 800	635 834	3 179.17
直接人工	359 285	718.57	179 808	899.04
制造费用	42 935	85.87	23 064	115.32
合计	1 302 220	2 592.08	838 706	4 193.53

根据完工产品成本汇总表或成本核算单及成品入库单，结转完工入库产品的生产成本。编制会计分录如下：

借：库存商品——甲产品　　1 302 220
　　　　　　——乙产品　　838 706
　贷：生产成本——基本生产成本——甲产品　　1 302 220
　　　　　　　　　　　　　　——乙产品　　838 706

课堂练习 5-1

1. 目的：练习品种法的计算。

2. 资料：

某厂某月生产甲、乙两种产品，根据该厂实际采用品种法核算产品成本。有关成本资料及产量记录如下：

乙产品初期在产品成本 6 000 元，其中直接材料 3 000 元，直接人工 2 000 元，制造费用 1 000 元。本月发生费用归集如表 5.22 所示。

表 5.22　本月发生费用归集

项　目	直接材料	直接人工	制造费用
甲产品	18 000		
乙产品	12 000		
合计	30 000	197 788	25 370

产量资料如表 5.23 所示。

表 5.23　产 量 资 料

已完工产品	期末在产品	工　时	注
甲产品 400 件	200 件	6 000 工时	在产品生产开始时一次投料，加工程度按 50%计算
乙产品 200 件		4 000 工时	

3. 要求：

(1) 根据上述资料采用品种法计算甲、乙两种产品(生产费用在完工产品与在产品之间采用约当产量法分配)。

(2) 甲、乙产品的直接人工和制造费用采用工时比例法分配，并将结果填入表 5.24 和表 5.25。

表 5.24　甲产品成本核算单

产品名称：　　　　产成品：　　件　　　　在产品：　　件

摘　要	直接材料	直接人工	制造费用	合计
月初在产品成本				
本月发生生产费用				
生产费用合计				

续表

摘　　要	直接材料	直接人工	制造费用	合计
完工产品数量				
在产品约当量				
总约当产量				
单位成本				
完工产品总成本				
月末在产品成本				

表 5.25　乙产品成本核算单

产品名称：　　　　产成品：　　　　在产品：

摘　　要	直接材料	直接人工	制造费用	合计
月初在产品成本				
本月发生生产费用				
生产费用合计				
完工产品数量				
在产品约当量				
约当总产量				
单位成本				
完工产品总成本				
月末在产品成本				

第三节　分　批　法

一、分批法概述

(一) 分批法的含义

产品成本核算的分批法，是指以产品批号或订单作为成本核算对象，归集生产费用，计算产品成本的一种方法。在小批单件生产的情况下，企业通常是按照订货单位的订单签发生产通知单组织生产的，即产品的品种和每批产品的批量往往是由客户的订单确定的，因此按照产品批号计算产品成本，往往也就是按照订单计算产品成本。所以，分批法也叫订单法。

(二) 分批法的适用范围

分批法主要适用于小批单件生产产品的企业，如重型机械、船舶、精密仪器、专用设备、专用工具、模具等的生产。在大量大批生产类型的企业中，主要产品生产之外的新产品试制、来料加工、自制设备等的成本核算也可以采用分批法。

分批法的适用范围主要包括：

(1) 按产品批号组织生产的企业，如根据购买者订单生产的企业、经常需要变换产品种类的小型企业等。

(2) 提供机器设备修理等劳务的企业或生产单位。

(3) 从事新产品试制、自制设备、自制工具、自制模具等生产任务的生产单位。

(三) 分批法的特点

1. 以产品批号作为成本核算对象

分批法以产品批号或订单作为成本核算对象，按生产批号或订单设置基本生产成本明细账，归集生产费用。对于能分清产品批次的直接计入费用，直接计入各批产品的基本生产成本明细账；对于各批产品共同消耗的间接计入费用，应采用适当的方法在各批产品之间进行分配，然后再计入各批产品的基本生产成本明细账。

在实际工作中，产品的订单与组织产品生产的批号之间存在着以下三种情况：

(1) 一份订单一个批号，即按照订货单位的订单下达生产批号。

(2) 一份订单几个批号。当一份订单中有多种产品，需要按照产品的品种批号组织生产，计算产品成本。当一份订单中只有一种产品，但数量较多且要求分批交货时，可以划分为若干个批号分别组织生产并计算成本。当一份订单是一件或一种由许多部件装配而成的大型复杂产品，产品价值大，生产周期长，如大型的机器设备、大型船舶等时，也可以按照产品的组成部分，分批号组织生产和计算产品的成本。

(3) 几份订单一个批号。当同一会计期间的几张订单中有相同的产品时，为了经济合理地组织生产和管理，可以将其合并为一批，组织生产并计算成本。

因此，分批法的成本核算对象不是购货单位的订货单，而是企业生产计划部门下达的“生产任务通知单 (又称内部订单或工作令号)”。财会部门应按“生产任务通知单”的生产批号开设“基本生产成本明细账(产品成本核算单)”，归集费用并计算成本。因此，分批法的成本核算对象是产品批号或工作令号。

2. 成本核算期与生产周期一致

在分批法下，要按月汇集各批产品的实际生产费用，但只有该批产品全部完工，才能计算其实际成本。因此，分批法的成本核算期就是每批产品的生产周期，它与会计报告期通常不一致。每一批次产品的生产周期依据合同要求而定，即分批法的成本核算期是不固定的。

3. 不在完工产品和在产品之间分配生产费用

从成本核算期与生产周期一致这一点来看，分批法不存在生产费用在本月完工产品和月末在产品之间分配的问题。按产品批号归集的生产费用，如果到月末该批产品都已完工，这些生产费用就是本月完工产品的实际总成本；如果该批产品全部未完工，这些生产费用就是月末在产品成本。

当然，也有可能出现另外一种情况，就是批内产品跨月陆续完工并交付购货单位。在这种情况下，需要采用一定的方法来计算本月完工产品成本。如果批内产品少量完工，可以采用计划单位成本、定额单位成本或近期实际单位成本作为本月完工产品单位成本，乘上本月完工产品产量，计算出本月完工产品总成本并予以结转，待该批产品全部完工以后再计算该批产品的实际总成本和单位成本，但是已经结转的完工产品成本没有必要进行调整。如果批内产品跨月陆续完工的情况比较多，或者本月完工产品的数量占该批产品数量的比重较大，则应考虑采用适当方法(如约当产量法、定额比例法等)在本月完工产品和月末在产品之间分配生产费用，以正确计算本月完工产品成本和月末在产品成本。在这种情况下，该批产品全部完工以后，仍应如上所述，计算该批产品的实际总成本和单位成本。

(四) 分批法成本核算程序

1. 按产品批别设置生产成本明细账(产品成本核算单)

分批法以产品批别作为成本核算对象，因此，应当按产品批别设置生产成本明细账(产品成本核算单)，用以归集和分配生产费用，计算各批产品的实际总成本和单位成本。

2. 按产品批别归集和分配本月发生的各种费用

企业当月发生的生产费用，能够按照批次划分的直接计入费用，包括直接材料费用、直接人工费用等，要在费用原始凭证上注明产品批号(或工作令号)，以便据以直接计入各批产品生产成本明细账(产品成本核算单)；对于多批产品共同发生的直接材料和直接人工等费用，则应在费用原始凭证上注明费用的用途，以便按费用项目归集，之后按照企业确定的费用分配方法，在各批产品(各受益对象)之间进行分配，最后再分别计入各批产品生产成本明细账(产品成本核算单)。

3. 分配辅助生产费用

在设有辅助生产单位的企业，月末应将汇集的辅助生产费用分配给各受益对象，包括直接分配给产品的基本生产成本和基本生产单位的制造费用等。

4. 分配基本生产单位制造费用

基本生产单位的制造费用应由该生产单位的各批产品成本负担，月末应将汇集的基本生产单位的制造费用分配给各受益对象。

5. 计算完工产品成本

采用分批法一般不需要在本月完工产品和月末在产品之间分配生产费用。某批产品全部完工，则该批别产品生产成本明细账(产品成本核算单)归集的生产费用合计数就是该批产品的实际总成本。如果某批产品少量跨月陆续完工，则可以用完工产品实际数量乘以近期实际单位成本或计划单位成本、定额单位成本，作为完工产品实际总成本。为了正确分析和考核该批产品成本计划的执行情况，在该批产品全部完工时还应计算该批产品的实际总成本和单位成本。

6. 结转完工产品成本

期末，根据成本核算结果结转本期完工产品的实际总成本。

上述分批法成本核算程序，除了产品生产成本明细账的设置和完工产品成本的计算与品种法有所区别外，其他与品种法是完全一致的。

二、分批法举例

(一) 企业的基本情况

东南工厂设有一个基本生产车间，按生产任务通知单(工作令号)分批组织生产，属于小批生产组织类型的企业。根据其自身的生产特点和管理要求，采用分批法计算所投产各批产品的生产成本。2016 年 9 月，基本生产车间同时生产三批产品：

甲产品 100 件，8 月 1 日投产，批号为 101#，在 9 月份全部完工；

乙产品 150 件，9 月 10 日投产，批号 102#，当月完工 40 件；

丙产品 200 件，9 月 15 日投产，批号为 103#，尚未完工。

(二) 成本核算的有关资料

(1) 批号为 101# 的甲产品月初在产品成本 4 500 元，其中：直接材料费用 2 000 元，直接人工费用 1 000 元，制造费用 1 500 元。

(2) 本月发生的各项费用。

① 101# 产品耗用原材料 150 000 元；102# 产品耗用原材料 160 000 元；103# 产品耗用原材料 250 000 元；生产车间一般耗用原材料 8 000 元。

② 生产工人工资 19 600 元；车间管理人员工资 2 100 元。

③ 车间耗用外购的水电费 2 400 元，以银行存款付讫。

④ 计提车间负担的固定资产折旧费 3 800 元。

⑤ 车间负担的其他费用 250 元，以银行存款付讫。

(3) 其他有关资料。

① 该企业的职工社保等费用按工资总额的 36%计提。

② 原材料采用计划成本计价，差异率为 -2%。

③ 生产工人工资按产品生产工时比例分配，其中：101# 产品工时为 16 000 小时；102# 产品工时为 22 000 小时；103# 产品工时为 12 000 小时。

④ 基本生产车间的制造费用按产品生产工时比例进行分配。

⑤ 102#产品完工 40 件按定额成本转出，102#产品定额单位成本为：直接材料 1 000 元，直接人工 75 元，制造费用 25 元。

(三) 分批法的成本核算程序

1. 设置成本核算单

在成本核算的分批法下应按产品的投产批别分别设置成本核算单(参见表 5.27～表 5.29)。

2. 分配各项费用要素

根据资料，编制费用分配表来分配各费用要素，编制会计分录如下：

(1) 编制原材料费用分配表，见表 5.26。

表 5.26 原材料费用分配表

2016 年 9 月

应借账户		成本项目	计划成本	材料差异额	材料实际成本
生产成本——基本生产成本	101#产品	直接材料	150 000	−3 000	147 000
	102#产品	直接材料	160 000	−3 200	156 800
	103#产品	直接材料	250 000	−5 000	245 000
小计			560 000	−11 200	548 800
制造费用	机物料消耗	材料费	8 000	−160	7 840
合计			568 000	−11 360	556 640

根据原材料分配表，编制会计分录：

借：生产成本——基本生产成本——101#产品　　150 000
　　　　　　　　　　　　　　——102#产品　　160 000
　　　　　　　　　　　　　　——103#产品　　250 000
　　制造费用——基本生产车间　　8 000
　　贷：原材料　　568 000

借：生产成本——基本生产成本——101#产品　　3 000
　　　　　　　　　　　　　　——102#产品　　3 200
　　　　　　　　　　　　　　——103#产品　　5 000
　　制造费用——基本生产车间　　160
　　贷：材料成本差异　　11 360

(2) 编制工资及职工社保等费用分配表，见表 5.27。

表 5.27 工资及职工社保等费用分配表

2016 年 9 月

应借账户		工资					社保等费(36%)	合计
		生产工人			车间管理人员	合计		
		生产工时	分配率	分配金额				
生产成本——基本生产成本	101#产品	16 000		6 272		6 272	2 257.92	8 529.92
	102#产品	22 000		8 624		8 624	3 104.64	11 728.64
	103#产品	12 000		4 704		4 704	1 693.44	6 397.44
	小计	50 000	0.392	19 600		19 600	7 056	26 656
制造费用					2 100	2 100	756	2 856
合计				19 600	2 100	21 700	7 812	29 512

根据工资分配表，编制会计分录：

借：生产成本——基本生产成本——101# 产品　　6 272
　　　　　　　　　　　　　　——102# 产品　　8 624
　　　　　　　　　　　　　　——103# 产品　　4 704
　　制造费用——基本生产车间　　2 100

贷：应付职工薪酬——工资　　21 700

借：生产成本——基本生产成本——101# 产品　　2 257.92

——102# 产品　　3 104.64

——103# 产品　　1 693.44

制造费用——基本生产车间　　756

贷：应付职工薪酬——社保费　　7 812

(3) 折旧费、水电费及其他费用的核算。

① 支付本月的水电费：

借：制造费用——基本生产车间　　2 400

贷：银行存款　　2 400

② 提取固定资产折旧费：

借：制造费用——基本生产车间　　3 800

贷：累计折旧　　3 800

③ 本月发生的其他费用：

借：制造费用——基本生产车间　　250

贷：银行存款　　250

3. 归集和分配制造费用

归集和分配基本生产车间的制造费用见表 5.28、表 5.29。

表 5.28　制造费用明细账

2016 年		摘　要	材料费	工资	社保费	水电费	折旧费	其他	合计
月	日								
9	30	消耗材料	8 000						8 000
	30	结转成本差异	[160]						[160]
	30	结算工资		2 100					2 100
	30	计提社保等费用			756				756
	30	支付水电费				2 400			2 400
	30	计提折旧					3 800		3 800
	30	其他费用						250	250
	30	本月合计	7 840	2 100	756	2 400	3 800	250	17 146
	30	分配转出	[7 840]	[2 100]	[756]	[2 400]	[3 800]	[250]	[17 146]

表 5.29　各产品制造费用分配表

2016 年 9 月

应借账户		成本项目	生产工时	分配率	应分配金额
基本生产成本	101#产品	制造费用	16 000		5 486.72
	102#产品	制造费用	22 000		7 544.24
	103#产品	制造费用	12 000		4 115.04
合　计			50 000	0.34292	17 146

根据制造费用分配表，编制会计分录：

借：生产成本——基本生产成本——101# 产品　5 486.72
　　　　　　　　　　　　　　——102# 产品　7 544.24
　　　　　　　　　　　　　　——103# 产品　4 115.04
　贷：制造费用——基本生产车间　17 146

4. 计算并结转完工产品成本

计算并结转完工产品成本见表 5.30～表 5.32。

表 5.30　甲产品基本生产成本明细账

批号：101#　　开工日期：8 月 1 日

产品名称：甲产品　　批量：100 件　　完工：100 件　　完工日期：9 月 30 日

2016 年		凭证		摘　要	直接材料	直接人工	制造费用	合计
月	日	种类	号数					
8	30			月末在产品成本	2 000	1 000	1 500	4 500
9	30			材料分配表	147 000			147 000
	30			工资及社保费分配表		8 529.92		8 529.92
	30		略	制造费用分配表			5 025.92	5 025.92
	30			本月生产费用合计	147 000	8 529.92	5 025.92	160 555.84
	30			生产费用累计	149 000	9 529.92	6 525.92	165 055.84
	30			结转完工产品成本	149 000	9 529.92	6 525.92	165 055.84
	30			单位成本	1 490	95.30	65.26	1 650.56

表 5.31　乙产品基本生产成本明细账

批号：102#　　开工日期：9 月 10 日

产品名称：乙产品　　批量：150 件　　完工：40 件　　完工日期：

2016 年		凭证		摘　要	直接材料	直接人工	制造费用	合　计
月	日	种类	号数					
9	30			材料分配表	156 800			156 800
	30			工资及社保费分配表		11 728.64		11 728.64
	30		略	制造费用分配表			6 910.64	6 910.64
	30			合计	156 800	11 728.64	6 910.64	175 439.28
	30			结转完工产品成本	40 000	3 000	1 000	44 000
	30			月末在产品成本	116 800	8 728.64	5 910.64	131 439.28

备注：完工产品成本采用定额成本法计算，其中，直接材料 40 × 1 000 = 40 000；直接人工 40 × 75 = 3 000；制造费用 40 × 25 = 1 000。

表 5.32 丙产品基本生产成本明细账

批号：103# 开工日期：9 月 15 日

产品名称：丙产品 批量：200 件 完工： 完工日期：

2016 年		凭证		摘　　要	直接材料	直接人工	制造费用	合计
月	日	种类	号数					
9	30			材料分配表	245 000			245 000
	30			工资及社保费分配表		6 397.44		6 397.44
	30			制造费用分配表			3 769.44	3 769.44
	30			合计	245 000	6 397.44	3 769.44	255 166.88

根据成本核算单编制结转 101#、102#完工产品成本的会计分录：

借：库存商品——101#产品　　165 055.84

　　　　　　——102#产品　　44 000

　贷：生产成本——基本生产成本——101# 产品　　165 055.84

　　　　　　　　　　　　　　——102# 产品　　44 000

课堂练习 5-2

1. 目的：练习分批法的计算。
2. 资料：下面是某厂 2017 年 6 月有关成本核算的资料。

(1) 生产情况见表 5.33。

表 5.33 生 产 情 况

产品名称	定单批号	计划产量	投产日期	6 月份实际完工产量	6 月月末在产品
甲产品	101	150 件	5 月投产	150 件	
乙产品	102	100 件	6 月投产	70 件	30 件

乙产品在产品的完工程度为 50%，原材料系一次投料。

(2) 5 月份 101 批号产品成本核算单记录见表 5.34。

表 5.34 5 月份 101 批号产品成本核算单记录

摘　　要	直接材料	直接人工	制造费用	合计
5 月份费用发生额	15 000	1 000	800	16 800

(3) 本月(6 月)各项费用归集与分配记录见表 5.35。

表 5.35 本月各项费用归集与分配记录

项　　目	直接材料	直接人工	制造费用
甲产品	3 000		
乙产品	5 000		
合计	8 000	2 500	3 500

(4) 6 月份工时记录：101 批号产品 250 工时，102 批号产品 500 工时。

3. 要求：绘制 101 批号、102 批号产品成本核算单。(乙产品月末生产费用在完工产品与在产品之间分配采用约当产量法，直接人工和制造费用分配采用生产工时分配法。)

三、简化分批法

(一) 简化分批法的含义

有的单件小批生产企业，同一月份内投产的产品批数非常多，如果采用前述分批法计算各批产品成本，各种间接计入成本的费用在各批产品之间的分配和登记工作极为繁重。在这种情况下，可以将间接计入费用在各批产品之间的分配和在完工产品与在产品之间的分配结合起来，采用简化分批法处理。简化分批法是指通过对间接费用采用累计分配率进行分配，以减少成本核算工作量的分批法，即将每月发生的人工费用和制造费用等间接费用，不再按月于各批产品之间进行分配，而是将这些间接费用累计起来，等某批产品完工时，根据完工产品工时占累计总工时的比例，确认完工产品应负担的间接费用，据以计算完工批次的产品成本，所以这种方法被称为“累计间接费用分配法”。由于简化分批法在月末未完工产品的批别之间不再分配间接费用，因此，也被称为“不分批计算在产品成本的分批法”。

简化分批法适用于投产批次较多，而每月完工批次较少的企业。

(二) 简化分批法的特点

1. 必须设置生产成本二级账

采用简化分批法，仍应按照产品批别设置产品的基本生产成本明细账；同时，必须按车间设置基本生产成本二级账。基本生产成本明细账平时只登记直接计入的该批产品原材料费用和生产工时，基本生产成本二级账则是归集车间投产的所有批次产品的各项费用和累计的全部生产工时。只有在有完工产品的那个月份，才将基本生产成本二级账中累计起来的费用，按照本月完工产品工时占全部累计工时的比例，向本月完工产品分配；未完工产品的间接计入费用，保留在基本生产成本二级账中。本月完工产品从基本生产成本二级账分配转入的间接计入费用，加上基本生产成本明细账原登记的直接计入费用，即为本月完工产品总成本。

2. 不分批次计算月末在产品成本

将本月完工产品应负担的间接计入费用转入各完工产品基本生产成本明细账后，基本生产成本二级账反映全部批次月末在产品的成本。各批次未完工产品的基本生产成本明细账只反映累计直接计入费用和累计工时，不反映各批次月末在产品成本。月末，基本生产成本二级账与产品基本生产成本明细账只能核对直接计入费用，不能核对全部余额。

3. 通过计算累计费用分配率来分配间接计入费用

简化分批法将间接计入费用在各批次产品之间的分配和在本月完工产品与月末在产品(全部批次)之间的分配一次完成，大大简化了成本核算工作。间接计入费用的分配，是利用计算出的累计间接计入费用分配率进行的。其计算公式如下：

$$\text{全部产品某项累计间接费用分配率}=\frac{\text{期初结存该项全部产品间接费用}+\text{本月发生该项全部产品间接费用}}{\text{期初结存全部在产品累计工时}+\text{本月发生全部工时数}}$$

$$\text{某批完工产品应负担某项间接计入费用}=\text{该批完工产品累计生产工时}\times\text{全部产品该项累计间接费用分配率}$$

(三) 简化分批法的计算程序

1. 按产品批别设立基本生产成本明细账和基本生产成本二级账

采用简化分批法计算产品成本，应按产品批别设置基本生产成本明细账，同时开设基本生产成本二级账，归集所有批别的全部费用。产品完工前，基本生产成本明细账中只登记该批产品的直接材料费用以及生产工时，只有在该批产品完工时，才通过累计间接费用分配率计算分配该批产品应负担的人工费用和制造费用，并在完工批次产品的基本生产成本明细账中进行登记，计算出该批完工产品的成本。基本生产成本二级账平时只要登记全部产品的生产费用和全部产品耗用的工时。在有完工产品的月份，依据该账户记录的全部间接费用和全部生产工时计算累计间接费用分配率，确认各批完工产品应负担的人工费用和制造费用，并分配计入各完工批次产品的基本生产成本明细账。

2. 登记各批别产品发生的生产费用和生产工时

对各批别产品发生的直接费用和生产工时，平行计入各该批别产品的基本生产成本明细账和基本生产成本二级账。

对各批别产品共同发生的间接费用，应根据费用分配表计入基本生产成本二级账，不必分配计入各批产品的基本生产成本明细账。

3. 计算完工产品成本

某批产品当月完工，要根据基本生产成本二级账中的累计间接费用和累计总工时，计算各项累计间接费用分配率，并据以计算该批完工产品应负担的间接费用。该批产品的直接费用加上分配的间接费用，即为该批完工产品的总成本。

四、简化的分批法举例

(一) 企业基本情况

光明工厂属于小批生产类型企业，产品种类和批次都比较多，生产周期较长，每月末经常有大量未完工的产品批数。为了简化成本核算，按累计费用分配率分配间接费用，即采用简化分批法计算产品成本。

(二) 成本核算的有关资料

光明工厂 2016 年 8 月各批产品生产成本的有关资料如下：

(1) 8 月份生产批号。

① 120批号：甲产品8件，7月投产，8月全部完工。

② 121批号：乙产品10件，7月投产，8月完工4件。

③ 122批号：丙产品5件，8月投产，尚未完工。

④ 123批号：丁产品15件，8月投产，尚未完工。

⑤ 124批号：戊产品12件，8月投产，尚未完工。

(2) 各批号在生产开始时一次投入的原材料费用和生产工时。

① 120批号：7月份原材料费用5 000元，生产工时2 000小时；8月份原材料费用10 000元，生产工时5 000小时。

② 121批号：7月份原材料费用2 000元，生产工时1 800小时；8月份原材料费用20 000元，生产工时22 500小时。

③ 122批号：原材料费用5 000元，生产工时3 200小时。

④ 123批号：原材料费用2 500元，生产工时3 000小时。

⑤ 124批号：原材料费用3 500元，生产工时2 500小时。

(3) 7月末，该厂全部产品累计发生原材料费用7 000元，工时3 800小时，直接人工10 000元，制造费用15 000元。

8月末，该厂全部产品累计发生原材料费用41 000元，工时36 200小时，直接人工20 000元，制造费用35 000 元。

(4) 此外，期末完工产品工时总额为23 000小时，其中：120批号的甲产品全部完工，采用实际工时确定，该批产品全部实际生产工时为7 000小时；121批号的乙产品部分完工，采用工时定额计算确定，已完工产品的生产工时为15 000小时。

(三) 成本核算的程序

根据上述资料，登记基本生产成本二级账和各批产品成本明细账，计算和登记累计间接计入费用分配率，并计算各批完工产品成本，见表5.36～表5.41。

表5.36　基本生产成本二级账

2016年　　金额单位：元

2016年		摘　要	直接材料	生产工时	直接人工	制造费用	合计
月	日						
7	31	月末在产品成本	7 000	3 800	10 000	15 000	32 000
8	31	本月发生	41 000	36 200	20 000	35 000	96 000
		本月累计	48 000	40 000	30 000	50 000	128 000
	31	分配率			0.75	1.25	
	31	完工转出	23 800	22 000	16 500	27 500	67 800
	31	月末在产品	24 200	18 000	13 500	22 500	60 200

注：表中分配率的计算方法为直接人工分配率 = 30 000 ÷ 40 000 = 0.75；制造费用分配率 = 50 000 ÷ 40 000 = 1.25。

表 5.37　120#基本生产成本明细账

批号：120#　　品名：甲产品

完工产量：8 件 (7 月投产，8 月全部完工)　　金额单位：元

2016 年		摘　要	直接材料	生产工时	直接人工	制造费用	合计
月	日						
7	31	本月累计	5 000	2 000			
8	31	本月发生	10 000	5 000			
	31	合计	15 000	7 000			
	31	分配率			0.75	1.25	
	31	分配费用			5 250	8 750	14 000
	31	完工转出	15 000	7 000	5 250	8 750	29 000

表 5.38　121#基本生产成本明细账

批号：121#　　品名：乙产品

完工产量：10 件 (7 月投产，8 月完工 4 件)　　金额单位：元

2016 年		摘　要	直接材料	生产工时	直接人工	制造费用	合计
月	日						
7	31	本月累计	2 000	1 800			
8	31	本月发生	20 000	22 500			
	31	合计	22 000	24 300			
	31	分配率			0.75	1.25	
	31	完工分配费用		15 000	11 250	18 750	
	31	完工转出	8 800	15 000	11 250	18 750	38 800
	31	月末在产品	13 200	9 300			

注：表中的直接材料，采用约当产量法进行分配，完工转出的成本 = (22 000 ÷ 10) × 4 = 8 800 (元)。

表 5.39　122#基本生产成本明细账

批号：122#　　品名：丙产品

完工产量：5 件(8 月投产，尚未完工)　　金额单位：元

2016 年		摘　要	直接材料	生产工时	直接人工	制造费用	合计
月	日						
8	31	本月累计	5 000	3 200			

表 5.40　123#基本生产成本明细账

批号：123#　　品名：丁产品

完工产量：15 件(8 月投产，尚未完工)　　金额单位：元

2016 年		摘　要	直接材料	生产工时	直接人工	制造费用	合计
月	日						
8	31	本月累计	2 500	3 000			

表 5.41　124#基本生产成本明细账

批号：124#　　品名：戊产品

完工产量：12 件(8 月投产，尚未完工)　　金额单位：元

2016 年		摘　要	直接材料	生产工时	直接人工	制造费用	合计
月	日						
8	31	本月累计	3 500	2 500			

课堂练习 5-3

1. 目的：练习简化分批法的应用。

2. 资料：某企业本月生产 201 批号的产品，成本核算采用简化分批法。下面介绍其相关资料。

(1) “基本生产成本”二级账记录：本月累计产品生产费用 150 000 元，其中，直接材料为 100 000 元，直接人工为 20 000 元，制造费用为 30 000 元，本月累计工时 30 000 元。

(2) 201 批号成本核算：本月累计直接材料 40 000 元，工时 6 000 小时。

(3) 201 批号本月完工 4 件，6 件尚未完工，原材料在生产开始时一次投入，月末在产品的定额工时共计 3480 工时。

3. 要求：编制 201 批号产品成本核算单，并计算该批产品的完工产品成本和月末在产品成本(采用间接费用累计分配法进行间接费用的分配)。

第四节　分　步　法

一、分步法的概述

(一) 分步法

产品成本核算的分步法，是指以产品的品种及所经生产步骤作为成本核算对象来归集

生产费用、计算产品生产成本的方法。

采用分步法计算产品成本时，由于不同企业对于生产步骤成本管理有不同要求，出于简化成本核算工作的考虑，按照产品生产步骤来归集费用、计算产品成本时，各个生产步骤成本的计算和结转有逐步结转与平行结转两种不同方法，产品成本核算的分步法也就分为逐步结转分步法和平行结转分步法两种。

1. 逐步结转分步法

逐步结转分步法是按照生产步骤逐步计算并结转半成品成本，直到最后步骤计算出产成品成本的方法。计算各生产步骤所产半成品成本，是逐步结转分步法的显著特征。因此，逐步结转分步法也称作计算半成品成本的分步法。

2. 平行结转分步法

平行结转分步法是将各生产步骤应计入相同产成品成本的份额平行汇总，以求得产成品成本的方法。平行结转分步法按照生产步骤归集费用，但只计算完工产成品在各生产步骤的成本“份额”，不计算和结转各生产步骤的半成品成本。因此，平行结转分步法也称作不计算半成品成本的分步法。

(二) 分步法的适用范围

分步法主要适用于大量大批生产组织形式的多步骤生产，包括冶金、纺织、造纸和机械制造等。在这类企业中，产品生产可以划分为若干生产步骤。例如，冶金企业的生产可以分为炼铁、炼钢等生产步骤；纺织企业的生产可以分为纺纱、织布、印染等生产步骤；造纸企业的生产可以分为制浆、制纸等生产步骤；机械制造企业的生产可以分为铸造、加工、装配等生产步骤。在这些企业中，为了加强各生产步骤的成本管理，不仅要求按照产品的品种计算各种产成品的实际总成本和单位成本，而且还要求按照生产步骤归集生产费用，计算各生产步骤的成本，以便考核产成品及其所经生产步骤成本计划的执行情况。

(三) 平行结转分步法的适用范围

平行结转分步法，主要适用于在成本管理上要求分步骤归集费用，但不要求计算半成品成本的企业，特别是没有半成品对外销售的大量大批装配式多步骤生产企业。在这些企业中，从原材料投入生产到产成品制成，是先由各生产步骤对各种原材料平行地进行加工，使之成为各种零件和部件(半成品)，然后由总装车间(最后生产步骤)装配成各种产成品。如果各生产步骤所产半成品的种类比较多，半成品对外销售的情况也很少，为了简化和加速成本核算工作，可以采用平行结转分步法。在某些连续式多步骤生产企业，如果各生产步骤所产半成品仅供本企业下一步骤继续加工，不准备对外出售，也可以采用平行结转分步法。

(四) 分步法的特点

1. 以产品品种及生产步骤作为成本核算对象

分步法的成本核算对象是产品品种及所经生产步骤，但逐步结转分步法和平行结转分步法略有区别。

逐步结转分步法是计算半成品成本的分步法，其成本核算对象是产成品及其所经生产步骤的半成品。各个生产步骤需要计算出半成品成本，并随着半成品实物的转移进行半成品成本的结转，直到最后步骤，计算出最终产品成本。

平行结转分步法是不计算半产品成本的分步法，其成本核算对象是产成品及其所经生产步骤。各个生产步骤只归集本步骤发生的生产费用，只计算和结转最终产成品在本生产步骤的成本份额，虽然半成品发生实物转移，但不计算也不结转半成品成本。

采用分步法计算产品成本时，应当按照产品的生产步骤设立产品生产成本明细账(产品成本核算单)。如果只生产一种产品，成本核算对象就是该种产成品及其所经生产步骤，产品生产成本明细账应当按照生产步骤开立；如果生产多种产品，成本核算对象则是各种产品成本及其所经生产步骤，产品生产成本明细账应当按照生产步骤分产品品种开立。

企业各种产品发生的直接材料费用、直接人工费用和其他直接费用，凡能直接计入各成本核算对象的，应当直接计入按成本核算对象设立的产品生产成本明细账；不能直接计入各成本核算对象的，应当先按生产步骤归集，月末再按一定的标准分配计入各成本核算对象的产品生产成本明细账。企业发生的制造费用，应当先按生产单位(车间、分厂)归集，月末再直接计入或者分配计入各成本核算对象的产品生产成本明细账。

应当指出，分步法中作为成本核算对象的生产步骤，是按照企业成本管理要求来划分的。它与产品的实际生产步骤(加工步骤)可能一致，也可能不一致。在大量大批多步骤生产企业中，生产单位(厂、车间)一般是按照生产步骤设立的，为了加强生产单位的成本管理，也要求按照生产单位来归集生产费用，计算产品成本。

因此，分步骤计算成本一般也就是分生产单位计算成本。但是，当一个生产单位的规模比较大，生产单位内包含几个生产步骤，而企业成本管理上又要求在生产单位内部再分生产步骤计算成本时，成本核算对象中的生产步骤就不应当是生产单位，而应当是生产单位内部的生产步骤。此外，为了简化成本核算，按照企业成本管理的要求，也可以将几个生产步骤或几个生产车间合并为一个成本核算对象(成本核算的一个步骤)来归集生产费用，计算生产步骤的成本。因此，采用分步法计算产品成本，应当根据企业生产特点和成本管理的要求，本着既要加强成本管理，又要简化成本核算的原则，合理确定作为成本核算对象的生产步骤。

2. 成本核算定期按月进行

分步法以产品品种及其所经生产步骤作为成本核算对象，企业生产组织通常是大量大批生产，因此，成本核算期与产品生产周期无法一致，而是与会计报告期一致，即定期按月计算产品成本。

3. 在本月完工产品与月末在产品之间分配生产费用

由于分步法的成本核算期与生产周期不一致，在大量大批多步骤生产企业，月末通常又有在产品，因此，分步法月末计算产品成本时，通常需要将已计入产品生产成本明细账的生产费用合计数在本月完工产品与月末在产品之间进行分配，即需要正确计算各生产步骤的月末在产品成本。

逐步结转分步法和平行结转分步法在成本核算对象上有所差异，生产费用在完工产品与在产品之间的分配上也有所不同。

逐步结转分步法的成本核算对象是产成品及其所经生产步骤的半成品，各生产步骤都需要计算所产半成品成本。半成品成本随半成品实物的转移而结转，直到最后生产步骤计算出完工产成品成本。因此，月末各生产步骤将生产费用在本月完工产品与月末在产品之间进行分配时，生产费用是本步骤发生的费用加上上步骤转入的半成品成本。本月完工产品是指本生产步骤已经完工的半成品(最后生产步骤为产成品)；月末在产品是指本生产步骤正在加工尚未完工的在制品，即狭义的在产品。

平行结转分步法的成本核算对象是产成品及其所经过的生产步骤，各生产步骤只归集本步骤发生的费用，不计算半成品成本。半成品的实物已经转移，但半成品的成本不结转。因此，月末各生产步骤将生产费用在本月完工产品与月末在产品之间进行分配时，生产费用仅指本步骤发生的费用，不包括上步转入的费用。本月完工产品是指企业最终完工的产成品；月末在产品是指广义的在产品，既包括本步骤正在加工的在制品(狭义在产品)，又包括本步骤已经加工完成，并转入以后各生产步骤，但尚未最终制成产成品的半成品。平行结转分步法的本月完工产成品成本，是通过对各生产步骤本月应计入相同产成品成本的“份额”平行汇总来求得的。

二、逐步结转分步法

(一) 逐步结转分步法概述

1. 逐步结转分步法的适用范围

逐步结转分步法是按照生产步骤逐步计算并结转半成品成本，直到最后步骤计算出产成品成本的方法。其主要适用于半成品可以加工为不同产品或者有半成品对外销售和需要考核半成品成本的企业，特别是大量大批连续式多步骤生产企业。

在这些企业中，从原材料投入生产到产成品制成，中间要顺序经过若干个生产步骤，前面各个生产步骤所生产的都是半成品，只有在最后生产步骤完工的才是产成品。各生产步骤所产半成品，既可以转交给下一生产步骤继续加工，耗用在不同产品上，又可以作为商品对外出售。例如，纺织企业生产的棉纱，既可以为本企业自用，继续加工成各种成品布，又可以作为商品，直接对外出售。在这种情况下，为了计算产品销售成本，除了需要计算各种产成品成本外，还必须计算各生产步骤所产半成品成本。有的企业自制半成品不一定对外销售，但为了考核半成品成本，也需要计算半成品成本。

2. 逐步结转分步法的成本核算程序

采用逐步结转分步法，其成本核算程序是：计算第一步骤所产半成品成本，并将其转入第二步骤；将第二步骤发生的各种费用，加上第一步骤转入的半成品成本，计算出第二步骤所产半成品成本，并将其转入第三步骤；按照生产步骤逐步计算并且结转半成品成本以后，在最后步骤计算出完工产成品成本。在设有半成品仓库的企业，还应当在半成品仓库和有关生产步骤(生产半成品和领用半成品的生产步骤)之间，随着半成品实物的收入(生产完工验收入库)和发出(生产领用)，进行半成品成本的结转。逐步结转分步法的成本核算程序见图 5.1。

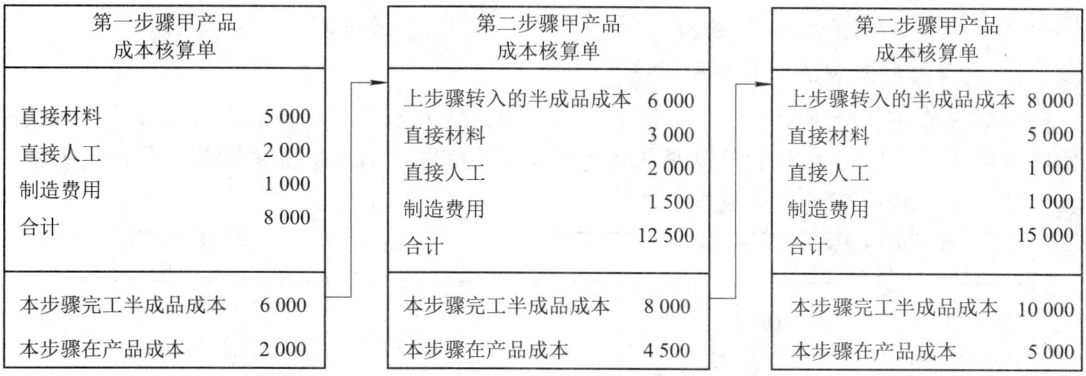

图 5.1　逐步结转分步法的成本核算程序图(不设自制半成品库)

从图 5.1 所示成本核算程序可以看到，三个生产步骤各自的成本核算方法与品种法是相同的。因此，也有人认为逐步结转分步法就是品种法的多次连续应用。在采用品种法计算上一步骤的半成品成本以后，按照下一步骤耗用数量转入下一步骤产品成本明细账；下一步骤再次按照品种法的原理归集本步骤发生费用和所耗上步骤半成品成本，计算出本步骤所产半成品成本，同样按照再下一步骤的耗用数量转入再下一步骤产品成本明细账；如此逐步结转，直至最后一个步骤，计算出产成品成本。

由于采用逐步法计算各步骤产品成本时，上一步骤所产半成品的成本，要随着半成品实物的转移，从上一个步骤的成本核算单转入下一步骤相同产品成本核算单中，因而其计算程序要受半成品实物流转程序制约。半成品实物的流转程序有两种，即不通过仓库收发和通过仓库收发。

(1) 半成品不通过仓库收发。

在这种情况下，逐步结转分步法的产品成本核算程序是：首先计算第一步骤半成品成本，然后随半成品实物转移，将其成本转入第二步骤产品成本明细账，再加上第二步骤所发生的费用，计算第二步骤半成品成本，依次逐步累计结转，直到最后步骤计算出产成品成本为止。

(2) 半成品通过仓库收发。

在这种情况下，成本核算的基本步骤与上述半成品不通过仓库收发基本相同，唯一的差别是：在各步骤设立“自制半成品明细账”核算各步骤半成品的收、发、存情况。具体程序如图 5.2 所示。

3. 半成品成本结转的方式

采用逐步结转分步法，各生产步骤之间半成品成本的结转，按照半成品成本在下一生产步骤产品生产成本明细账中反映方法的不同，分为逐步结转分步法的综合结转法和逐步结转分步法的分项结转法两种。

1) 逐步结转分步法的综合结转法

半成品成本的综合结转法，是将上一生产步骤转入下一生产步骤的半成品成本，不分成本项目，全部计入下一生产步骤产品生产成本明细账中的“直接材料”成本项目或专设的“半成品”成本项目，综合反映各步骤所耗上一步骤所产半成品成本。半成品成本的综合结转可以按照上一步骤所产半成品的实际成本结转，也可以按照企业确定的半成品计划成本或定额成本结转。

2) 逐步结转分步法的分项结转法

半成品成本的分项结转法，是将上一生产步骤转入本生产步骤的半成品成本，按其原始成本项目，分别计入本生产步骤产品生产成本明细账中对应的成本项目，分项反映各步骤所耗上一步骤所产半成品成本。

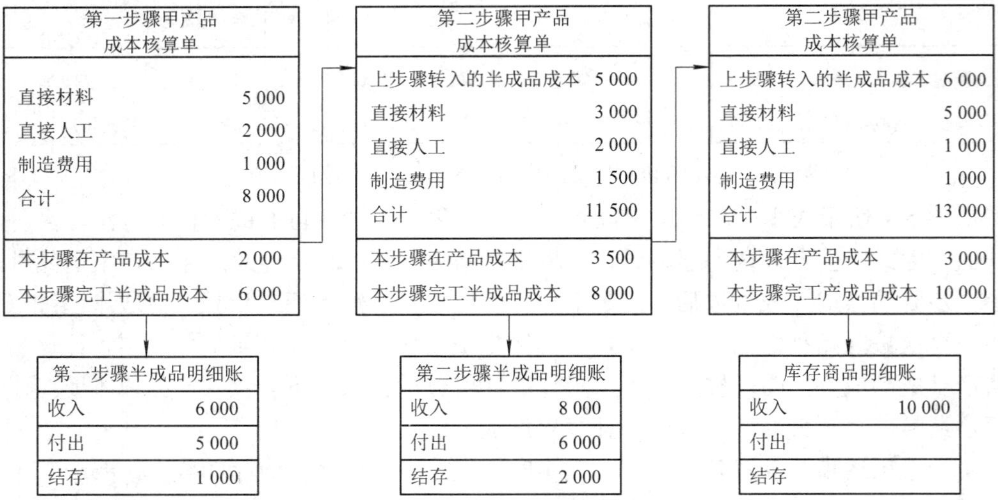

图 5.2　逐步结转分步法成本核算程序图(设自制半成品库)

(二) 逐步结转分步法的综合结转法

1. 按实际成本综合结转法

按实际成本综合结转半成品成本时，对所耗上一步骤的半成品成本，应根据所耗半成品数量乘以实际单位成本核算。

如果半成品不通过仓库收发，而是直接从上一步骤转入下一步骤加工，则下一步骤所耗上一步骤半成品成本直接按上一步骤本月完工半成品的实际成本数额转入。

如果半成品通过仓库收发，当下一步骤到自制半成品仓库领用上一步骤的完工半成品时，由于各月入库半成品的单位成本不完全相同，应采用先进先出法或加权平均法等方法计算其所领用的上一步骤的完工半成品成本。

[例 5-1]　南方公司生产的甲产品经过三个基本生产车间连续加工制成，第一车间生产完工的 A 半成品，不经过仓库收发，直接转入第二车间加工制成 B 半成品，B 半成品通过仓库收发入库，三车间向半成品仓库领用 B 半成品继续加工成甲产品。其中，1 件甲产品耗用 1 件 B 半成品，1 件 B 半成品耗用 1 件 A 半成品。

生产甲产品所需的原材料于第一车间生产开始时一次投入，第二、三车间不再投入材料。此外，该公司由于生产比较均衡，各基本生产车间的月末在产品完工率均为 50%。

各车间的生产费用在完工产品和在产品之间的分配，采用约当产量法。三车间领用的 B 半成品成本结转，采用加权平均法进行半成品的单位成本计算。月初 B 半成品数量 20 件，单位成本 195 元，共计 3 900 元。

2016 年 9 月生产甲产品的有关成本核算资料如下：

(1) 本月各车间产量资料见表 5.42。

表 5.42　各车间产量资料表

单位：件

摘　　要	第一车间	第二车间	第三车间
月初在产品数量	50	20	40
本月投产数量或上步转入	150	160	80
本月完工产品数量	160	100	100
月末在产品数量	40	80	20

(2) 各车间月初及本月费用资料见表 5.43。

表 5.43　各车间月初及本月费用表

金额单位：元

摘　　要		直接材料	半成品	直接人工	制造费用	合计
第一车间	月初在产品成本	2 000		200	100	2 300
	本月的生产费用	18 000		2 000	2 500	22 500
第二车间	月初在产品成本		5 000	400	200	5 600
	本月的生产费用			3 500	4 500	8 000
第三车间	月初在产品成本		6 000	300	200	6 500
	本月的生产费用			4 500	2 500	7 000

问题：根据上述资料，编制各步骤成本核算单，采用综合结转法计算各步骤半成品成本及产成品成本。

解：计算过程如下

(1) 编制第一车间的成本核算单，计算第一车间的 A 半成品的实际生产成本，见表 5.44。

表 5.44　A 半成品产品成本核算单

产品名称：A 半成品　　　　车间：第一车间　　　　金额单位：元

摘　　要	直接材料	直接人工	制造费用	合计
月初在产品成本	2 000	200	100	2 300
本月发生的生产费用	18 000	2 000	2 500	22 500
生产费用合计	20 000	2 200	2 600	24 800
在产品的数量	40	40	40	
在产品的约当产量	40	20	20	
完工 A 半成品的数量	160	160	160	
约当总产量	200	180	180	
分配率(单位成本)	100	12.22	14.44	126.66
完工的 A 半成品的生产成本	16 000	1 955.20	2 310.40	20 265.60
月末在产品成本	4 000	244.80	289.60	4 534.40

注：直接材料的约当产量合计 = 160 + 40 = 200(件)；直接人工、制造费用的约当产量合计 = 160 + 40 × 50% = 180(件)。

根据计算结果编制相应的会计分录：

借：生产成本——基本生产成本——第二车间　　20 265.60

　　贷：生产成本——基本生产成本——第一车间　　20 265.60

(2) 编制第二车间的成本核算单，计算第二车间的 B 半成品的实际成本，见表 5.45。

表 5.45　B 半成品产品成本核算单

产品名称：B 半成品　　车间：第二车间　　金额单位：元

摘　　要	半成品	直接人工	制造费用	合计
月初在产品成本	5 000	400	200	5 600
本月发生的生产费用	20 265.60	3 500	4 500	28 265.60
生产费用合计	25 265.60	3 900	4 700	33 865.60
在产品的数量	80	80	80	
在产品的约当产量	80	40	40	
完工 B 半成品的数量	100	100	100	
约当总产量	180	140	140	
单位成本(分配率)	140.36	27.86	33.57	201.79
完工的 B 半成品的生产成本	14 036	2 786	3 357	20 179
月末在产品成本	11 229.60	1 114	1 343	13 686.60

注：自制半成品的约当产量 = 100 + 80 = 180(件)；直接人工、制造费用的约当产量 = 100 + 80 × 50% = 140(件)

根据表 5.45 的计算结果，通过仓库收发的半成品，应编制结转完工入库半成品成本的会计分录，并在半成品明细账中进行登记。

结转完工入库半成品成本的会计分录如下：

借：自制半成品——B 半成品　　20 79

　　贷：生产成本——基本生产成本——第二车间(B 半成品)　　20 179

(3) 登记 B 半成品明细账并计算第三车间领用 B 半成品的实际成本，见表 5.46。该企业采用加权平均法计算领用 B 半成品成本。

表 5.46　自制半成品明细账(加权平均法)

品名：B 半成品　　2016 年

2016 年		凭证	摘要	收　　入			发　　出			结　　存		
月	日			数量	单价	金额	数量	单价	金额	数量	单价	金额
8	31		合计							20	195	3 900
9	30	略	入库	100	201.79	20 179				120	200.66	24 079
	30		出库				80	200.66	16 052.8	40	200.66	8 026.2
	30		合计	100	201.79	20 179	80	200.66	16 052.8	40	200.66	8 026.2

由于采用加权平均法进行发出半成品的计价，第三车间本月领用 80 件 B 半成品，单位成本为 200.66 元，共计 16 052.8 元。根据自制半成品明细账关于三车间领用 B 半成品成本的计算结果，编制第三车间领用 B 半成品的会计分录如下：

借：生产成本——基本生产成本——第三车间　　　　16 052.8

　　贷：自制半成品——B 半成品　　　　　　　　　　16 052.8

上述会计分录应计入自制半成品明细账(见表 5.46)和第三车间的成本核算单内(见表 5.47)。

(4) 编制第三车间的成本核算单，计算甲产品的生产成本，见表 5.47。

表 5.47　甲产品成本核算单

产品名称：甲产品　　　　　　　　车间：第三车间　　　　　　金额单位：元

摘　　要	半成品	直接人工	制造费用	合计
月初在产品成本	6 000	300	200	6 500
本月发生的生产费用	16 052.8	4 500	2 500	23 052.80
生产费用累计	22 052.8	48 000	2 700	29 552.80
在产品的数量	20	20	20	
在产品的约当产量	20	10	10	
完工甲产品的数量	100	100	100	
约当总产量	120	110	110	
单位成本(分配率)	183.77	43.64	24.55	251.96
完工甲产品的生产成本	18 377	4 364	2 455	25 196
月末在产品成本	3 675.80	436	245	4 356.80

注：自制半成品的约当产量 = 100 + 20 = 120(件)；直接人工、制造费用的约当产量 = 100 + 20 × 50% = 110(件)。

根据产品成本核算单和产成品的入库单，编制结转完工入库产品生产成本的会计分录：

借：库存商品——甲成品　　　　　　　　　　　　25 196

　　贷：生产成本——基本生产成本——三车间　　　　25 196

2. 按计划成本综合结转法

采用按计划成本综合结转法时，半成品的日常收、发均按计划单位成本核算，在半成品的实际成本算出以后，再计算出半成品成本差异率，调整半成品成本差异。具体说，上一步骤生产的半成品入半成品库时，在自制半成品的明细账中既反映其计划成本，也反映其实际成本；下一步骤领用半成品继续加工时，按计划成本计入下一步骤的基本生产成本明细账，同时在基本生产明细账中还要反映实际成本和成本差异。

[例 5-2] 沿用例 5-1 的资料，假定第二步骤的 B 半成品采用计划成本计价法(其余条件不变)，B 半成品的计划单位成本为 200 元，自制半成品明细账见表 5.48。问题同例 5-1。

表 5.48　自制半成品明细账

B 半成品　　　　单位计划成本：200 元

月份	月初余额			本月增加			累　计					本月减少		
	数量	计划成本	实际成本	数量	计划成本	实际成本	数量	计划成本	实际成本	成本差异	差异率	数量	计划成本	实际成本
8	20	4 000	3 900	100	20 000	20 179	120	24 000	24 079	79	0.3%	80	16 000	16 048
9	40	8 000	8 031											

解：由于采用计划发出半成品的计价，第三车间本月领用 80 件 B 半成品，单位计划成本 200 元，应承担的成本差异为 48 元，实际成本为 16 048 元。根据自制半成品明细账有关三车间领用 B 半成品成本的计算结果，编制第三车间领用 B 半成品的会计分录如下：

借：生产成本——基本生产成本——第三车间　　16 048

　贷：自制半成品——B 半成品　　1000

　　材料成本差异——自制半成品　　48

上述会计分录应计入自制半成品明细账(见表 5.48)和第三车间的成本核算单内(见表 5.49)。

表 5.49　产品成本核算单

产品名称：甲产品　　车间：第三车间　　金额单位：元

摘　要	半成品	直接人工	制造费用	合计
月初在产品成本	6 000	300	200	6 500
本月发生的生产费用	16 048	4 500	2 500	23 048
生产费用累计		48 000	2 700	
在产品的数量	20	20	20	
在产品的约当产量	20	10	10	
完工甲产品的数量	100	100	100	
约当总产量	120	110	110	
单位成本(分配率)	183.73	43.64	24.55	251.92
完工甲产品的生产成本	18 373	4 364	2 455	25 192
月末在产品成本	3 675	436	245	4 356

注：自制半成品的约当产量合计 = 100 + 20 = 120(件)；直接人工、制造费用的约当产量合计 = 100 + 20 × 50% = 110(件)。

课堂练习 5-4

1. 目的：练习逐步综合结转分步法的应用。

2. 资料：某厂分两个步骤连续式大量生产 A 产品，第一步骤生产 A 半成品并直接转入第二步骤，第二步骤将 A 半成品加工成 A 产品。原材料在生产开始时一次投入，本月份有关资料如下：

(1) 产量资料见表 5.50。

表 5.50　产 量 资 料

单位：件

项目＼步骤	第一步	第二步
月初在产品数量	100	300
本月完工数量	800	1 000
月末在产品数量	200	100
月末在产品的完工程度	50%	50%

(2) 生产费用资料见表 5.51。

表 5.51　生产费用资料

项目＼费用	月初费用		本月费用	
	第一步	第二步	第一步	第二步
直接材料	1 000		9 000	
半成品		5 400		
加工费	400	600	6 800	3 600
合计				

(3) 完工产品、半成品成本与期末在产品成本采用约当产量法分配。

3. 要求：按逐步综合结转分步法编制第一、第二步骤的产品成本核算单，计算完工 A 产品的总成本和单位成本。

3. 综合结转法的成本还原

1) 成本还原的意义

逐步结转分步法采用半成品成本综合结转方式时，上一生产步骤转入的自制半成品成本，综合登记在本步骤产品生产成本明细账中的“半成品（或直接材料)”成本项目。综合结转法虽然可以简化成本核算工作，但是在最后生产步骤计算出的产品成本中，除了本步骤发生的加工费用是按原始成本项目反映外，前面各步骤发生的各种费用都集中在“半成品”一个成本项目中。例如，表 5.47 计算出甲产品实际总成本为 25 196 元，表中的各个成本项目的数据，没能真实地反映出甲产品成本的原始构成情况。“半成品”的 18 377 元不是生产 100 件甲产品所耗的真正的材料成本，而是含着前面两个步骤的直接人工和制造费用的“综合性成本”；表 5.47 中“直接人工”4 364 元和“制造费用”2 455 元，也只是甲产品发生在第三个步骤的直接人工和制造费用。也就是说，由于半成品成本的综合结转不能提供完工产品按原始成本项目反映的成本资料，不利于从整个企业的角度来考核和分析产品成本的构成。为了能够从整个企业的角度来分析和考核产成品成本的构成，寻求降低产品成本的途径，必须对产成品成本中“自制半成品”项目的成本进行还原，以反映产成品成本原始构成的实际情况。

成本还原就是把本月产成品成本中所耗上一步骤半成品的综合成本，还原成直接材料、直接人工和制造费用等原始成本项目，从而取得按原始成本项目反映的产成品成本资料。

2) *成本还原的方法*

成本还原是按照反工艺顺序进行的，即从最后一个生产步骤开始，将其所耗用的上一生产步骤自制半成品的综合成本，按照上一生产步骤所产半成品的成本构成，分解还原为原来成本项目的成本，直到第一个生产步骤；然后，将各生产步骤相同成本项目的成本数额加以汇总，就可以求得成本还原以后产成品的实际总成本，即按原始成本项目反映的产成品实际总成本。这一实际总成本与成本还原前产成品的实际总成本一定是相等的。也就是说，成本还原恢复了产成品成本的原始构成情况，但不会增加或减少产成品的实际总成本。成本还原的具体方法，有项目比重还原法和成本还原分配率还原法。下面主要介绍成本还原分配率法。

成本还原分配率法是按照本月完工产品所耗上一步骤半成品费用占本月所产该种半成品总成本的比例(即成本还原分配率)进行成本还原。具体的计算程序如下：

① 计算成本还原分配率。

成本还原分配率，是本月产成品所耗上一步骤半成品费用与该步骤本月所产半成品成本的比率，其公式可表示为：

$$还原分配率=\frac{本月产成品所耗上一步骤半成品费用}{本月所产该种完工半成品成本合计}$$

② 计算半成品各成本项目还原值。

$$\begin{matrix}半成品某成本项目\\还原值\end{matrix}=\begin{matrix}上步骤完工半成品\\成本项目金额\end{matrix}\times\begin{matrix}还原\\分配率\end{matrix}$$

③ 计算产成品还原后各成本项目金额。

在成本还原的基础上，将各步骤还原前和还原后相同的成本项目金额相加，即可计算出产成品还原后各成本项目金额，从而取得按原始成本项目反映的产成品成本资料。成本还原一般是通过成本还原计算表进行的。

[例 5-3] 沿用例 5-1 的资料，根据上述相关资料编制的甲产品成本还原计算表如表 5.52 所示。计算甲产品还原后总成本和单位成本。

表 5.52 甲产品成本还原计算表

品名：甲产品　　　　产量：100 件

行次	项　目	还原分配率	B 半成品	A 半成品	直接材料	直接人工	制造费用	合计
1	还原前甲产品总成本		18 377			4 364	2 455	25 196
2	B 半成品成本			14 036		2 786	3 357	20 179
3	第一次成本还原	0.910 699	−18 377	12 782.57		2 537.21	3 057.22	0
4	A 半成品成本				16 000	1 955.20	2 310.40	20 265.60
5	第二次成本还原	0.630 752		−12 782.57	10 092.03	1 233.25	1 457.29	0
6	还原后甲产品总成本				10 092.03	8 134.46	6 969.51	25 196
7	甲产品单位产成本				100.92	81.34	69.7	251.96

① 第一次成本还原。

本月所产甲产品总成本中，所耗上一步骤(第二车间)所产 B 半成品的成本为 18 377 元，第二车间本月所产 B 半成品的总成本为 20 179 元，则第一次的 B 半成品成本还原分配计算如下：

$$第一次还原分配率=\frac{18\ 377}{20\ 179}=0.910\ 699$$

甲产品所耗 B 半成品直接材料项目还原后成本 = 14 036 × 0.910 699 = 12 782.57 (元)

甲产品所耗 B 半成品直接人工项目还原后成本 = 2 786 × 0.910 699 = 2 537.21 (元)

甲产品所耗 B 半成品制造费用项目还原后成本 = 3 357 × 0.910 699 = 3 057.22 (元)

甲产品所耗 B 半成品还原后成本合计：12 782.57 + 2 537.21 + 3 057.22 = 18 377 (元)

② 第二次成本还原。

用计算出的 A 半成品成本还原分配率，分别乘以第一车间本月所产 A 半成品成本中各成本项目的费用，就可以求得产成品成本中 A 半成品项目(12 782.57)还原以后的成本。

$$第二次还原分配率=\frac{12\ 782.57}{20\ 265.60}=0.630\ 752$$

B 半成品所耗 A 半成品直接材料项目还原后成本 = 16 000 × 0.630 752 = 10 092.03 (元)

B 半成品所耗 A 半成品直接人工项目还原后成本 = 1 955.20 × 0.630 752 = 1 233.25 (元)

B 半成品所耗 A 半成品制造费用项目还原后成本 = 2 310.40 × 0.630 752 = 1 457.29 (元)

B 半成品所耗还原后成本合计：10 092.03 + 1 233.25 + 1 457.29 = 12 782.57 (元)

③ 计算还原以后的总成本和单位成本。

将成本还原以前和还原以后相同成本项目的成本汇总，就可以求得甲产品还原以后的总成本和单位成本。

甲产品直接材料项目还原后总成本 = 10 092.03 (元)

甲产品直接人工项目还原后总成本 = 4 364 + 2 537.21 + 1 233.25 = 8 134.46 (元)

甲产品制造费用项目还原后总成本 = 2 455 + 3 057.22 + 1 457.29 = 6 969.51 (元)

甲产品还原后总成本合计 = 10 092.03 + 8 134.46 + 6 969.51 = 25 196 (元)

按照上述方法进行成本还原比较简单，但由于未考虑以前月份所产半成品成本结构的影响，在各月所产半成品的成本结构变化较大的情况下，采用这种方法进行成本还原会产生误差。如果企业有半成品的定额成本或计划成本并较准确，可以按半成品的定额成本或计划成本的成本结构进行还原。

采用综合结转法逐步结转半成品成本，便于分析和考核各步骤所耗半成品费用水平，以利于加强内部成本控制，努力降低成本，但还原工作量较大。因此，一般适用于管理上既要求单独计算各步骤所耗半成品费用又不要求成本还原的情况。

课堂练习 5-5

1. 目的：训练利用综合逐步结转分步法计算产品成本还原。
2. 资料：前进制造有限公司生产甲产品需要经历三道工序。第一道工序生产 A 半成品；第二道工序对 A 半成品进行加工，生产出 B 半成品；第三道工序将 B 半成品加工为甲产品。2017 年 5 月末，各工序在产品分别为第一道工序无在产品，第二道工序有期末在产品 30 件，第三道工序有期末在产品 20 件。期末在产品的完工程序均为 50%。2017 年 5 月产品成本资料如表 5.53 所示。

表 5.53　2017 年 5 月产品成本资料

单位：件

产品名称	材料或半成品成本		直接人工	制造费用	完工产品	
	数量	材料或半成品成本			数量	产品成本
A 半成品		50 000	30 000	20 000	540	100 000
B 半成品	480	96 000	27 900	18 600	450	135 000
丙产品	450	135 000	35 200	22 000	430	184 900

3. 要求：采用成本还原率法对甲产品进行成本还原，并编制产品成本还原表，见表 5.54。

表 5.54　产品成本还原表

产品：甲产品　　2017 年 5 月 31 日　　产量：430 件

项　目	成本还原率	成本项目					
		B 半成品	A 半成品	直接材料	直接人工	制造费用	合计
还原前产品总成本							
完工 B 半成品成本							
B 半成品成本还原							
完工 A 半成品成本							
A 半成品成本还原							
还原后丙产品成本							

会计主管　　复核　　制单

(三) 逐步结转分步法的分项结转法

分项结转法是将各生产步骤所耗上一步骤半成品费用，按照成本项目分项转入各步骤产品成本明细账中相应的成本项目。如果半成品通过仓库收发，那么在自制半成品明细账中登记半成品成本时，也要按照成本项目分别登记。

采用分项结转法结转半成品成本可以直接、准确地提供按原始成本项目反映的企业产品成本资料，便于从整个企业的角度考核和分析产品成本计划的执行情况，不需要进行成本还原。但是，不利于对各步骤完工产品进行成本分析。

这种方法一般适用于管理上只要求按原始成本项目计算产品成本、不要求计算各步骤完工产品所耗半成品费用和本步骤加工费用的企业。

[例 5-4] 以例 5-1 的资料为例，采用分项逐步结转分步法进行成本核算。对各车间月初及本月费用资料和月初 B 半成品库存数量及成本资料整理如下，其余的资料与例 5-1 相同。

(1) 各车间月初及本月费用资料，见表 5.55。

表 5.55 各车间月初及本月费用表　　金额单位：元

摘　要		直接材料	半成品	直接人工	制造费用	合计
第一车间	月初在产品成本	2 000		200	100	2 300
	本月的生产费用	18 000		2 000	2 500	22 500
第二车间	月初在产品成本		5 000	400	200	5 600
	本月的生产费用			3 500	4 500	8 000
第三车间	月初在产品成本		6 000	300	200	6 500
	本月的生产费用			4 500	2 500	7 000

(2) 月初 B 半成品结存 20 件，单位成本 195 元，实际生产成本 3 900 元；其中：直接材料 2 500 元，直接人工 500 元，制造费用 900 元。

问题：根据上述资料，编制各车间的成本核算单，采用分项逐步结转分步法计算各步骤半成品成本及产成品成本。

解：(1) 编制第一车间的成本核算单，计算第一车间的 A 半成品的实际生产成本，见表 5.56。

表 5.56 A 半成品产品成本核算单

产品名称：A 半成品　　车间：第一车间　　金额单位：元

摘　要	直接材料	直接人工	制造费用	合计
月初在产品成本	2 000	200	100	2 300
本月发生的生产费用	18 000	2 000	2 500	22 500
生产费用合计	20 000	2 200	2 600	24 800
在产品数量	40	40	40	
在产品约当产量	40	20	20	
完工 A 半成品的数量	160	160	160	
约当总产量	200	180	180	
单位成本	100	12.22	14.44	126.66
完工的 A 半成品的生产成本	16 000	1 955.20	2 310.40	20 265.60
月末在产品成本	4 000	244.80	289.60	4 534.40

注：直接材料的约当产量合计 = 160 + 40 = 200(件)；直接人工、制造费用的约当产量合计 = 160 + 40 × 50% = 180(件)。

(2) 编制第二车间的成本核算单，计算第二车间的 B 半成品的实际成本，见表 5.57。

表 5.57　B 半成品产品成本核算单

产品名称：B 半成品　　车间：第二车间　　金额单位：元

摘　　要	直接材料	直接人工	制造费用	合计
月初在产品成本	5 000	400	200	5 600
本月发生的生产费用		3 500	4 500	28 265.60
本月耗用上步骤半成品成本	16 000	1 955.20	2 310.40	20 265.60
生产费用合计	21 000	5 855.2	7 010.4	33 865.6
在产品数量	80	80	80	
在产品约当产量	80	40	40	
完工 B 半成品的数量	100	100	100	
约当总产量	180	140	140	
单位成本	116.67	41.82	50.07	208.56
完工的 B 半成品的生产成本	11 667	4 182	5 007	20 856
月末在产品成本	9 333	1 673.20	2 003.40	13 009.60

注：自制半成品的约当产量合计 = 100 + 80 = 180(件)；直接人工、制造费用的约当产量合计 = 100 + 80 × 50% = 140(件)。

根据表 5.57 的计算结果，通过仓库收发的半成品，应编制结转完工入库半成品成本的会计分录，并在半成品明细账中进行登记。

结转完工入库半成品成本的会计分录如下：

借：自制半成品——B 半成品　　20 856

　　贷：基本生产成本——第二车间(B 半成品)　　20 856

(3) 登记 B 半成品明细账并计算第三车间领用 B 半成品的实际成本，见表 5.58。该企业采用加权平均法计算领用 B 半成品成本。

表 5.58　自制半成品明细账

品名：B 半成品　　2016 年

2016 年		摘要	数量	金额	成本项目		
月	日				直接材料	直接人工	制造费用
8	31	月初结存	20	3 900	2 500	500	900
9	30	本月二车间交库	100	20 856	11 667	4 182	5 007
	30	本月累计	120	24 756	14 167	4 682	5 907
	30	单位成本		206.31	118.06	39.02	49.23
		本月三车间领用	80	16 504.80	9 444.80	3 121.60	3 938.40
		月末结存		8 251.20	4 722.20	1 560.40	1 968.60

根据自制半成品明细账有关三车间领用B半成品成本的计算结果，编制第三车间领用B半成品的会计分录如下：

借：生产成本——基本生产成本——第三车间　　　　3 938.40

　　贷：自制半成品——B半成品　　　　3 938.40

上述会计分录应计入自制半成品明细账(见表5.58)和第三车间的成本核算单内(见表5.59)。

(4) 编制第三车间的成本核算单，计算甲产品的生产成本，见表5.59。

表5.59　第三车间成本核算单

产品名称：甲产品　　　　车间：第三车间　　　　金额单位：元

摘　要	直接材料	直接人工	制造费用	合计
月初在产品成本	6 000	300	200	6 500
本月发生的生产费用		4 500	2 500	7 000
本月耗用上步骤半成品成本	9 444.80	3 121.60	3 938.40	16 504.80
生产费用累计	15 444.8	7 921.6	6 638.4	30 004.8
在产品数量	20	20	20	
在产品约当产量	20	10	10	
完工甲产品的数量	100	100	100	
约当总产量	120	110	110	
单位成本	128.71	72.01	60.35	261.07
完工甲产品的生产成本	12 871	7 201	6 035	26 107
月末在产品成本	2 573.8	720.6	603.4	3 897.8

注：自制半成品的约当产量合计 = 100 + 20 = 120(件)；直接人工、制造费用的约当产量合计 = 100 + 20 × 50% = 110(件)。

根据产品成本核算单和产成品入库单，编制结转完工入库产品生产成本的会计分录如下：

借：库存商品——甲产品　　　　26 107

　　贷：生产成本——基本生产成本——三车间　　　　26 107

三、平行结转分步法

(一) 平行结转分步法概述

为了简化和加速成本核算工作，在计算各步骤成本时，不计算各步骤所产半成品成本，也不计算各步骤所耗上一步骤的半成品成本，而只计算本步骤发生的各项其他费用以及这些费用中应计入产品成本的“份额”。将相同产品的各个生产步骤计入产成品成本的“份额”平行汇总，即可计算出该种产品的产成品成本。这种平行结转各步成本的方法，称为平行结转分步法，也称为不计算半成品成本分步法。

1. 主要特点表现

(1) 各生产步骤不计算半成品成本。各生产步骤只归集本步骤发生的材料费用、人工费用和制造费用，不计算半成品成本。因此，不论半成品是否通过半成品仓库收发，均不通过“自制半成品”账户进行总分类核算，仅对自制半成品进行数量核算。

(2) 各生产步骤之间只进行半成品实物转移，而不进行半成品成本的结转。在生产过程中，上一生产步骤半成品实物转入下一生产步骤继续加工时，自制半成品的成本不随同实物转移而结转。

(3) 将各生产步骤所归集的本步骤所发生的生产费用在完工产成品与广义在产品之间进行分配，计算各步骤应计入产成品成本的“份额”。月末将各生产步骤归集的生产费用，在应计入广义的在产品成本之间进行分配，以确定各生产步骤应计入完工产品成本的生产费用“份额”。

(4) 将各生产步骤确定的应计入产成品的“份额”平行汇总，计算产成品的总成本。月末将各生产步骤计算的应计入产成品成本的生产费用“份额”相加汇总，即为完工产品的总成本，将完工产品总成本除以完工产品数量，即为完工产品的单位成本。

2. 平行结转分步法的成本核算程序

采用平行结转分步法，其成本核算程序是：先由各生产步骤计算出某产品在本步骤所发生的各种费用；然后将各生产步骤该产品所发生的费用在本月最终产品与月末在产品(广义在产品)之间进行分配，确定各生产步骤应计入产成品成本的“份额”；最后将各生产步骤应计入相同产成品成本的份额直接相加(汇总)，计算出最终产成品的实际总成本。平行结转分步法的成本核算程序见图 5.3。

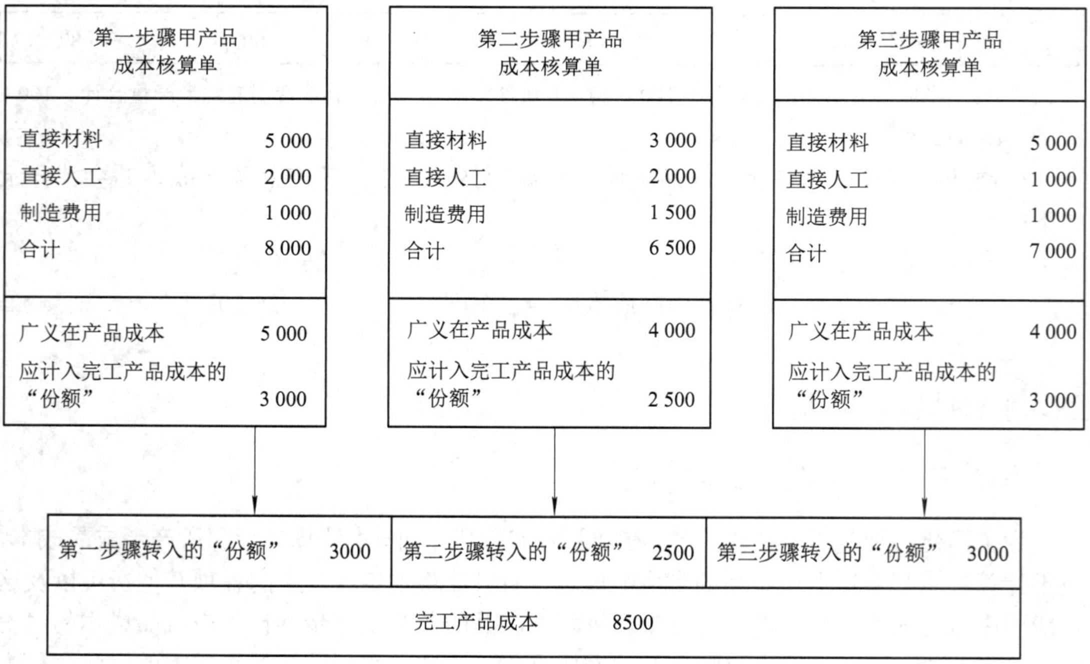

图 5.3　平等结转分步法的成本核算程序

采用平行结转分步法，第一生产步骤的生产费用要在完工产品与广义在产品之间进行分配。这里的完工产品，指的是企业最后完工的产成品；每一生产步骤完工产品的费用，都是该步骤生产费用中用于产品成本的份额。而广义在产品指的是尚未产成的全部在产品和半成品，包括：

(1) 尚在本步骤加工中的在产品。

(2) 本步骤已完工转入半成品库的半成品。

(3) 已从半成品库转到以后各步骤进一步加工、尚未最后产成的在产品。

因此，这里的在产品费用，指的是这三个部分广义在产品费用。

(二) 平行结转分步法举例

东方公司生产的甲产品经过三个车间连续加工制成，第一车间生产 A 半成品，直接转入第二车间加工制成 B 半成品，B 半成品直接转入第三车间加工成甲产品。其中，1 件甲产品耗用 1 件 B 半成品，1 件 B 半成品耗用 1 件 A 半成品。原材料于第一车间生产开始时一次投入，第二车间和第三车间不再投入材料。各车间月末在产品完工率均为 50%。各车间生产费用在完工产品和在产品之间的分配采用约当产量法。

(1) 本月各车间产量资料见表 5.60。

表 5.60　各车间产量资料表　　单位：件

摘　要	第一车间	第二车间	第三车间
月初在产品数量	60	80	60
本月投产数量或上步转入	140	100	140
本月完工产品数量	100	140	150
月末在产品数量	100	40	50

(2) 各车间月初及本月费用资料见表 5.61。

表 5.61　各车间月初及本月费用资料　　金额单位：元

摘　要		直接材料	直接人工	制造费用	合计
第一车间	月初在产品成本	2 000	400	600	3 000
	本月的生产费用	18 000	2 000	3 000	23 000
第二车间	月初在产品成本		1 500	1 200	2 700
	本月的生产费用		3 500	4 800	8 300
第三车间	月初在产品成本		100	600	700
	本月的生产费用		4 400	2 400	6 800

下面采用平行结转法计算甲产品的生产成本，计算过程如下：

编制各生产步骤的约当产量的计算表，见表 5.62。

表 5.62　各生产步骤的约当产量的计算表

摘　　要	直接材料	直接人工	制造费用
第一车间的约当产量	340 = (150+100+40+50)	290 = (150+100×50%+40+50)	290
第二车间的约当产量		220 = (150+40×50%+50)	220
第三车间的约当产量		175 = (150+50×50%)	175

(3) 编制各生产步骤的成本核算单，见表 5.63～表 5.65。

表 5.63　第一车间产品成本核算单

车间：第一车间　　　　品名：A 半成品　　　　金额单位：元

摘　　要	直接材料	直接人工	制造费用	合计
月初在产品成本	2 000	400	600	3 000
本月发生费用	18 000	2 000	3 000	23 000
合计	20 000	2 400	3 600	26 000
第一步骤约当产量	340	290	290	
单位成本	58.82	8.28	12.41	79.51
应计入产成品的成本份额	8 823	1 242	1 861.5	11 926.5
月末在产品成本	11 177	1 158	1 738.5	14 073.5

表 5.64　第二车间产品成本核算单

车间：第二车间　　　　品名：B 半成品　　　　金额单位：元

摘　　要	直接材料	直接人工	制造费用	合计
月初在产品成本		1 500	1 200	2 700
本月发生费用		3 500	4 800	8 300
合计		5 000	6 000	11 000
第二步骤约当产量		220	220	
单位成本		22.73	27.27	50
应计入产成品的成本份额		3 409.5	4 090.5	7 500
月末在产品成本		1 590.5	1 909.5	3 500

表 5.65　第三车间产品成本核算单

车间：第三车间　　　　　　　　品名：甲产品　　　　　　　　金额单位：元

摘　　要	直接材料	直接人工	制造费用	合计
月初在产品成本		100	600	700
本月发生费用		4 400	2 400	6 800
合计		4 500	3 000	7 500
第三步骤约当产量		175	175	
单位成本		25.71	17.14	42.85
应计入产成品的成本份额		3 856.5	2 571	6 427.5
月末在产品成本		643.5	429	1 072.5

(4) 编制产品成本汇总表见表 5.66。

表 5.66　产品成本汇总计算表

产品名称：甲产品　　　　　　　　　　　　　　金额单位：元

项　　目	数量	直接材料	直接人工	制造费用	总成本	单位成本
第一车间		8 823	1 242	1 861.5	11 926.5	79.51
第二车间			3 409.5	4 090.5	7 500	50
第三车间			3 856.5	2 571	6 427.5	42.85
合计	150	8 823	8 508	8 523	25 854	172.36

根据产品成本汇总计算表和产成品入库单，编制结转完工入库产品生产成本的会计分录如下：

借：库存商品——甲产品　　　　　　　　　　　　25 854

　　贷：生产成本——基本生产成本——第一车间　　　　11 926.5

　　　　　　　　　　　　　　　　——第二车间　　　　7 500

　　　　　　　　　　　　　　　　——第三车间　　　　6 427.5

课堂练习 5-6

1. 目的：训练在平行结转分步法下广义在产品的计算。

2. 资料：长江机械制造有限公司生产甲产品，需要经过三个生产步骤。其中，第一生产步骤生产 A 半成品，第二生产步骤将 A 半成品加工为 B 半成品，第三步骤将 B 半成品加工为甲产品。半成品通过仓库进行收发。该公司采用平行结转分步法计算甲产品成本。每一生产步骤的投料比例和完工程度均为 50%。2017 年 5 月份各生产步骤的在产品及入库的半成品数量如表 5.67 所示。

表 5.67　长江机械制造有限公司广义在产品计算表

2017 年 5 月 31 日

项　　目	第一步骤 A 半成品	第二步骤 B 半成品	第三步骤甲产品
各车间的在产品	200	150	120
库存半成品	300	250	
各步骤广义在产品			

会计主管　　　　复核　　　　制单

3. 要求：计算各步骤的广义在产品数量，将结果填入表 5.68 的各步骤广义在产品的有关栏内，完成该表的编制。

表 5.68　长江机械制造有限公司广义在产品计算表

2017 年 5 月 31 日

项　　目	第一步骤(A 半成品)	第二步骤(B 半成品)	第三步骤(甲产品)
各车间的在产品	200	150	120
库存半成品	300	250	
各步骤广义在产品	920	445	60

会计主管　　　　复核　　　　制单

课堂练习 5-7

1. 目的：练习平行结转分步法的应用。

2. 资料：某企业生产乙产品，需经两个步骤连续加工制成。若原材料在生产开始时一次投入，各步骤在产品的完工程度均为 50%。有关资料如下：

(1) 产量记录如表 5.69 所示。

表 5.69　产 量 记 录

摘　　要	第一车间	第二车间
月初在产品数量	50	30
本月投产数量或上步转入	200	210
本月完工产品数量	210	220
月末在产品数量	40	20

(2) 成本资料如表 5.70 所示。

表 5.70　成 本 资 料

项目 生产步骤	直接材料		加工费	
	期初	本月发生	期初	本月发生
第一步骤	6 000	22 000	900	6 900
第二步骤			300	4 300

3. 要求：根据上述资料，采用平行结转分步法计算各步骤完工产品(半成品)成本与期末在产品成本(完工产品与在产品费用采用约当产量法分配)。

四、平行结转分步法与逐步结转分步法的区别

(一) 成本管理的要求不同

逐步结转分步法是计算半成品成本的分步法，平行结转分步法是不计算半成品成本的分步法。要不要计算自制半成品成本，取决于成本管理的要求。因此，这两种方法的区别首先表现在它们体现了不同的成本管理要求。当企业自制半成品的种类比较多且不对外销售时，在成本管理上可以不要求计算半成品成本。这样，采用平行结转分步法，各生产步骤可以同时计算应计入相同产成品成本的份额，不需要逐步计算和结转半成品成本，可以简化和加速成本核算工作。当企业自制半成品可以加工为多种产成品，或者有自制半成品对外销售，或者需要进行半成品成本控制和同行业半成品成本比较时，在成本管理上必然要求计算自制半成品成本。这样，采用逐步结转分步法可以为分析和考核各生产步骤半成品成本计划的执行情况及正确计算自制半成品的销售成本提供资料。

(二) 产成品成本的计算方式不同

平行结转分步法是将各生产步骤应计入相同产成品成本的份额汇总来求得产成品成本的，各生产步骤应计入相同产成品成本的份额可以同时计算，不需要等待，这样可以简化和加速成本核算工作。

逐步结转分步法按照产品成本核算所划分的生产步骤，逐步计算和结转自制半成品成本，直到最后步骤计算出产成品成本。各生产步骤的成本核算要等待上一步骤的成本核算结果(转入的自制半成品成本数额)。半成品按实际成本综合结转时，为了从整个企业的角度反映产品成本的构成，必须进行成本还原，从而增加了成本核算的工作量。采用此结转方式时，虽然可以直接、正确地提供按原始成本项目反映的产品成本构成，不需要进行成本还原，但成本结转工作比较复杂，在各生产步骤完工产品成本中也不能直接反映所耗上一步骤的自制半成品费用，不便于成本分析。自制半成品按计划成本结转时，各生产步骤的成本核算工作可以同时进行，但存在半成品成本差异的计算和分摊问题，也比较复杂。

(三) 在产品的含义不同

平行结转分步法不计算也不结转自制半成品成本，各生产步骤完工产品仅指最终产成品所耗用的本步骤的半成品；月末在产品则既包括本步骤正在加工的在制品，又包括已经完工交给以后各步骤但尚未最终完工的半成品，即为广义在产品。自制半成品的实物已经转移，但成本仍留在本步骤。即使有半成品仓库办理自制半成品的收入、发出和存放，也只进行数量核算。各生产步骤产品生产成本明细账中的月末在产品成本与该步骤月末在产品的实物不相符，不利于加强在产品和自制半成品的管理。

逐步结转分步法计算并结转半成品成本，自制半成品成本随着实物的转移而结转，设有半成品仓库时，设置“自制半成品”账户，同时进行数量和金额的核算。各生产步骤的完工产品是指本步骤已经完工的半成品(最后步骤为产成品)，月末在产品仅指本步骤正在加工的在制品，即为狭义在产品。这样，各生产步骤产品生产成本明细账中的月末在产品成本与该步骤月末在产品的实物一致，有利于加强在产品和自制半成品的管理。

❖ 本 章 小 结 ❖

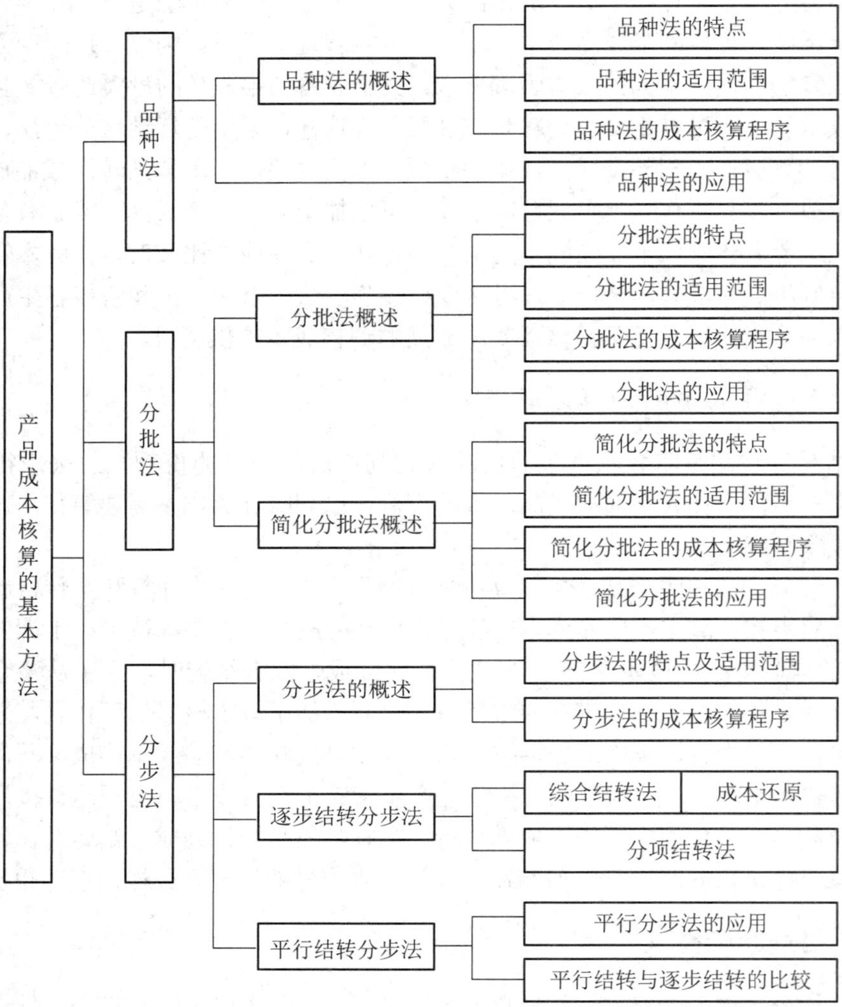

◈ 同 步 测 试 ◈

【业务练习题一】

1. 目的：练习产品成本核算品种法。

2. 资料：某企业设有一个基本生产车间和供电、锅炉两个辅助生产车间，大量生产甲、乙两种产品。该厂根据产品生产特点和成本管理要求，采用品种法计算产品生产成本。2017年5月生产甲、乙两种产品，有关成本核算资料如下：

(1) 月初在产品成本。甲、乙两种产品的月初在产品成本见表5.71。

表 5.71　甲、乙产品月初在产品成本资料表

2017 年 5 月　　　　金额单位：　元

摘　　要	直接材料	直接人工	制造费用	合计
甲产品月初在产品成本	20 000	12 000	8 000	40 000
乙产品月初在产品成本	30 000	10 000	3 000	43 000

(2) 本月生产数量。甲产品本月完工 800 件，月末在产品 400 件，实际生产工时 40 500 小时；乙产品本月完工 400 件，月末在产品 50 件，实际生产工时 27 000 小时。甲、乙两种产品的原材料都在生产开始时一次投入，月末在产品完工程度均为 50%。

(3) 本月发生生产费用。

① 本月发出材料汇总表见表 5.72。

表 5.72　发出材料汇总表

2017 年 5 月　　　　金额单位：　元

领料部门和用途	材　料　类　别			合计
	原材料	辅助材料	低值易耗品	
基本生产车间耗用				
甲产品耗用	200 000		10 000	210 000
乙产品耗用	100 000	5 000		105 000
甲、乙产品共同耗用	60 000			60 000
车间一般耗用	4 000	1 000		5 000
辅助生产车间耗用				
供电车间耗用	62 000			62 000
锅炉车间耗用	10 000			10 000
厂部管理部门耗用	6 000		1 000	7 000
合计	442 000	6 000	11 000	459 000

注：生产甲、乙两种产品共同耗用的材料，按甲、乙两种产品直接耗用原材料的比例进行分配。

② 本月工资结算汇总表及社保费计算表(简化格式)，见表 5.73。

表 5.73　工资及社保等费用汇总表

2017 年 5 月　　　　金额单位：元

人 员 类 别	应付工资总额	应计提社保等费用(36%)	合计
基本生产车间			
产品生产工人	307 800		
车间管理人员	9 120		
辅助生产车间			
供电车间	11 400		
锅炉车间	13 680		
厂部管理人员	34 200		
合计	376 200		

注：生产甲、乙两种产品共同耗用的人工，按甲、乙两种产品实际生产工时的比例进行分配。

③ 本月应计提固定资产折旧费 49 000 元，其中：基本生产车间折旧 30 000 元，供电车间折旧 6 000 元，锅炉车间折旧 5 000 元，厂部管理部门折旧 8 000 元。

④ 本月以银行存款支付的费用为 75 200 元，其中基本生产车间水费 2 000 元、办公费 1 000 元、修理费 2 000 元；供电车间负担的水费 40 000 元、修理费 400 元；锅炉车间负担的办公费 800 元、水费 20 000 元、修理费 2 000 元；厂部管理部门负担的办公费 1 800 元、招待费 200 元、修理费 5 000 元。

⑤ 本月以现金支付的费用为 6 000 元，其中基本生产车间负担的办公费 1 400 元，供电车间负担的办公费 400 元；锅炉车间负担的办公费 200 元、修理费 800 元，厂部管理部门负担的办公费 2 600 元，修理费 600 元。

(4) 供电车间和锅炉车间未设制造费用明细账，发生的制造费用分别计入各自辅助生产成本明细账。本月两车间提供劳务情况如表 5.74 所示，采用交互分配法分配辅助生产费用。

表 5.74　供电和锅炉车间提供的劳务量表

受益部门		供电车间(度)	锅炉车间(立方米)
供电车间			1 000
锅炉车间		30 000	
基本生产车间	产品生产	200 000	
	一般耗费	10 000	10 000
	小计	210 000	10 000
厂部管理部门		66 000	3 500
合计		306 000	14 500

基本生产车间的制造费用采用生产工时分配法在甲、乙两种产品之间进行分配。

(5) 采用约当产量法计算甲、乙两种产品月末完工产品和在产品成本。

3. 要求：根据上述资料，采用品种法计算甲、乙完工产品的成本，具体步骤如下：

(1) 设置有关成本费用明细账和成本核算单。

按品种设置基本生产成本明细账和成本核算单，按车间设置辅助生产成本明细账，按基本生产车间设置制造费用明细账。

(2) 归集和分配本月发生的各项费用。

① 分配材料费用。其中：生产甲、乙两种产品共同耗用材料按甲、乙两种产品直接耗用原材料的比例分配。分配结果，见表 5.75。

表 5.75　原材料费用分配表

2017 年 5 月　　　　金额单位：元

应借账户		成本或费用明细项目	间接计入			直接计入	合计
			耗用材料/千克	分配率	分配额		
基本生产成本	甲产品	直接材料					
	乙产品	直接材料					
	小计						

续表

应借账户		成本或费用明细项目	间接计入			直接计入	合计
			耗用材料/千克	分配率	分配额		
辅助生产成本	供电车间	直接材料					
	机修车间	直接材料					
	小计						
制造费用	基本生产车间	低值易耗品					
		机物料消耗					
		小计					
管理费用	厂部管理部门	低值易耗品					
		机物料消耗					
		小计					
合计							

② 分配工资及社保等费用见表 5.76。其中：甲、乙两种产品应分配的工资及社保等费用按甲、乙两种产品的实际生产工时比例分配。

表 5.76　工资及社保费用分配表

2017 年 5 月　　　　金额单位：元

分配对象		工资			社保等费用	
会计科目	明细科目	分配标准	分配率	分配额	提取率	分配额
基本生产成本	甲产品					
	乙产品					
	小计					
辅助生产成本	供电车间					
	机修车间					
	小计					
制造费用	基本生产车间					
管理费用	工资、社保等费用					
合计						

③ 计提固定资产折旧费用，见表 5.77。

表 5.77　计提固定资产折旧费用计算表

2017 年 5 月　　　　金额单位：元

会计科目	明细科目	费用项目	分配金额
制造费用	基本生产车间	折旧费	
辅助生产成本	供电车间	折旧费	
	机修车间	折旧费	
管理费用		折旧费	
合计			

④ 分配本月现金和银行存款支付费用，见表 5.78。

表 5.78　其他费用分配表

2017 年 5 月　　金额单位：元

会计科目	明细科目	现金支付	银行存款支付	合计
制造费用	基本生产车间			
辅助生产成本	供电车间			
	机修车间			
管理费用				
合计				

⑤ 根据各项要素费用分配表及编制的会计分录，登记有关基本生产成本明细账、辅助生产成本明细账和制造费用明细账，见表 5.79～表 5.83。

表 5.79　甲产品基本生产成本明细账

产品名称：甲产品　　金额单位：元

2017 年		凭证字号	摘　　要	直接材料	直接人工	制造费用	合计
月	日						
			月末在产品成本				
		略	材料费用分配表				
			工资及社保费分配表				
			生产用电分配表				
			制造费用分配表				
			本月生产费用合计				
			本月累计				
			结转完工入库产品成本				
			月末在产品成本				

表 5.80　乙产品基本生产成本明细账

产品名称：乙产品　　金额单位：元

2017 年		凭证字号	摘　　要	直接材料	直接人工	制造费用	合计
月	日						
			月末在产品成本				
		略	材料费用分配表				
			工资及社保费分配表				
			生产用电分配表				
			制造费用分配表				
			本月生产费用合计				
			本月累计				
			结转完工入库产品成本				
			月末在产品成本				

表 5.81　供电车间辅助生产成本明细账

车间名称：供电车间　　　　金额单位：元

2017 年		凭证字号	摘　　要	直接材料	直接人工	制造费用	合计
月	日						
		略	材料费用分配表				
			工资及社保费分配表				
			计提折旧费				
			其他费用				
			本月合计				
			结转各受益部门				

表 5.82　机修车间辅助生产成本明细账

车间名称：机修车间　　　　金额单位：元

2017 年		凭证字号	摘　　要	直接材料	直接人工	制造费用	合计
月	日						
		略	材料费用分配表				
			工资及社保费分配表				
			计提折旧费				
			其他费用				
			本月合计				
			结转各受益部门				

表 5.83　制造费用明细账

车间名称：基本生产车间　　　　金额单位：元

2017 年		凭证号	摘　　要	材料费	人工费	折旧费	办公费	水电费	修理费	其他	合计
月	日										
		略	材料费用分配表								
			工资及社保费分配表								
			折旧费用计算表								
			其他费用分配表								
			辅助生产分配表								
			本月合计								
			结转制造费用								

(3) 分配辅助生产费用。

根据辅助生产成本明细账归集的待分配辅助生产费用和辅助生产车间本月劳务供应量，采用交互分配法分配辅助生产费用，并据以登记有关基本生产成本明细账或成本核算单和有关费用明细账。辅助生产费用分配表见表 5.84。

产品生产用电按车间生产甲、乙两种产品的生产工时比例分配，分配计入产品成本核算单中“制造费用”成本项。产品生产用电分配表见表 5.85。

表 5.84　辅助生产费用分配表

2017 年 5 月　　金额单位：元

<table>
<tr><td colspan="4">项　目</td><td colspan="3">交 互 分 配</td><td colspan="3">对 外 分 配</td></tr>
<tr><td colspan="4">辅助生产车间</td><td>供电</td><td>锅炉</td><td>合计</td><td>供电</td><td>锅炉</td><td>合计</td></tr>
<tr><td colspan="4">归集的辅助生产费用</td><td></td><td></td><td></td><td></td><td></td><td></td></tr>
<tr><td colspan="4">提供的劳务总量</td><td></td><td></td><td></td><td></td><td></td><td></td></tr>
<tr><td colspan="4">辅助生产费用分配率</td><td></td><td></td><td></td><td></td><td></td><td></td></tr>
<tr><td rowspan="12">应借账户</td><td rowspan="5">生产成本——辅助生产成本</td><td rowspan="2">供电车间</td><td>劳务量</td><td></td><td></td><td></td><td></td><td></td><td></td></tr>
<tr><td>金额</td><td></td><td></td><td></td><td></td><td></td><td></td></tr>
<tr><td rowspan="2">锅炉车间</td><td>劳务量</td><td></td><td></td><td></td><td></td><td></td><td></td></tr>
<tr><td>金额</td><td></td><td></td><td></td><td></td><td></td><td></td></tr>
<tr><td colspan="2">小计</td><td></td><td></td><td></td><td></td><td></td><td></td></tr>
<tr><td rowspan="2">生产成本</td><td rowspan="2">基本生产成本</td><td>劳务量</td><td></td><td></td><td></td><td></td><td></td><td></td></tr>
<tr><td>金额</td><td></td><td></td><td></td><td></td><td></td><td></td></tr>
<tr><td rowspan="2">制造费用</td><td rowspan="2">一车间</td><td>劳务量</td><td></td><td></td><td></td><td></td><td></td><td></td></tr>
<tr><td>金额</td><td></td><td></td><td></td><td></td><td></td><td></td></tr>
<tr><td rowspan="2">管理费用</td><td rowspan="2"></td><td>劳务量</td><td></td><td></td><td></td><td></td><td></td><td></td></tr>
<tr><td>金额</td><td></td><td></td><td></td><td></td><td></td><td></td></tr>
<tr><td colspan="3">对外分配金额合计</td><td></td><td></td><td></td><td></td><td></td><td></td></tr>
</table>

表 5.85　产品生产用电分配表

2017 年 5 月　　金额单位：元

产　品	生产工时(小时)	分配率	分配金额
甲产品			
乙产品			
合计			

(4) 分配制造费用。

根据基本生产车间制造费用明细账归集的制造费用总额，编制制造费用分配表，见表 5.86 并登记基本生产成本明细账和有关成本核算单。

本例题按甲、乙两种产品的生产工时比例分配制造费用。

表 5.86　制造费用分配表

车间名称：基本生产车间　　　　　　　　　　　　　　　　金额单位：元

产　　品	生产工时	分配率	分配金额
甲产品			
乙产品			
合　计			

(5) 在完工产品与在产品之间分配生产费用。

根据各产品成本核算单归集的生产费用合计数和有关生产数量记录，采用约当产量法在完工产品和月末在产品之间分配生产费用，见表 5.87 和表 5.88。

表 5.87　甲产品在产品约当产量计算表

产品名称：甲产品　　　　　　　　　　　　　　　　单位：件

成本项目	在产品数量	投料程度(加工程度)	约当产量
直接材料			
直接人工			
制造费用			

表 5.88　乙产品在产品约当产量计算表

产品名称：乙产品　　　　　　　　　　　　　　　　单位：件

成本项目	在产品数量	投料程度(加工程度)	约当产量
直接材料			
直接人工			
制造费用			

根据甲、乙两种产品的月末在产品约当产量，采用约当产量法在甲、乙两种产品的完工产品与月末在产品之间分配生产费用，编制成本核算单见表 5.89 和表 5.90。

表 5.89　甲产品成本核算单

产品名称：甲产品　　　　　产成品：500 件　　　　　在产品：100 件

摘　　要	直接材料	直接人工	制造费用	合计
月初在产品成本				
本月发生生产费用				
生产费用合计				
完工产品数量				
在产品约当量				
总约当产量				
分配率(单位成本)				
完工产品总成本				
月末在产品成本				

表 5.90　乙产品成本核算单

产品名称：乙产品　　产成品：400 件　　在产品：50 件

摘　　要	直接材料	直接人工	制造费用	合计
月初在产品成本				
本月发生生产费用				
生产费用合计				
完工产品数量				
在产品约当量				
约当总产量				
分配率(单位成本)				
完工产品总成本				
月末在产品成本				

(6) 编制完工产品成本汇总表(见表 5.91)。

表 5.91　完工产品成本汇总表

2017 年 5 月　　金额单位：元

成本项目	甲　产　品		乙　产　品	
	总成本	单位成本	总成本	单位成本
直接材料				
直接人工				
制造费用				
合计				

【业务练习题二】

1. 目的：练习产品成本核算分批法。

2. 资料：某企业 2017 年 6 月第一生产车间生产 101 批次甲产品、102 批次乙产品、103 批次丙产品三批产品，6 月份有关成本核算资料如下：

(1) 月初在产品成本。

101 批次甲产品为 104 000 元，其中直接材料 84 000 元，直接人工 12 000 元，制造费用 8 000；103 批次丙产品 124 000 元，其中直接材料 120 000 元，直接人工 2 000 元，制造费用 2 000 元。

(2) 本月生产情况。

101 批次甲产品为 5 月 2 日投产 40 件，本月 26 日已全部完工验收入库，本月实际生产工时为 8 000 时。

102 批次乙产品为本月 4 日投产 120 件，本月已完工入库 12 件，本月实际生产工时为

4 400 小时。

103 批次丙产品为 5 月 6 日投产 60 件，本月尚未完工，本月实际生产工时为 4 000 小时。

(3) 本月发生生产费用。

本月投入原材料 396 000 元，全部为 102 乙产品耗用。

本月产品生产工人工资为 49 200 元，提取应付社保等费用 17 712 元，制造费用总额为 44 280 元。

(4) 单位产品定额成本。

102 批次乙产品单位产品定额成本为 4 825 元，其中直接材料 3 300 元，直接人工 825 元，制造费用 700 元。

3. 要求：根据上述资料采用分批法计算产品成本，具体计算程序如下：

(1) 按产品批别开设产品成本核算单并登记月初在产品成本。

(2) 编制 102 批乙产品耗用原材料的会计分录并计入产品成本核算单。

(3) 采用生产工时分配法在各批产品之间分配本月发生的直接人工费用(见表 5.92)，根据分配结果编制会计分录并计入有关产品成本核算单。

表 5.92　直接人工费用分配表

2017 年 6 月　　　　金额单位：元

产　品	生产工时	分配工人工资		分配社保费	
		分配率	分配金额	分配率	分配金额
101 批次甲产品					
102 批次乙产品					
103 批次丙产品					
合计					

(4) 采用生产工时分配法在各批产品之间分配本月发生的制造费用(见表 5.93)，根据分配结果编制会计分录并计入有关产品成本核算单。

表 5.93　制造费用分配表

2017 年 6 月

应 借 账 户		成本项目	生产工时	分配率	应分配金额
基本生产成本	101 批次甲产品	制造费用			
	102 批次乙产品	制造费用			
	103 批次丙产品	制造费用			
合　计					

(5) 计算本月完工产品和月末在产品成本，编制结转完工产品成本的会计分录，见表 5.94～表 5.96。

102 批次乙产品本月少量完工，其完工产品成本按定额成本结转。

表 5.94　甲产品成本核算单

批号：101 批次甲产品　　　　开工日期：

产品名称：　　　批量：　　　完工：　　　完工日期：

年		凭证		摘　　要	直接材料	直接人工	制造费用	合计
月	日	种类	号数					
				材料分配表				
				工资及社保费分配表				
			略	制造费用分配表				
				合计				
				结转完工产品成本				
				月末在产品成本				

表 5.95　乙产品成本核算单

批号：102 批次乙产品　　　　开工日期：

产品名称：　　　批量：　　　完工：　　　完工日期：

年		凭证		摘　　要	直接材料	直接人工	制造费用	合计
月	日	种类	号数					
				材料分配表				
				工资及社保费分配表				
			略	制造费用分配表				
				合计				
				结转完工产品成本				
				月末在产品成本				

表 5.96　丙产品成本核算单

批号：103 批次丙产品　　　　开工日期：

产品名称：　　　批量：　　　完工：　　　完工日期：

年		凭证		摘　　要	直接材料	直接人工	制造费用	合计
月	日	种类	号数					
				材料分配表				
				工资及社保费分配表				
			略	制造费用分配表				
				合计				
				结转完工产品成本				
				月末在产品成本				

【业务练习题三】

1. 目的：练习产品成本核算简化分批法。

2. 资料：某工厂2017年6月各批产品生产成本的有关资料如下：

(1) 6月份生产情况。

① 11批号：A产品100件，5月6日投产，6月20日全部完工；

② 12批号：B产品40件，4月20日投产，6月25日全部完工；

③ 13批号：C产品200件，4月5日投产，尚未完工；

④ 14批号：D产品30件，5月20日投产，尚未完工；

⑤ 15批号：E产品50件，6月5日投产，尚未完工。

(2) 各批号在生产开始时一次投入的原材料费用和生产工时。

① 6月初在产品成本为1 340 000元，其中直接材料为800 000元(11批号400 000元，12批号160 000元，13批号200 000元，14批号40 000元)，直接人工300 000元，制造费用250 000元。月初累计生产工时为100 000小时，其中11批号45 000小时，12批号30 000小时，13批号20 000小时，14批号5 000小时。

② 本月发生生产费用。本月发生直接材料费用450 000元，全部为15批号E产品所耗用，本月发生直接人工90 000元，制造费用65 000元。

本月实际的生产工时为30 000小时，其中11批号10 000小时，12批号5 000小时，13批号3 000小时，14批号7 000小时，15批号5 000小时。

3. 要求：根据上述资料采用简化分批法计算产品成本，具体计算程序如下：

(1) 开设基本生产成本二级账(见表5.97)和按产品批次设置产品成本核算单(见表5.98～表5.102)。

(2) 登记本月发生生产费用，并按累计分配法在完工产品和在产品之间分配。

表5.97　基本生产成本二级账

2017年　　　　金额单位：元

2017年		摘　要	直接材料	生产工时	直接人工	制造费用	合计
月	日						
		月末在产品成本					
		本月发生					
		本月累计					
		分配率					
		完工转出					
		月末在产品					

表 5.98　11 批号基本生产成本明细账

批号：　　品名：

完工产量：　　金额单位：元

年		摘　要	直接材料	生产工时	直接人工	制造费用	合计
月	日						
		本月累计					
		本月发生					
		本月累计					
		分配率					
		分配费用					
		完工转出					

表 5.99　12 批号基本生产成本明细账

批号：　　品名：

完工产量：　　金额单位：元

年		摘　要	直接材料	生产工时	直接人工	制造费用	合计
月	日						
		本月累计					
		本月发生					
		本月累计					
		分配率					
		完工分配费用					
		完工转出					
		月末在产品					

表 5.100　13 批号基本生产成本明细账

批号：　　品名：

完工产量：　　金额单位：元

年		摘　要	直接材料	生产工时	直接人工	制造费用	合计
月	日						
		本月累计					

表 5.101　14 批号基本生产成本明细账

批号：　　　　　　　　　　　　　　　　　　　　　　　　　品名：

完工产量：　　　　　　　　　　　　　　　　　　　　　　　金额单位：元

年		摘　要	直接材料	生产工时	直接人工	制造费用	合计
月	日						
		本月累计					

表 5.102　15 批号基本生产成本明细账

批号：　　　　　　　　　　　　　　　　　　　　　　　　　品名：

完工产量：　　　　　　　　　　　　　　　　　　　　　　　金额单位：元

年		摘　要	直接材料	生产工时	直接人工	制造费用	合计
月	日						
		本月累计					

【业务练习题四】

1. 目的：练习产品成本核算分步法。

2. 资料：某工厂设有三个基本生产车间，原材料在生产开始时一次投入，半成品不经过自制半成品仓库收发，直接在车间之间转移。第一车间生产 A 半成品，直接转入第二车间加工制成 B 半成品，B 半成品也直接转入第三车间，继续加工成甲产品。2017 年 5 月份，各车间的产量记录和成本资料如下：

(1) 产量记录见表 5.103。

表 5.103　各车间产量资料表

单位：件

摘　要	第一车间	第二车间	第三车间
月初在产品数量	50	20	40
本月投产数量或上步转入	150	160	80
本月完工产品数量	160	100	100
月末在产品数量	40	80	20
完工程度	50%	50%	50%

(2) 成本资料见表 5.104。

表 5.104 各车间月初及本月费用表

金额单位：元

摘要		直接材料	半成品	直接人工	制造费用	合计
第一车间	月初在产品成本	11 150		1 500	1 200	13 850
	本月的生产费用	120 000		25 000	24 500	169 500
第二车间	月初在产品成本		15 000	5 400	3 200	23 600
	本月的生产费用			11 500	40 500	52 000
第三车间	月初在产品成本		12 000	5 600	4 100	21 700
	本月的生产费用			20 500	14 500	35 000

3. 要求：

(1) 开设各车间生产成本明细账(分别按综合、分项逐步结转和平等结转法设置)。

(2) 按综合逐步结转分步法计算产品成本，并进行成本还原。

(3) 按分项逐步结转分步法计算产品成本。

(4) 按平等结转分步法计算产品成本。

以下为成本核算表：

① 综合逐步结转分步成本核算表如表 5.105～表 5.108 所示。

表 5.105 A 半成品成本核算单

产品名称：A 半成品　　车间：第一车间　　金额单位：元

摘要	直接材料	直接人工	制造费用	合计
月初在产品成本				
本月发生的生产费用				
生产费用合计				
在产品的数量				
在产品的约当产量				
完工 A 半成品的数量				
约当总产量				
分配率(单位成本)				
完工的 A 半成品的生产成本				
月末在产品成本				

表 5.106 B 半成品成本核算单

产品名称：B 半成品　　车间：第二车间　　金额单位：元

摘要	直接材料	直接人工	制造费用	合计
月初在产品成本				
本月发生的生产费用				
生产费用合计				

续表

摘　　要	直接材料	直接人工	制造费用	合计
在产品的数量				
在产品的约当产量				
完工 A 半成品的数量				
约当总产量				
分配率(单位成本)				
完工的 B 半成品的生产成本				
月末在产品成本				

表 5.107　甲产品成本核算单

产品名称：甲产品　　车间：第三车间　　金额单位：元

摘　　要	直接材料	直接人工	制造费用	合计
月初在产品成本				
本月发生的生产费用				
生产费用合计				
在产品的数量				
在产品的约当产量				
完工 A 半成品的数量				
约当总产量				
分配率(单位成本)				
完工产品的生产成本				
月末在产品成本				

表 5.108　甲产品成本还原计算表

品名：甲产品　　产量：　　件

行次	项　　目	还原分配率	B 半成品	A 半成品	直接材料	直接人工	制造费用	合计
1	还原前甲产品总成本							
2	B 半成品成本							
3	第一次成本还原							
4	A 半成品成本							
5	第二次成本还原							
6	还原后甲产品总成本							
7	甲产品单位成本							

② 分项逐步结转分步成本核算表如表 5.109～表 5.111 所示。

表 5.109　A 半成品成本核算单

产品名称：A 半成品　　车间：第一车间　　金额单位：元

摘　　要	直接材料	直接人工	制造费用	合计
月初在产品成本				
本月发生的生产费用				
生产费用合计				
在产品的数量				
在产品的约当产量				
完工 A 半成品的数量				
约当总产量				
分配率(单位成本)				
完工的 A 半成品的生产成本				
月末在产品成本				

表 5.110　B 半成品成本核算单

产品名称：B 半成品　　车间：第二车间　　金额单位：元

摘　　要	直接材料	直接人工	制造费用	合计
月初在产品成本				
本月发生的生产费用				
生产费用合计				
在产品的数量				
在产品的约当产量				
完工 B 半成品的数量				
约当总产量				
分配率(单位成本)				
完工的 B 半成品的生产成本				
月末在产品成本				

表 5.111　甲产品成本核算单

产品名称：甲产品　　车间：第三车间　　金额单位：元

摘　　要	直接材料	直接人工	制造费用	合　计
月初在产品成本				
本月发生的生产费用				
生产费用合计				
在产品的数量				

续表

摘　　要	直接材料	直接人工	制造费用	合　计
在产品的约当产量				
完工产品的数量				
约当总产量				
分配率(单位成本)				
完工的甲产品的生产成本				
月末在产品成本				

③ 平行结转分步成本核算表如表 5.112～表 5.116 所示。

表 5.112　各生产步骤约当产量的计算表

摘　　要	直接材料	直接人工	制造费用
第一车间的约当产量			
第二车间的约当产量			
第三车间的约当产量			

表 5.113　A 半成品成本核算单

车间：第一车间　　品名：A 半成品　　金额单位：元

摘　　要	直接材料	直接人工	制造费用	合计
月初在产品成本				
本月发生费用				
合计				
第一步骤的约当产量				
分配率				
应计入产成品成本份额				
月末在产品成本				

表 5.114　B 半成品成本核算单

车间：第二车间　　品名：B 半成品　　金额单位：元

摘　　要	直接材料	直接人工	制造费用	合计
月初在产品成本				
本月发生费用				
合计				
第二步骤约当产量				
分配率				
应计入产成品成本份额				
月末在产品成本				

表 5.115　甲产品成本核算单

车间：第三车间　　品名：甲产品　　金额单位：元

摘　要	直接材料	直接人工	制造费用	合计
月初在产品成本				
本月发生费用				
合计				
第三步骤约当产量				
分配率				
应计入产成品成本份额				
月末在产品成本				

表 5.116　甲产品成本汇总计算表

产品名称：甲产品　　金额单位：元

项　目	数量	直接材料	直接人工	制造费用	总成本	单位成本
第一车间						
第二车间						
第三车间						
合计						

第六章　工业企业产品成本核算的辅助方法

【知识目标】

(1) 了解工业企业产品成本核算的辅助方法的特点及核算程序。
(2) 掌握产品成本核算的分类法及类内各产品成本的分配方法。
(3) 掌握产品成本核算的定额法及具体应用。
(4) 掌握联产品成本的核算方法。
(5) 掌握副产品成本的核算方法。
(6) 了解等级产品的核算。

【技能目标】

(1) 具备工业企业产品成本核算的辅助方法的应用能力。
(2) 具备联产品和副产品成本的核算能力。

第一节　产品成本核算的分类法

一、分类法的特点和适用范围

分类法也称系数法，该方法是先按产品类别设立生产成本明细账归集生产费用，计算各类完工产品的总成本，然后再按一定标准在同类产品中分配，计算出各品种或规格产品成本的一种方法。这种方法是为了简化某些特定企业的成本核算工作，在产品成本基本计算方法基础上发展起来的一种方法。

分类法的特点可概括为以下三个方面：

(1) 以产品的类别作为成本核算对象，归集各类产品的生产费用。归集时，直接费用直接计入，间接费用采用一定的分配标准分配计入。

(2) 成本核算期决定于生产特点及管理要求。如果是大批量生产，结合品种法或分步法进行成本核算，则应定期在月末进行成本核算；如果与分批法结合运用，成本核算期可不固定，而与生产周期一致。所以，分类法并不是一种独立的基本成本核算方法。

(3) 月末一般要将各类产品生产费用总额在完工产品和月末在产品之间进行分配。

分类法一般适用于使用同样原材料，通过基本相同的加工工艺过程，所生产产品的品种、规格、型号繁多，可以按一定标准予以分类的生产企业或车间，如鞋厂、轧钢厂等。采用分类法可以适当减少成本核算对象，简化成本核算工作。

二、分类法的计算程序

分类法的计算程序如下：

(1) 按产品类别设立生产成本明细账。

(2) 按照规定的成本项目汇集生产费用，计算各类产品的总成本。

(3) 采用适当的方法将各类完工产品成本在该类各种不同规格的产品中进行分配，计算类内各产品的总成本和单位成本。分配方法与计算原理同第五章的成本基本计算方法。

三、类内各产品成本的分配方法

分类法下，各类别产品总成本在类内各种产品之间分配的方法是根据产品生产特点确定的。它既可以采用产品的经济价值指标(计划成本、定额成本、销售单价)，也可以采用产品的技术性指标(重量、长度、体积、浓度、含量等)，还可以采用产品生产的各种定额消耗指标来作为分配标准。

常用的分配方法有定额比例法和系数分配法两种。

(一) 定额比例法

在分类法下，某类完工产品的总成本，可以按照该类产品内各种产品的定额成本或定额消耗量比例进行分配，计算出类内各种产品的总成本和单位成本，这种方法就是定额比例法。采用定额比例法简便易行，但要求企业定额管理基础良好，为每一种产品制定准确、稳定的消耗定额。定额比例法的计算步骤如下：

(1) 计算类内每种产品各成本项目的定额成本或定额消耗量，分成本项目计算耗费分配率。其计算公式如下：

$$\begin{matrix}\text{某类产品某项}\\\text{耗费分配率}\end{matrix}=\frac{\text{该类完工产品该项耗费总额}}{\text{该类内各种产品的定额成本（或定额耗用量）之和}}$$

(2) 分成本项目计算类内各种产品的实际成本。其计算公式如下：

$$\begin{matrix}\text{类内某种产品某}\\\text{项目的实际成本}\end{matrix}=\begin{matrix}\text{该种产品该项目的定额}\\\text{成本（或定额耗用量）}\end{matrix}\times\begin{matrix}\text{该类产品该项}\\\text{耗费分配率}\end{matrix}$$

(二) 系数分配法

系数分配法是运用系数分配计算类内各规格产品成本的一种方法。这里的系数是指各种规格产品之间的比例关系。

系数分配法的步骤如下：

(1) 确定分配标准，即选择与耗用费用关系最密切的因素作为分配标准，如定额消耗量、定额成本、计划成本、售价或重量、体积和长度等。

(2) 将分配标准折算成固定系数，其方法是，在同类产品中选择一种有代表性的产品，如将产销量大、生产正常、售价稳定的产品作为标准产品，定其标准系数为“1”，并定出其他产品与标准产品的比率即系数，公式如下：

$$某产品系数=\frac{该产品分配标准额}{标准产品分配标准额}$$

(3) 将类内各产品的产量按照系数折算出相当于标准产品的产量，计算公式为：

$$某产品相当于标准产品的产量=该产品的实际产量\times该产品的系数$$

(4) 计算出全部产品相当于标准产品的总产量，以此为标准分配类内各种产品的成本。

$$\begin{matrix}某种产品应分配\\的某项耗费\end{matrix}=\begin{matrix}该种产品的\\标准产量\end{matrix}\times\begin{matrix}该类产品某项\\耗费分配率\end{matrix}$$

四、分类法的应用(按系数法)

[例 6-1]　某工业企业大量生产 A、B、C 三种产品，这三种产品结构相似，使用原材料相同，生产工艺过程相同，只是规格不同。为简化成本核算，将三种产品归为一类——甲类，采用分类法计算产品成本。甲类产品的月末在产品成本按定额成本核算，该类产品 2017 年 5 月初在产品成本、本月生产耗费及月末在产品成本资料如表 6.1 所示。

表 6.1　月初在产品成本、本月生产耗费及月末在产品成本

金额单位：元

项　目	直接材料	直接人工	制造费	合　计
月初在产品成本	4 500	2 000	1 500	8 000
本月生产耗费	23 700	14 360	10 770	48 830
月末在产品成本	3 800	1 600	1 200	6 600

类内各种产品的耗费分配标准为：直接材料按各种产品的原材料费系数分配，原材料费系数按原材料消耗定额确定，选定 B 产品作为标准产品；直接人工、制造费用等加工费用按定额工时比例分配。甲类各种产品产量、原材料消耗定额和工时定额资料如表 6.2 所示。计算企业成本。

表 6.2　甲类各种产品产量、原材料消耗定额和工时定额资料

产品名称	产量/件	原材料消耗定额/千克	工时定额/小时
A 产品	300	8	20
B 产品	500	10	18
C 产品	400	12	24

解：根据上述资料，该企业成本核算如下：

(1) 按产品类别(甲类)开设产品成本明细账，根据该类产品月初在产品定额成本、本月生产耗费和月末在产品定额成本，登记甲类产品成本明细账，计算该类完工产品成本，如表 6.3 所示。

表 6.3　产品成本明细账

产品类别：甲类　　2017 年 5 月　　金额单位：元

月	日	摘　　要	直接材料	直接人工	制造费	合计
5	1	月初在产品定额成本	4 500	2 000	1 500	8 000
	31	本月生产耗费	23 700	14 360	10 770	48 830
	31	生产耗费累计	28 200	16 360	12 270	56 830
	31	完工产品成本	24 400	14 760	11 070	50 230
	31	月末在产品定额成本	3 800	1 600	1 200	6 600

(2) 根据原材料消耗定额计算原材料费系数，如表 6.4 所示。

表 6.4　原材料费系数计算表

产　品　名　称	原材料消耗定额/千克	系　　数
A 产品	8	0.8
B 产品	10	1
C 产品	12	1.2

(3) 分配计算甲类中 A、B、C 三种产成品总成本和单位成本，如表 6.5 所示。

表 6.5　类内各种产品成本核算表

产品类别：甲类　　2017 年 5 月　　金额单位：元

项目	产量/件	原材料费系数	原材料总系数(标准产量)	工时定额	定额工时	总成本				单位成本
						直接材料	直接人工	制造费用	合计	
分配率						20	0.6	0.45		
A 产品	300	0.8	240	20	6 000	4 800	3 600	2 700	11 100	37
B 产品	500	1	500	18	9 000	10 000	5 400	4 050	19 450	38.9
C 产品	400	1.2	480	24	9 600	9 600	5 760	4 320	19 680	49.2
合　计	—	—	1 220	—	24 600	24 400	14 760	11 070	50 230	—

表 6.5 中各种耗费分配率计算如下：

$$\text{原材料费分配率}=\frac{24\ 400}{1\ 220}=20$$

$$\text{直接人工分配率}=\frac{14\ 760}{24\ 600}=0.6$$

$$\text{制造费分配率}=\frac{11\ 070}{24\ 600}=0.45$$

(4) 根据产品入库单和表 6.5，编制结转甲类各种完工产品成本的会计分录。

借：库存商品——A 产品　　11 100

　　　　　　——B 产品　　19 450

——C 产品　　　　　　　　　19 680

贷：基本生产成本——甲类　　　　　　　　　50 230

课堂练习 6-1

1. 目的：练习产品成本核算分类法中系数分配法的计算。

2. 资料：某企业生产甲、乙、丙三类产品，其中甲类产品包括 A、B、C 三种产品，其中 A 种产品为标准产品。甲类产品内各种产品的直接材料费用按材料定额系数分配。

3. 要求：计算甲类各产品直接材料费的分配系数，并填入表 6.6。

表 6.6　直接材料分配系数计算表

产品名称	单位产品直接材料费用定额				直接材料费用系数
	材料名称或编号	消耗定额/公斤	计划单价	费用定额	
A (标准产品)	I	10	5		
	II	5	4		
	III	10	3		
	小计				
B	I	13	5		
	II	6	4		
	III	12	3		
	小计				
C	I	11	5		
	II	6	4		
	III	11	3		
	小计				

五、联产品、副产品及等级产品的成本核算

（一）联产品的成本核算

1. 联产品的含义

联产品是指用同样的原材料，经过一道或一系列工序的加工同时生产出几种地位相同但用途不同的主要产品。例如，煤油厂以原油为原料，经过一定的生产工艺过程，加工成汽油、煤油、柴油等各种燃料油。联产品与同类产品不同，同类产品是指在产品品种、规格繁多的企业或车间，按一定的标准归类的产品，其目的是便于采用分类法简化产品成本核算工作。联产品的生产是联合生产，其特点是同一资源在同一生产过程中投入，分离出两种或两种以上的主要产品，其中个别产品的产出，必然伴随联产品的同时产出。

各种联产品的产出，有的要到生产过程终了时才分离出来，有的也可能在生产过程中

的某个步骤先分离出来，有些产品分离后，还需继续加工。联产品分离出来时的生产步骤称为“分离点”。分离点是联产品的联合生产程序结束，各种产品可以辨认的生产交界点。联产品的成本关系如图 6.1 所示。

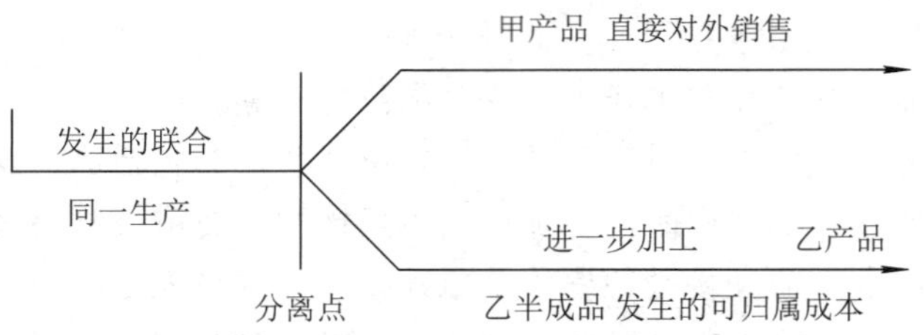

图 6.1　联产品成本关系图

2. 联产品联合成本的分配方法

联产品成本核算同一般产品的成本核算有所不同，要分三个部分进行，即联产品分离点前成本核算、分离点的联合成本分配和分离点后加工成本的计算。联产品分离点前成本计算和分离点后需继续加工的加工成本核算，都应根据生产类型和管理要求，选用基本成本核算方法计算。而分离点联产品之间联合成本的分配则要采用专门的方法进行。常用的分配方法有系数分配法、实物量分配法和销售收入比例分配法等。

1) 系数分配法

系数分配法是将各种联产品的实际产量乘以事先制定的各该联产品的系数，把实际产量换算成相对生产量，然后，按各联产品的相对生产量比例来分配联产品的联合成本。系数分配法的关键是系数的确定要合理。实践中系数的确定标准有的是采用各联产品的技术特征(如重量、体积、质量性能、含量和加工难易程度等)，也有的是采用各联产品的经济指标(如定额成本、售价等)。

2) 实物量分配法

实物量分配法是按分离点上各种联产品的重量、容积或其他实物量度比例来分配联合成本。采用这种方法计算出的各产品单位成本是一致的，且是平均单位成本，因此简便易行。但由于并非所有的成本发生都与实物量直接相关，容易造成成本核算与实际相脱节的情况。故此法一般适用于成本的发生与产量关系密切，而且各联产品销售价格较为均衡的联合成本的分配。

3) 销售收入比例分配法

销售收入比例分配法是指按各种联产品的销售收入比例来分配联合成本。这种分配法强调经济比值，通常认为联合生产过程的联产品是同时产出的，并不是只产出其中一种。因此，从销售中所获得的收益，理应在各种联产品之间按比例进行分配。也就是说，售价较高的联产品应该成比例地负担较高份额的联合成本，售价较低的联产品应该负担较低份额的联合成本，其结果是各种联产品的毛利率相同。

这种方法克服了实物量分配法的不足，但其本身也存在着缺陷，其表现在：一方面，并非所有的成本都与售价有关，价格较高的产品不一定要负担较高的成本；另一方面，并非所有的联产品都具有同样的获利能力。这种方法一般适用于分离后不再加工，而且价格波动不大的联产品成本核算。

3. 联产品成本核算举例

[例 6-2]　某厂用某种原材料经过同一生产过程同时生产出甲、乙两种联产品。2017 年 5 月共生产甲产品 4 000 千克、乙产品 2 000 千克，无期初、期末在产品。该月生产发生的联合成本分别为：原材料为 60 000 元，直接人工成本为 21 600 元，制造费用为 38 400 元。甲产品每千克的售价为 500 元，乙产品每千克的售价为 600 元，设全部产品均已售出。利用系数分配法、实物量分配法、销售收入比例分配法计算甲、乙产品成本。

解：根据资料分别用系数分配法、实物量分配法、销售收入比例分配法计算甲、乙产品成本如表 6.7～表 6.9 所示。

表 6.7　联产品成本核算表(系数分配法)

2017 年 5 月　　金额单位：元

产品名称	产量/千克	系数	标准产量	分配比例(%)	应负担的成本			
					直接材料	直接人工	制造费用	合　计
甲	4 000	1	4 000	62.5	37 500	13 500	24 000	75 000
乙	2 000	1.2	2 400	37.5	22 500	8 100	14 400	45 000
合计	6 000		6 400	100	60 000	21 600	38 400	120 000

注：以售价为标准确定系数，选择甲产品为标准产品，其系数为 1，乙产品系数为 600 / 500 = 1.2

表 6.8　联产品成本核算表(实物量分配法)

2017 年 5 月　　金额单位：元

产品名称	产量/千克	联合成本				分配率	应负担的成本			
		直接材料	直接人工	制造费用	合计		直接材料	直接人工	制造费用	合计
甲	4 000						40 000	14 400	25 600	80 000
乙	2 000						20 000	7 200	12 800	40 000
合计	6 000	60 000	21 600	38 400	120 000	20	60 000	21 600	38 400	120 000

注：① 综合分配率 = 120 000 / 6 000 = 20；② 直接材料分配率 = 60 000 / 6 000 = 10；③ 直接人工分配率 = 21 600 / 6 000 = 3.6；④ 制造费用分配率 = 38 400 / 6 000 = 6.4

表 6.9　联产品成本核算表(销售收入比例分配法)

2017 年 5 月　　金额单位：元

产品名称	产量/千克	销售单价	销售价值	分配比例	应负担的成本			
					直接材料	直接人工	制造费用	合计
甲	4 000	500	2 000 000	62.5	37 500	13 500	24 000	75 000
乙	2 000	600	1 200 000	37.5	22 500	8 100	14 400	45 000
合计	6 000		3 200 000	100	60 000	21 600	38 400	120 000

课堂练习 6-2

1. 目的：练习联产品成本核算的实物量分配法。

2. 资料：某企业生产 A、B 两种联产品，20××年 5 月，发生直接材料、直接人工、制造费用等联合成本共计 18 000 元。A 产品产量 200 千克，B 产品产量 400 千克。

3. 要求：按实物量分配法分配联合成本，并填入表 6.10。

表 6.10　联产品成本核算表(实物量分配法)

20××年 5 月　　　　金额单位：元

产品名称	产量/千克	分配率	应分摊联合成本	单位成本
A 产品	200			
B 产品	400			
合计	600		18 000	

课堂练习 6-3

1. 目的：练习联产品成本核算的销售收入比例分配法。

2. 资料：某企业生产 A、B 两种联产品，20××年 5 月，发生直接材料、直接人工、制造费用等联合成本共计 18 000 元。A 产品产量 200 千克，B 产品产量 400 千克。

3. 要求：按销售收入比例分配法分配联合成本，并填入表 6.11。

表 6.11　联产品成本核算表(销售收入比例分配法)

20××年 5 月　　　　金额单位：元

产品名称	产量/千克	单位售价	销售收入	分配率	应分摊联合成本	单位成本
A 产品	200	36				
B 产品	400	42				
合计	600	—			18 000	

(二) 副产品的成本核算

副产品是指使用同种原材料在同一生产过程中生产主要产品的同时，附带生产出一些非主要产品，或利用生产中废料加工而成的产品，如肥皂厂生产出来的甘油，炼油厂在炼油中产出的渣油、石油焦等。

由于副产品和主要产品是同一原材料经过同一生产过程生产出来的，所以，其成本与主要产品成本在分离步骤前是共同发生的，这也决定了副产品的成本核算就是确定其应负担分离点前的联合成本。又由于副产品的经济价值较小，在企业全部产品中所占的比重也较小，因此在计算成本时，可采用简单的计算方法，确定副产品的成本，然后从分离前联合成本中扣除，其余额就是主要产品成本。

副产品的成本核算方法通常有以下几种：

(1) 对分离后不再加工的副产品，若价值不大(与主要产品相比)，可不负担分离前的联合成本，或以定额单位成本核算其成本。

(2) 对分离后不再加工但价值较高的副产品，往往以其销售价格作为计算的依据，按销售价格扣除销售税金、销售费用和一定的利润后即为副产品成本。

(3) 对于分离后仍需进一步加工才能出售的副产品，如价值较低，可只计算归属于本产品的成本；如价值较高，则需同时负担可归属成本和分离前联合成本，以保证主要产品成本核算的合理性。

[例 6-3] 某工业企业在生产 A 主产品的同时，附带生产出了 B 副产品。2017 年 5 月的联合成本资料如下：月初在产品成本为 5 600 元，其中，直接材料 2 400 元，直接人工 2 000 元，制造费用 1 200 元；该月发生的各项生产耗费为 58 400 元，其中，直接材料 29 600 元，直接人 工 17 200 元，制造费 11 600 元。5 月份 A 产品产量为 4 000 千克，副产品 B 产品为 1 000 千克，每千克售价为 4 元，每千克销售税金及附加 0.2 元，每千克销售利润为 0.5 元，销售费用总额为 100 元，无月末在产品。B 副产品按比例从联合成本的各成本项目中扣除。计算 B 副产品应负担的联合成本。

解：编制 B 副产品成本计算表，如表 6.12 所示。

表 6.12　B 副产品成本核算表

产品名称：B 副产品　　　　金额单位：元

项　　目	直接材料	直接人工	制造费用	合　计
联合成本	32 000	19 200	12 800	64 000
各成本项目所占比重/(%)	50	30	20	100
B 副产品总成本	1 600	960	640	3 200
B 副产品单位成本	1.6	0.69	0.64	3.2
B 副产品的成本 = 1000 × 4 − 1000 × 0.2 − 1000 × 0.5 − 100 = 3200 (元)				

在联合成本中分成本项目扣除 B 副产品成本，余额为 A 主产品的成本，计算如表 6.13 所示。

表 6.13　产品成本核算表

产品名称：A 主产品　　　　金额单位：元

摘　　要	直接材料	直接人工	制造费用	合　计
月初在产品成本	2 400	2 000	1 200	5 600
本月生产耗费	29 600	17 200	11 600	58 400
生产耗费合计	32 000	19 200	12 800	64 000
减 B 副产品成本	−1 600	−960	−640	−3 200
产成品成本	30 400	18 240	12 160	60 800
产成品单位成本	7.6	4.56	3.04	15.2

(三) 等级品的成本核算

等级品是指使用同种原材料，经过相同加工过程生产出来的品种相同、但质量有所差别的产品，如纺织品、搪瓷器皿的生产常有等级品产生。等级品与联产品、副产品相同之处在于，它们都是使用同种原材料，经过同一生产过程而产生的。它们的不同之处在于，联产品、副产品之间性质、用途不同，属于不同种产品，而等级品是性质、用途相同的同种产品；在每种联产品、副产品中，其质量比较一致，因而销售单价相同，而各等级品质量存在差异，从而销售单价相应分为不同等级。

等级品应视造成其质量差别的原因确定成本核算方法。如果等级品是由于工人操作不当、技术不熟练等主要原因造成的，可以采用实物量分配法，以使各等级品的单位成本相同。因为各产品虽然等级不同，但使用原材料、经过的生产过程都相同，所以各等级品的单位成本理应没有差别。在成本相同的情况下，低等级品由于售价较低而使其毛利低于正品的差额，从而能够比较敏感地反映由于企业产品质量管理不善所导致的经济损失。

第二节　产品成本核算的定额法

一、定额法的含义及特点

定额法，是为了反映产品实际成本脱离定额成本的差异，配合企业加强生产费用与产品成本的定额管理和进行成本控制所采用的一种成本核算方法。它的基本特点是：以产品的定额成本为基础，加上或减去脱离定额差异以及定额变动差异来计算产品的实际成本。

定额法的基本原理是：在实际费用发生时，将其划分为定额成本与定额差异两部分来归集，并分析产生差异的原因，及时反馈到管理部门，月终以产品定额成本为基础，加减所归集和分配的差异，以此求得产品实际成本。成本核算采用定额法，其产品实际成本由定额成本、脱离定额差异、材料成本差异和定额变动差异四个因素组成。其计算公式如下：

$$产品实际成本=按现行定额计算的产品定额成本\pm脱离现行定额差异\pm材料成本差异\pm月初在产品定额变动差异$$

(1) 定额成本是指以企业在一定时期所实行的各种消耗定额为基础计算的一种预计产品成本。

(2) 脱离定额差异是指生产费用脱离现行定额或预算的数额，它标志着各项生产费用支出的合理程度。

(3) 材料成本差异是指在定额法下，材料或半成品的日常核算以计划成本计价而产生的材料或半成品实际成本与计划成本的差异，它反映所耗材料或半成品的价差。

(4) 定额变动差异是指由于修订消耗定额而产生的新、旧定额成本之间的差额。它与生产费用的超支或节约无关，是定额成本本身运用的结果。

定额成本法的特点表现在以下几个方面：

(1) 事前需要以制定产品的消耗定额、耗费定额和产品的定额成本作为成本控制的依据。

(2) 生产耗费发生时，将符合定额的耗费和发生的差异分别核算，包括脱离现行定额的差异核算、材料成本差异的核算和定额变动差异的核算。

(3) 月末在定额成本的基础上加减各种差异，计算产品的实际成本。

(4) 定额成本法必须与成本核算的品种法、分批法和分步法等基本方法结合运用，因为它不是一种独立的成本核算方法。

二、定额法的计算程序

定额法的计算程序如下：

(1) 按照企业生产工艺特点和管理要求，确定成本核算对象及成本核算的基本方法。

(2) 根据有关定额标准，计算各成本项目的定额费用，编制产品定额成本核算表。

(3) 生产费用发生时，将实际费用分为定额成本和定额成本差异两部分，分别编制凭证，予以汇总。

(4) 按确定的成本核算基本方法，汇集、结转各项费用的定额成本差异，并按一定标准在完工产品与在产品之间进行分配。

(5) 利用产品定额成本加减所分得的差异，求得产品实际成本。

三、定额成本的计算

定额成本一般是以产品现行的消耗定额和计划价格或费用的计划分配率为依据并分成本项目计算的。具体公式如下：

直接材料定额成本＝产品原材料消耗定额×原材料计划单位成本

直接人工定额成本＝产品生产工时定额×计划小时工资率

制造费用定额成本＝产品生产工时定额×计划小时费用率

计算时，如果产品的零部件不多，一般先计算零件的定额成本，然后再汇总计算部件和产成品的定额成本。如产品的零部件较多，为了简化成本核算工作，也可以不计算零件定额成本，而根据列有零件材料消耗定额、工序计划、工时消耗定额的零件定额卡，以及材料计划单价、计划工资率和费用率，计算部件定额成本，然后汇总计算产成品定额成本，或者根据零部件的定额卡直接计算产成品定额成本。

四、脱离定额差异的计算

脱离定额差异的计算包括直接材料脱离定额差异的计算、直接人工费用脱离定额差异的计算、制造费用脱离定额差异的计算和材料成本差异的分配。计算和分析脱离定额成本的差异是定额法的核心内容。

(一) 直接材料脱离定额差异的计算

在各成本项目中，材料费用一般占有较大比重，而且属于直接计入费用，因而有必要也有可能在费用发生的当时就按产品种类来计算定额费用和对脱离定额的差异进行控制。直接材料定额差异的计算，一般有三种方法：限额法、切割法、盘存法。

1. 限额法

限额法运用限额领料单和限额领料卡来反映材料领用数量和实际耗用数量。符合定额的材料应根据限额领料单等定额凭证领发，如果增加产品产量或需要增加用料，必须办理追加额手续，然后根据定额凭证领发。由于其他原因需要超额领料或者领用代用材料，根据专设的超额材料领用单、代用材料领用单等差异凭证，经过一定的审批手续领发。超额领用的材料，全部是定额差异；代用材料并不都是定额差异，要先计算出所领代用材料相当于原规定材料的数量，然后再计算出差异。

[例 6-4]　某企业本月投产甲产品 600 件，单位产品 A 材料消耗定额 20 千克，每千克计划单位成本 5 元，超额领料单本月登记数量为 150 千克。计算甲产品的 A 材料定额差异。

解：　甲产品 A 材料定额成本 = 600 × 20 × 5 = 60 000 (元)

甲产品 A 材料脱离定额差异 = 150 × 5 = 750 (元)

课堂练习 6-4

1. 目的：直接材料脱离定额差异计算的限额法的应用。

2. 资料：某企业生产 B 产品，本期投产产品数量 1 100 件，单位产品材料消耗定额为 5 千克。本期限额领料单列示领用原材料数量 5 400 千克，超额领料单登记超额领用原材料 100 千克，车间期初余料 10 千克，期末余料 50 千克，材料计划单价 4 元。

3. 要求：计算 B 产品原材料定额差异。

2. 切割法

切割法要求对于需要切割才能使用的材料(如板材、棒材等)，通过材料切割核算单核算用料差异，以控制用料。这种核算单一般应按切割材料的批别开立，单中填明发交切割材料的种类、数量、消耗定额和应切割成的毛坯数量；切割完成后，再填写实际切割成的毛坯数量和材料的实际消耗量。根据实际切割成的毛坯数量和消耗定额，计算出材料定额消耗量，与材料实际消耗量相比较，可得出用料脱离定额的差异。

[例 6-5]　发出材料 500 千克，切割成 A 种零件(毛坯)150 个，每个消耗定额为 3 千克，每千克材料计划单价为 5 元，计算定额差异。

解：定额耗用量：150 × 3 = 450 (千克)

材料定额差异：数量 500 − 450 = 50 (千克)

金额 5 × 50 = 250 (元)

3. 盘存法

对于不能采用切割核算的材料，为了更好地控制用料，可通过盘存的方法核算用料差异。其做法是：根据完工产品的数量和在产品盘存数量计算产品投产数量；将产品投产数量乘以材料消耗定额，计算出材料定额消耗量；根据限额领料单、超额领料单和退料单等凭证以及车间余料的盘存资料，算出材料实际消耗；最后以材料的定额消耗量与实际消耗量对比，确定材料脱离定额差异。

不论采用哪种方法核算原材料定额消耗量和脱离定额差异，都应分批或定期地将这些核算资料按照成本核算对象汇总，编制原材料定额费用和脱离定额差异汇总表(其格式见表 6.14)。这种汇总表，既可用来汇总反映和分析原材料脱离定额差异，又可用来代替原材料费用分配表登记产品成本明细账，还可以报送管理当局或向职工公布，以便根据发生的原因采取措施，进一步挖掘降低材料费用的潜力。

表 6.14　材料定额费用和脱离定额差异汇总表

材料种类	材料编号	单位	计划单位成本	定额费用		按计划价格计算的实际费用		脱离定额差异		差异原因分析
				数量	金额	数量	金额	数量	金额	
A 材料	2001	千克	6	11 600	69 600	10 800	64 800	−800	−4 800	略
B 材料	2011	千克	4	9 200	36 800	9 600	38 400	400	1 600	略
合计					106 400		103 200		−3 200	

(二) 直接人工费用脱离定额差异的计算

直接人工费用脱离定额差异的核算，因采用工资形式不同而有所区别。

在计件工资形式下，生产工人工资脱离定额差异的核算与原材料脱离定额差异的核算类似。其计算方法为：

$$直接人工定额费用 = 计件数量 \times 计件单价$$

$$计件单价=\frac{计价单位工时的人工费用}{每工时产量定额}$$

在计时工资形式下，生产工人工资脱离定额的差异平时不能按产品直接计算，所以平时只以工时进行考核，在月末实际生产工人工资总额确定以后，才能按下式计算：

$$计划单位工时工资=\frac{计划产量的定额生产工人工资总额}{计划产量的定额生产工时总额}$$

$$实际单位工时工资=\frac{实际生产工人工资总额}{实际生产工时总数}$$

$$某产品定额工资 = 该产品实际产量的定额生产工时 \times 计划单位工时工资$$
$$该产品实际工资 = 该产品实际产量的实际生产工时 \times 实际单位工时工资$$
$$该产品直接人工费用脱离定额差异 = 该产品实际工资 - 该产品定额工资$$

如果生产工人工资属于间接费用，则可把工资脱离定额差异分为两部分核算：一部分反映工时定额执行情况差异，称工时差异(或效率)；另一部分是工资额差异。其计算公式为：

$$工时差异 = (实际单耗工时 - 定额单耗工时) \times 实际投入产量 \times 计划小时工资$$
$$小时工资额差异 = (实际小时工资 - 计划小时工资) \times 实际投入产量 \times 实际单耗工时$$
$$直接人工费用脱离定额差异 = (实际单耗工时 \times 实际小时工资 - 计划单耗工时 \times 计划小时工资) \times 实际投入产量$$

[例 6-6]　某企业生产甲、乙两种产品，计划工作总额为 45 100 元，计划产量为：甲产品 600 件，单位工时定额为 20 小时；乙产品 170 件，单位工时定额为 50 小时。本月实际工资总额为 48 024 元，实际产量为甲产品 600 件，实际生产工时为 13 200 小时；乙产品 160 件，实际生产工时为 7 680 小时。计算甲、乙两种产品直接人工费用脱离定额差异。

解：

$$计划单位工时工资=\frac{45\,100}{600\times 20+170\times 50}=2.2$$

$$实际单位工时工资=\frac{48\ 024}{13\ 200+7\ 680}=2.3$$

$$甲产品直接人工脱离定额差异=(22\times2.3-20\times2.2)\times600=3\ 960\ (元)$$

其中：

$$工时差异=(22\times2.2-20\times2.2)\times600=2\ 640\ (元)$$

$$小时工资差额差异=(22\times2.3-22\times2.2)\times600=1\ 320\ (元)$$

课堂练习 6-5

1. 目的：直接人工费用脱离定额差异的计算的应用。

2. 资料：某企业生产甲、乙两种产品，计划工资额为 12 000 元，计划产量工时为 60 000 小时。实际产量的定额工时为 62 000 小时，其中甲产品 40 000 小时，乙产品 22 000 小时。实际工资总额为 14 300 元，实际工时为 65 000 小时，其中甲产品 45 000 小时，乙产品 20 000 小时。

3. 要求：分别计算甲、乙产品工资定额差异。

(三) 制造费用脱离定额差异的计算

制造费用属于间接费用，即发生时先按发生地点进行归集，月末才能直接或分配计入产品成本。所以，在日常核算中，不能按照产品直接核算费用脱离定额的差异，只能根据费用计划、费用项目核算费用脱离计划的差异，据以控制和监督费用的发生。各种产品应负担的定额制造费用和费用脱离定额的差异，在月末时可比照上述计时工资的计算方法确定。

(四) 材料成本差异的分配

在定额法下，材料日常核算都是按计划成本进行的，即材料定额成本和材料脱离定额差异都按材料的计划单位成本核算。因此，在月末计算产品实际成本时，还必须按照下列公式计算产品应负担的材料成本差异。

$$\begin{aligned}某产品应分配材料成本差异=&(该产品原材料定额成本\pm原材料脱离定额差异)\\&\times材料成本差异率\end{aligned}$$

五、定额变动差异的计算

定额变动差异，是指由于修订消耗定额而产生的新旧定额之间的差额。新定额一般在月初开始实行，当月投入的产品费用，都应按新定额来计算脱离定额差异，但在定额运用后，月初在产品的定额成本并未修订，仍然是按旧定额计算的。为了使按旧定额计算的月初在产品定额成本和按新定额计算的本月投入产品的定额，在新定额的同一基础上相加起来，以便计算产品的实际成本，必须计算月初在产品定额成本的差异，用以调整月初在产品按旧定额计算的定额成本为按新定额计算的定额成本。

由此可见，定额变动差异主要是指月初在产品由于定额变动产生的差异。其计算公式为：

$$\text{月初在产品定额变动差异}=\text{月初在产品按原定额计算的定额成本}-\text{月初在产品按调整后定额计算的定额成本}$$

对于计算出的定额变动差异，应分不同情况予以处理。在消耗定额降低的情况下产生的差异，一方面应从月初在产品定额成本中扣除，另一方面，还应将属于月初在产品生产费用实际支出的该项差异，列入本月产品成本中；相反，在消耗定额提高的情况下，月初在产品增值的差异应列入月初在产品定额成本之中，同时从本月产品成本中予以扣除。

月末，对计算出的定额成本、脱离定额差异、定额变动差异以及材料成本差异，应在完工产品和月末在产品之间按照定额成本比例进行分配。如果各种差异数额不大，或者差异虽然较大，但各月在产品数量比较均衡。这种情况下，月末在产品可按定额成本计价，即不负担差异，差异全部由产成品负担。

六、定额法的应用

[例 6-7] 某企业大量大批生产甲产品，采用定额法计算产品成本。2017 年 5 月初在产品 250 件，5 月份投产 1 250 件，完工 1 000 件，月末在产品 500 件。原材料在生产开始时一次投入，材料消耗定额由 7 月份 50 元降为 48 元，材料成本差异率为 2%。单位产品工时定额为 10 小时，计划小时工资率和制造费用率分别为 8 元和 5 元。假定定额差异和材料成本差异全部由完工产品成本负担，脱离定额差异按完工产品定额成本和在产品定额成本比例分配。甲产品生产成本明细账如表 6.15 所示。计算列表中的空白项。

表 6.15 甲产品生产成本明细账

完工产量：1 000 件

在产品：500 件　　　2017 年 5 月　　　金额单位：元

成本项目		直接材料	直接人工	制造费	合计
月初在产品成本	定额成本	12 500	20 000	12 500	45 000
	脱离定额差异	417	520	350	1 287
月初在产品定额变动	定额成本调整	−500			−500
	定额变动差异	500			500
本月生产费用	定额成本	60 000	90 000	56 250	206 250
	脱离定额差异	−1 875	3 220	1 575	2 938
	材料成本差异	1 162.5			1 162.5
生产费用累计	定额成本	72 000	110 000	68 750	250 750
	脱离定额差异	−1 440	3 740	1 925	4 225
	材料成本差异	1 162.5			1 162.5
	定额变动差异	500			500

续表

成本项目		直接材料	直接人工	制造费	合计
分配率	脱离定额差异	−0.02	0.034	0.028	
本月产成品成本	定额成本	48 000	72 000	45 000	165 000
	脱离定额差异	−960	2 448	1 260	2 748
	材料成本差异	1 162.5			1 162.5
	定额变动差异	500			500
	实际成本	48 702.5	74 448	46 260	169 410.5
月末在产品成本	定额成本	24 000	38 000	23 750	85 750
	脱离定额差异	−480	1 292	665	1 477

解：该产品成本核算表的有关项目按如下情况分别填列：

(1) 月初在产品成本中的“定额成本”和“脱离定额差异”根据 7 月月末在产品成本资料填列。

(2) 月初在产品定额变动差异计算如下：

$$直接材料定额变动 = 50\times 250\times\left(1-\frac{48}{50}\right) = 500\ (元)$$

“定额成本调整”项目按上述数字反方向填列。

(3) 本月生产耗费中的“定额成本”和“脱离定额差异”根据各成本项目定额成本和脱离定额差异汇总表进行登记。

$$材料成本差异 = (60\ 000-1\ 875)\times 2\% = 1\ 162.5\ (元)$$

(4) “生产费用累计”按“月初在产品成本”“月初在产品定额变动”“本月生产费”中各相同项目合计而成。

(5) 脱离定额差异分配率计算如下：

$$直接材料脱离定额差异=-\frac{1\ 440}{72\ 000} = -0.02$$

$$直接人工脱离定额差异=\frac{3\ 740}{110\ 000} = 0.034$$

$$制造费用脱离定额差异=\frac{1\ 925}{68\ 750} = 0.028$$

(6) 本月产品成本中，

产品定额成本 = 产成品数量 × 单位定额成本

产成品脱离定额差异 = 产成品定额成本 × 差异分配率

定额变动差异和材料成本差异全部由产成品负担。

(7) 月末在产品成本中，

月末在产品定额成本 = 累计定额成本 − 产成品定额成本

月末产品脱离定额差异 = 月末在产品定额成本 × 差异分配率

❖ 本章小结 ❖

品种法、分批法、分步法是产品成本核算的基本方法，它们与企业生产类型的特点有直接联系。与此对应，分类法、定额法是产品成本核算的辅助方法，它们与企业生产类型没有直接关系，在各种类型的生产中都可以应用。在产品品种规格繁多的企业中，为了简化成本核算，可采用分类法计算成本；而在定额管理制度健全、定额基础工作扎实，消耗定额准确、稳定的企业，为了加强成本管理，可采用等额法计算成本。但要明确，产品的辅助方法必须和产品成本核算的基本方法结合起来应用。本章要求掌握产品成本核算的分类法和定额法，掌握联产品和副产品的成本核算。

◈ 同步测试 ◈

【业务练习题一】

1. 目的：练习产品成本分类法的核算。

2 资料：某企业按分类法进行核算，月末计算出各类产品的实际总成本，其中甲类产品成本计算有关资料见表 6.16 和表 6.17，该类产品以各种产品的售价作为分配标准。

表 6.16 分类产品成本核算单

产品类别：甲类　　　　　　　　年　　月　　　　　　　　金额单位：元

项　目	直接材料	直接人工	制造费用	合计
月初在产品	400	200	300	900
本月发生费用	26 000	1 000	2 100	29 100
合计	26 400	1 200	2 400	30 000
月末产品成本	3 200	600	1 780	5 580
本月完工产品成本	23 200	600	620	24 420

表 6.17 类内各产品资料

产品类别	产品名称	本期实际产量/件	单位售价/元
甲类	A	500	15
	B	700	20 (标准产品)
	C	800	24

3. 要求：根据上述资料，用系数法计算各种产品的总成本及单位成本，填制“类内各种产品成本核算表”，见表 6.18。

表 6.18　类内各种产品成本核算表

类别：甲类　　　　　　　　　　年　　月　　　　　　　　金额单位：元

名称	产量/件	折合系数	总系数	完工产品总成本	每一系数成本	各种产品总成本	单位产品成本
A	500						
B	700						
C	800						
合计							

【业务练习题二】

1. 目的：练习联产品成本的核算。

2. 资料：某工厂用某种原材料经过同一生产过程同时生产出甲、乙两种联产品。2017 年 5 月共生产甲产品 4 000 千克，乙产品 2 000 千克，假设无期初、期末在产品。该月生产发生的联合成本分别为：原材料 60 000 元，直接人工成本为 21 600 元，制造费用为 38 400 元。甲产品每千克的售价为 500 元，乙产品每千克售价为 600 元，设全部产品均已出售。以甲产品为标准产品，以售价为标准确定系数。

3. 要求：根据资料分别用系数分配法、实物量分配法、销售收入比例分配法计算甲、乙产品的成本，填制成本核算表 6.19～表 6.21。

表 6.19　联产品成本核算表(系数分配法)

2017 年 5 月　　　　　　　　金额单位：元

产品名称	产量/千克	系数	标准产量	分配比例/(%)	应负担的成本			
					直接材料	直接人工	制造费用	合计
甲	4 000							
乙	2 000							
合计	6 000				60 000	21 600	38 400	120 000

表 6.20　联产品成本核算表(实物量分配法)

2017 年 5 月　　　　　　　　金额单位：元

产品名称	产量/千克	联合成本				分配率	应负担的成本			
		直接材料	直接人工	制造费用	合计		直接材料	直接人工	制造费用	合计
甲	4 000									
乙	2 000									
合计	6 000	60 000	21 600	38 400	120 000		60 000	21 600	38 400	120 000

表 6.21　联产品成本核算表(销售收入比例分配法)

2017 年 5 月　　　　金额单位：元

产品名称	产量/千克	销售单价	销售价值	分配比例/(%)	应负担的成本			
					直接材料	直接人工	制造费用	合计
甲	4 000	500						
乙	2 000	600						
合计	6 000							

【业务练习题三】

1. 目的：练习副产品的成本核算。

2. 资料：假定某厂在生产甲产品过程中，附带生产出副产品乙和丙，两种副产品无需继续加工，直接对外出售。2017 年 5 月生产该类产品所发生的费用见表 6.22，假定甲产品产量为 2 000 千克，乙产品产量为 80 千克，丙产品产量为 40 千克。乙产品的定额单位成本为 20 元，丙产品的定额单位成本为 75 元。

表 6.22　成本费用资料

2017 年 5 月　　　　金额单位：元

项　　目	直接材料	直接人工	制造费用	合计
月初在产品成本	1 600	400	1 200	3 200
本月费用	24 000	6 000	6 800	36 800

3. 要求：计算各产品成本，填制甲、乙、丙产品的成本核算表见表 6.23。

表 6.23　甲、乙、丙产品的成本核算表

2017 年 5 月　　　　金额单位：元

项　　目		行次	直接材料	直接人工	制造费用	合计
总成本	月初在产品成本	1				
	本月费用	2				
	合计	3				
费用项目比重		4				
甲产品	总成本	5				
	单位成本	6				
乙产品	总成本	7				
	单位成本	8				
丙产品	总成本	9				
	单位成本	10				

【业务练习题四】

1. 目的：练习生产成本核算辅助方法的定额法。

2. 资料：某机械配件厂生产 A 产品的配件，设两个基本生产车间，原料及动力均由协作厂供应，该厂定额资料齐全，产品成本采用定额法计算，本月基本生产成本明细账中 A 产品成本资料如表 6.24 和表 6.25 所示(金额单位：元)。

表 6.24　A 产品月初在产品成本及本月发生费用资料

成本项目	月初在产品成本			本月发生	
	定额成本	定额差异	定额变动	定额成本	定额差异
直接材料	24 400	−1 280	1 280	144 000	−7 120
直接人工	6 278	−40	830	36 120	−1 010
制造费用	13 622	603	2 050	77 880	1 330
合计	44 300	−717	4 160	258 000	−6 800

表 6.25　A 产品月初定额变动计算表

成本项目	变动前	变动后	定额变动
直接材料	24 400	24 000	400
直接人工	6 278	6 020	258
制造费用	13 622	12 980	642
合计	44 300	43 000	1 300

3. 要求：填制 A 产品成本核算单见表 6.26。

表 6.26　A 产品生产成本核算单

金额单位：元

成　本　项　目		直接材料	直接人工	制造费用	合　计
月初在产品成本	定额成本				
	脱离定额差异				
	定额变动差异				
月初在产品定额变动	定额成本调整				
	定额变动差异				
本月生产费用	定额成本				
	脱离定额差异				
生产费用合计	定额成本				
	脱离定额差异				
	定额变动差异				
分配率/(%)	脱离定额差异				
	定额变动差异				

续表

成　本　项　目		直接材料	直接人工	制造费用	合 计
本月产成品成本	定额成本				
	脱离定额差异				
	定额变得差异				
	实际成本				
月末在产品成本	定额成本				
	脱离定额差异				
	定额变得差异				

【业务练习题五】

1. 目的：练习生产成本辅助方法中分类法的成本核算。

2. 资料：某工业企业产品品种较多，按生产工艺及结构将产品分为甲、乙两类。其中甲类包括 A、B、C 三种产品，B 产品为标准产品。2017 年 5 月有关产量及成本资料如表 6.27 和表 6.28 所示。

表 6.27　产量记录与定额资料

类别：甲类　　2017 年 5 月

产品	本月完工产品产量/件	原材料费用定额/(元/件)	工时定额/小时
A	300	40	72
B	400	50	80
C	220	35	60

表 6.28　产品成本明细表

类别：甲类　　2017 年 5 月　　金额单位：元

年		凭证号数	项　目	直接材料	直接人工	制造费用	合计
月	日						
5	31	略	月初在产品成本(定额成本)	41 910	13 530	44 550	99 990
5	31		本月费用	53 340	18 500	60 090	131 930
5	31		合计	95 250	32 030	104 640	231 920
5	31		完工产品成本	64 770	19 320	62 790	146 880
5	31		月末在产品成本(定额成本)	30 480	12 710	41 850	85 040

3. 要求：根据上述资料，采用系数法计算类内各种产品成本。其中，原材料项目以原材料费用定额为分配标准，其他费用项目以工时定额为分配标准。

(1) 编制“产品系数计算表”见表 6.29。

表 6.29　产品系数计算表

2017 年 5 月　　金额单位：元

产品	产量/件	直接材料费用定额	直接材料费用		工时定额	其他费用系数	
			单位系数	总系数		单位系数	总系数
A	300	40			72		
B	400	50			80		
C	220	35			60		

(2) 编制“类内各种产品成本核算表”(见表 6.30)并列出计算公式。

直接材料分配率＝

A 产品直接材料费用＝

B 产品直接材料费用＝

C 产品直接材料费用＝

表 6.30　类内各种产品成本核算表

2017 年 5 月　　金额单位：元

产品名称	产量/件	分配标准		完工产品总成本				单位成本
		直接材料总系数	其他费用总系数	直接材料	直接人工	制造费用	合计	
A	300							
B	400							
C	220							
合计	—							

第七章 成本报表

【知识目标】

(1) 理解成本报表的概念及作用，了解成本报表的种类。
(2) 掌握商品产品成本表的编制方法。
(3) 掌握主要产品单位成本表的编制方法。
(4) 掌握制造费用明细表的编制方法。

【技能目标】

具备商品产品成本表、主要产品单位成本表及制造费用明细表等成本报表的具体编制技能。

第一节　成本报表概述

一、成本报表的概念与特点

成本报表是根据企业日常成本核算资料及其有关资料编制的，用以反映和考核企业在一定时期的产品成本和期间费用水平及其构成情况的报告文件。成本会计报表是企业为满足自身管理需要而编制的内部会计报表，是企业成本信息的主要载体，其主要目的是向企业管理当局、内部各管理职能部门和员工提供成本信息，用以加强成本管理，提高经济效益。

成本报表作为企业内部报表具有以下特点：

(1) 灵活性大。

成本报表是服务于企业内部经营管理目的的报表，可以根据企业对成本管理的要求灵活设置，并且不受外界因素的影响。因此，成本报表的种类、格式、指标项目、编制时间、报送程序和范围都可以根据企业需要自行规定，并随着生产条件的变化、管理要求的提高，随时进行修改和调整，具有较大的灵活性。

(2) 具有多样性。

成本报表是在企业特定的生产环境下，结合企业的生产特点和成本管理要求而编制的。不同企业的生产特点和成本管理要求不同，这就决定了不同企业编制的成本费用报表在种类、格式、指标项目以及指标计算口径上必然有所不同，因而呈现多样性。

(3) 综合性强。

成本报表要同时满足财会部门、各级生产技术部门和计划管理部门等对成本管理的需要，不仅要提供用于事后分析的材料，还要提供事前计划、事中控制所需要的大量信息。因此，成本报表不仅要设置货币指标，还需要设置反映成本消耗的多种形式的指标，包括会计核算提供的指标，也包括统计核算、业务核算提供的指标，这些指标实质上是会计核算资料与技术经济资料的有机结合。由于成本报表提供信息的广泛性，因此其具有综合性的特点。

二、成本报表的作用

作为企业内部报表的成本报表，其具体种类、格式由企业自行规定。企业管理当局、内部各管理职能部门等利用成本报表可以分析和考核企业成本计划的执行情况，促使企业降低成本、节约费用，从而提高企业的经济效益，增加国家的财政收入。通过对成本报表的分析，还可以揭示工业企业在生产、技术和经营、管理方面取得的成绩和存在的问题，进一步提高企业生产、技术和经营、管理的水平。此外，成本报表提供的实际成本资料还可以为企业确定产品价格、预测成本和利润、制定有关的生产经营决策，以及编制成本和利润等计划提供重要的数据。

成本报表的作用具体归纳如下：

(1) 反映企业报告期内产品的成本水平。

产品成本是反映企业生产技术经营成果的一项综合性指标，企业在一定时期内的物质消耗、劳动效率、工艺水平、生产经营管理水平都会直接或间接地在产品成本中综合地体现出来。通过编制成本报表能够及时地发现企业在生产、技术、质量、管理等方面取得的成绩和存在的问题，不断总结经验，提高企业经济效益。

(2) 反映企业成本计划的完成情况。

成本报表中所反映的各项产品成本指标，对掌握企业一定时期的成本水平，分析和考核产品成本计划完成情况及加强成本管理具有重要作用。

(3) 为制定成本计划提供依据。

计划年度的成本计划是在报告年度产品成本实际水平的基础上，结合报告年度成本计划执行情况，考虑计划年度中可能出现的有利因素和不利因素而制定的，所以本期报表所提供的资料是制定下期成本计划的重要参考依据。各管理部门还可以根据成本报表的资料对未来时期的成本进行预测，为企业制定正确的经营决策及时提供相关而有用的数据。

(4) 为企业的成本决策提供信息。

对成本报表进行分析，可以发现成本管理工作中存在的问题，揭示成本差异对产品成本升降的影响程度，从而把注意力集中放在那些不正常的对成本有重要影响的关键性差异上，查明原因和厘清责任，以便采取有针对性的措施，促使成本水平不断降低，为企业挖掘降低成本的潜力指明方向。

三、成本报表的种类

(一) 按反映的经济内容分类

1. 反映成本计划执行情况的报表

反映成本计划执行情况的报表主要有商品产品成本报表、主要产品单位成本报表、制造费用明细表。通过它们可以揭示企业为生产一定产品所付出的成本是否达到了预定的要求。在报表中，可将报告期实际成本水平与计划成本水平、历史成本水平以及同行业成本水平进行比较，以反映成本管理工作的成效，并为深入进行成本分析、挖掘成本降低潜力提供资料。

2. 反映费用支出情况的报表

反映费用支出情况的报表主要有财务费用明细表、管理费用明细表、销售费用明细表。通过它们可以了解到企业在一定时期内费用支出的总额及其构成的情况，以及费用支出的合理程度和变动趋势，以便于企业管理部门正确制定费用预算，考核各项消耗和支出指标的完成情况，明确各有关部门和人员的经济责任。

3. 反映成本专项管理的报表

反映成本专项管理的报表有生产情况报表、责任成本报表、材料耗用报表、材料差异分析报表等。这类报表属于专题报表，主要反映生产中影响产品生产成本的某些特定的重要问题，一般依据实际需要灵活设置。

(二) 按编制的范围分类

按编制的范围分类，成本报表可分为全厂成本报表、车间成本报表、班组成本报表和个人成本报表。一般地，产品成本报表、主要产品单位成本报表等是全厂成本报表，而制造费用明细表、责任成本报表、质量成本报表等既可以是全厂成本报表，也可以是车间(或班组、个人)成本报表。

(三) 按编制的时间分类

成本报表在报送内容上不像财务报表那样规范，尤其在报送时间上具有很大的灵活性。成本报表按编制的时间分类可分为定期成本报表和不定期成本报表。定期成本报表是按规定期限报送的成本报表。按报送期限长短，定期成本报表可分为年报、季报、月报、旬报、周报和日报。其中，旬报、周报和日报是为及时反馈某些重要的成本信息，以便管理部门采取相应对策而编制的。因此，定期成本报表一般按月、季、年来编制。通常，产品成本报表、主要产品单位成本报表、制造费用明细表等都是定期成本报表。不定期成本报表是针对成本、费用管理中出现的某些问题或急需解决的问题而随时按要求编制的有关成本报表。但主要报表仍可按编报时间分为年报、季报、月报、旬报、周报、日报等报表。

四、编制成本报表的基本要求

(一) 数字真实

数字真实，是指报表中的各项数据必须真实可靠，不能任意估计，更不允许弄虚作假、篡改数字。因此，企业在编制报表前，应将所有的经济业务登记入账，并核对各种账簿之间的记录，做到账账相符；清查财产、物资，做到账实相符。然后，再依据有关账簿的记录编制报表。报表编制完毕后，还应检查各个报表中相关指标的数字是否一致。

(二) 计算正确

计算正确，是指报表中的各项数据的计算要客观正确。成本报表有大量的数据计算，要求编制过程中表内数据计算要认真仔细，全面严谨，不漏记错记，不疏忽失误，且取数应准确真实，不得以计划数、估计数、定额数代替实际数。

(三) 内容完整

内容完整，是指主要报表种类应齐全，应填列的报表指标和文字说明必须全面，表内项目和表外补充资料，无论是根据账簿资料直接填列，还是分析计算填列，都应当完整无缺，不得任意取舍。注意保持各成本报表计算口径一致，计算方法如有变动，应在附注中说明。对于定期报送的主要成本报表，还应有分析、说明生产成本，费用升降情况、原因、措施的文字材料。

(四) 报送及时

成本报表有些定期编制，有些不定期编制，但无论是定期编制还是不定期编制，都要求及时编制，及时反馈。所谓编报及时，是指根据企业管理部门的需要迅速提供各种成本报表。只有这样，才能及时地对企业成本完成情况进行检查和分析，从中发现问题并及时采取措施加以解决，以充分发挥成本报表的应有作用。要做到这一点，要求企业不仅要做好日常成本核算工作，还要注意整理、收集有关的历史成本资料、同行业成本资料、统计资料以及成本计划资料、费用预算资料等。

第二节 成本报表的编制

一、商品产品成本报表的编制

商品产品成本报表是反映企业在报告期内生产的全部商品产品总成本和单位成本的会计报表。

编制本报表是为了考核企业全部商品产品成本的执行情况以及可比产品成本降低任务的完成情况，以便分析成本增减变化的原因，指出进一步降低产品成本的途径。

商品产品成本报表按可比产品和不可比产品分别反映其单位成本和总成本。可比产品是指以前年度或上年度曾经生产过，具有较完备成本资料的产品。不可比产品是指以前年度或上年度未正常生产过，没有完整成本资料的产品。对可比产品而言，因需要同上年度实际成本做比较，所以表中不仅要列示本期的计划成本和实际成本，而且还要列示按上年度实际平均单位成本核算的总成本。对不可比产品而言，因没有上年度的实际单位成本可比，所以只列示计划成本和实际成本。商品产品成本报表的格式见表 7.1。

表 7.1　商品产品成本报表

20××年 12 月　　　　金额单位：元

产品名称	实际产量/件		单位成本				本月总成本			本年累计总成本		
	本月	本年累计	上年实际平均	本年计划	本月实际	本年累计实际平均	按上年实际平均单位成本核算	按本年计划单位成本核算	本月实际	按上年实际平均单位成本核算	按本年计划单位成本核算	本年实际
	1	2	3	4	5 = 9/1	6 = 12/7	7 = 1 × 3	8 = 1× 4	9 = 1 × 5	10 = 2 × 3	11 = 2 × 4	12 = 2 × 6
可比产品合计							94 200	92 300	91 500	760 800	744 700	740 600
其中：甲	100	800	870	860	855	856	87 000	86 000	85 500	696 000	688 000	684 800
乙	20	180	360	315	300	310	7 200	6 300	6 000	64 800	56 700	55 800
不可比产品合计 其中：丙	30	100		770	780	775		23 100	23 400		77 000	177 500
合计							94 200	115 400	114 900	760 800	821 700	818 100

商品产品成本报表的编制要求：

(1)“产品名称”栏按企业规定的主要商品产品的品种分别列示，每项均注明该品种的名称、规格。

(2)“实际产量”栏数字应根据成本核算单等资料所记录的本月和从年初起到本月末止的各种主要商品产品实际产量填列。

(3)“单位成本”栏数字应按上年度或以前年度报表资料、本期成本计划资料和本期实际成本资料分别计算填列。

(4)“本月总成本”栏数字按本月实际产量分别乘以上年实际平均单位成本、本月计划单位成本和本月实际单位成本的积填列。

(5)“本年累计总成本”栏数字应按自年初到本月末止的本年累计产量分别乘以上年实际平均单位成本、本年计划单位成本和本年累计实际平均单位成本的积填列。

(6) 补充资料中，可根据计划、统计和会计等有关资料计算后填列。其中，可比产品的成本降低额和可比产品的成本降低率，可以按下列公式计算后填列：

$$\text{可比产品成本降低额}=\text{按上年实际平均单位成本计算的可比产品总成本}-\text{本年可比产品实际总成本}$$

$$\text{可比产品成本降低率} = \frac{\text{可比产品成本降低额}}{\text{按上年实际平均单位成本计算的可比产品总成本}} \times 100\%$$

根据表 7.1 的资料计算如下：

$$\text{可比产品成本降低额} = 760\,800 - 740\,600 = 20\,200(\text{元})$$

$$\text{可比产品成本降低率} = \frac{20\,200}{760\,800} \times 100\% = 2.66\%$$

二、主要产品单位成本报表的编制

主要产品单位成本报表，是反映企业一定时期内主要产品生产成本水平、变动情况及构成情况的成本报表。由于商品产品成本报表中各主要产品的成本只列示总数，无法根据表格分析构成情况，因此要编制本报表作为商品产品成本报表的补充报表。所以，该表中按成本项目反映的“上年实际平均”“本年计划”“本月实际”“本年累计实际平均”的单位成本，应与商品产品成本表中相应的单位成本的数据分别相等。通过本报表，可以反映出主要产品单位成本的变动，并可分析产品成本变动的原因。主要产品单位成本报表的格式见表 7.2。

表 7.2　主要产品单位成本报表

2016 年 12 月

产品名称：甲产品　　　　产品单位售价：1 200 元

产品规格：　　　　本月实际产量：100 件

计量单位：件　　　　本年累计实际产量：800 件

成本项目	历史先进水平	上年实际平均	本年计划	本年实际	本年累计实际平均
直接材料	620	700	690	685	687
直接人工	70	90	92	89	90
制造费用	30	80	78	81	79
生产成本小计	720	870	860	855	856
主要技术经济指标					
1. 主要材料/千克	略				
2. 其他					

本报表的特点是按产品的成本项目分别反映产品单位成本及各成本项目的历史先进水平、上年实际平均、本年计划、本年实际和本年累计实际的平均成本资料。

编制主要产品单位成本报表是为了考核各种主要产品单位成本计划的执行情况，了解单位成本的构成，分析各个成本项目的变化及其原因，以便寻找差距，挖掘潜力，降低成本。本报表的编制方法如下：

(1) 基本部分的产品名称、规格、计量单位、产量，根据有关产品成本核算单填列。

(2) 各成本项目的历史先进水平的数字，根据企业的成本历史资料填列。

(3) 各成本项目的上年实际平均单位成本的数字，根据上年度的成本资料填列。

(4) 各成本项目的本年计划的数字，根据本年计划资料填列。

(5) 各成本项目的本年实际的数字，根据实际成本资料填列。

(6) 各成本项目的本年累计实际平均的数字，根据本年各项目总成本除以累计产量后的商数填列。

三、制造费用明细表的编制

制造费用明细表是反映企业在一定时期内为组织和管理生产所发生费用总额和各明细项目数额的报表。利用该报表可以考核企业制造费用的构成和变动情况。

制造费用明细表中费用明细项目的划分，可参照财政部有关制度的规定，也可根据企业的具体情况增减，但不宜经常变更，以保持各报告期之间相关数据的可比性。若本年度内对某些明细项目的划分作了修改使得计算结果与上年度不一致，应将上年度有关报表的对应明细项目按照本年度划分标准进行调整，并在表后的附注中以文字说明。

制造费用明细表按照其费用明细项目反映企业在本期内实际发生的各项费用。该表按费用项目分别对“上年实际”“本年计划”“本年实际”进行反映。通过本年实际与上年实际的比较，可了解制造费用各项目的变动情况，从动态上研究其特征及发展规律；通过本年实际与本年计划比较，可以反映制造费用计划完成情况及节约或超支的原因。制造费用明细表的格式见表 7.3。

表 7.3　制造费用明细表

2016 年 12 月　　　　金额单位：元

费用项目	本年计划数	上年同期实际数	本月实际数	本年累计实际数
职工薪酬	125 400	9 968	10 820	127 746
折旧费	85 400	6 986	7 140	86 560
修理费	53 820	5 160	4 640	53 900
办公费	59 900	4 654	4 240	54 820
水电费	69 800	5 578	5 720	69 748
机物料消耗	59 600	4 720	4 500	54 240
劳动保护费	70 340	5 952	5 560	66 324
停工损失	0	3 742	0	10 288
在产品盘亏和毁损	0	4 764	4 260	29 790
其他	51 880	7 236	7 080	34 718
合计	576 140	58 760	53 960	588 134

该表的本年计划数应根据本年制造费用计划填列；上年同期实际数应根据上年同期本

表的本月实际数填列；本月实际数应根据“制造费用”总账科目所属各基本生产车间制造费用明细账的本月合计数汇总计算填列；本年累计实际数应根据这些制造费用明细账本月末的累计数汇总计算填列。如果需要，也可以根据制造费用的分月计划，在表中加列本月计划数。

❖ 本章小结 ❖

本章阐述成本报表的概念、特点、作用和分类。成本报表按其反映的内容，可以分为反映成本执行情况的报表、反映费用支出情况的报表、反映成本专项管理的报表；成本报表按其编制时间，可以分为定期和不定期的成本报表；成本报表按其编制范围，可以分为全厂、车间、班组及个人的成本报表。通过本章的学习，要求了解成本报表的概念及特点，领会成本报表的作用和种类，最终掌握成本报表的编制方法。

◈ 同步测试 ◈

1. 目的：练习商品产品成本报表的编制。
2. 资料：宏达公司 2016 年 12 月份商品生产成本有关资料见表 7.4。

表 7.4　商品产品成本表

2016 年 12 月　　　　金额单位：元

产品名称	实际产量/件		单位成本				本月总成本			本年累计总成本		
	本月	本年累计	上年实际平均	本年计划	本月实际	本年累计实际平均	按上年实际平均单位成本核算	按本年计划单位成本核算	本月实际	按上年实际平均单位成本核算	按本年计划单位成本核算	本年实际
	1	2	3	4	5	6	7	8	9	10	11	12
可比产品合计												
其中：甲	60	750	80	72	75	76						
乙	80	1000	60	58	61	57						
不可比产品合计												
其中：丙	20	230		220	250	245						
合计												

3. 要求：根据表 7.4 所给有关资料，计算并填列本月总成本、本年累计总成本栏。

第八章　其他行业的成本核算

【知识目标】

(1) 了解农业企业的成本内容及核算特点。

(2) 掌握林业、养殖业两大农业企业成本的核算方法。

(3) 了解商品流通企业经营活动的情况。

(4) 掌握商业批发企业采用的数量进价金额核算法，商业零售企业采用的售价金额核算法。

(5) 理解交通运输企业经营业务的特点。

(6) 掌握交通运输企业典型经营活动中运营成本方面的核算。

(7) 了解旅游餐饮服务企业的经营活动及成本特点。

(8) 掌握旅游餐饮服务企业营业成本核算的基本知识、基本方法。

【技能目标】

掌握各其他行业的成本核算能力，以适应不同行业企业成本核算的需求。

(1) 具备种殖和养殖业成本的核算技能。

(2) 具备商业批发和商业零售企业的成本核算技能。

(3) 具备汽车运输企业的营业成本核算能力。

(4) 能根据旅游餐饮服务企业服务经营情况和管理要求，综合运用有关会计核算方法，具备旅游餐饮服务活动的会计核算工作技能。

第一节　农产品成本的核算

农产品是指农业企业生产的“农、林、牧、副、渔”产品，这些产品的生产过程与制造企业的产品生产过程不同，有其特殊性，但同样需要解决成本核算的问题。

一、农产品成本的描述

农产品是由农业企业生产出来的，要了解农产品的成本，就需要先明确农业企业的概念，以及它与制造企业的区别。

(一) 农业企业的概念与特点

1. 农业企业的概念

农业企业是指从事农、林、牧、副、渔业等生产经营活动，具备较高的商品率，实行自主经营、独立经济核算，具有法人资格的营利性经济组织。

2. 农业企业的特点

(1) 土地是农业生产的重要生产资料，是农业生产的基础。

(2) 农业生产具有明显的季节性和地域性，以及劳动时间与生产时间的不一致性，农业生产的生产周期长。

(3) 农业生产中部分劳动资料和劳动对象可以相互转化，部分产品可作为生产资料重新投入生产。

(4) 种植业和养殖业之间存在相互依赖、相互促进的关系，与之相适应，经营管理上一般都实行一业为主、多种经营、全面发展的经营方针。

(5) 农业生产不仅在经营上实行一业为主、多种经营，而且在管理上实行联产承包、统分结合、双层经营的体制。

(二) 农业企业产品成本的构成内容

根据农产品生产的特点以及成本管理的需要，农业企业的成本一般包括下列内容：

(1) 种子和种苗，是指农作物生产过程中直接耗用的自产和外购的种子与种苗的费用。

(2) 肥料与农药，是指农作物生产过程中直接耗用的各种化肥、农家肥和农药的费用。

(3) 燃料动力费用，是指在农作物生产过程中消耗的各种固体燃料、液体燃料和气体燃料，以及消耗的电力费用等。

(4) 材料费用，是指农业生产企业消耗的各种材料的费用。

(5) 机械作业费，是指种植业生产过程中使用农用机械进行作业所发生的费用。

(6) 直接人工费，是指直接从事农作物生产人员的全部薪酬费用。

(7) 其他直接费用，是指为农作物生产直接支付的不属于以上各项的费用，如灌溉费等。

(8) 折旧费与修理费用，是指农业企业固定资产的折旧费与修理费用。

(9) 其他费用，是指农业生产企业发生的除上述费用以外的各种费用。

(三) 农业企业产品成本的核算程序

农业企业产品成本的核算程序包括归集农业生产费用、分配农业生产费用和核算农产品成本的全过程。在农产品生产过程中(包括农产品生产、林产品生产、畜禽产品生产、水产品生产以及副业产品生产)所发生的各项生产费用，先计入“生产成本”账户，对归集的各项费用按一定的标准分配后计入“生产成本”各明细账户，期末将完工农产品成本从“生产成本”账户转入“库存商品”账户。农业企业产品成本的核算程序与制造企业产品成本的核算程序基本相同，不再重述。

二、农业产品成本的核算

(一) 农业产品成本核算对象的确定

为了适应成本管理的要求和简化核算手续，在进行农业产品的成本核算时，企业首先要区分主要作物与次要作物。对主要作物应当以每种作物作为成本核算对象，单独核算其产品成本；次要作物则以作物类别作为成本核算对象，先计算出各类作物的产品总成本，再按一定标准确定类内各种作物的产品成本。对不同收获期的同一种作物必须分别核算。企业的主要农产品一般确定为小麦、水稻、大豆、玉米、棉花、糖料、烟叶等。需要补充主要农产品目录的，由企业自行确定。

(二) 农业企业生产费用的确认

农业企业生产费用是指企业在种植农作物的生产过程中发生的全部费用，包括当年生作物和多年生作物的生产费用。

企业为了归集农业生产费用和计算产品成本，应设置“生产成本”账户。该账户是成本类账户，其借方归集农业生产所发生的各项费用；贷方登记转出完工农产品的实际成本；期末余额一般在借方，表示期末在产品成本。对于能直接计入农产品生产成本的费用，如直接材料、直接人工、其他直接费用等，借记“生产成本”账户；对于发生的间接费用，先在“制造费用”账户的借方归集，期末按一定的标准分配后转入“生产成本”账户。“生产成本”账户应按成本核算对象(按作物或作物组)设置明细分类账，账内按成本项目分设专栏。由于农作物的生产周期较长，产品单一，收获期比较集中，在年度中间各项费用和用工发生又不均匀，为了适应这些特点，种植业中农产品的成本核算期一般规定为一年。

农业企业的生产费用按其经济用途可以划分为下列各成本项目：

(1) 直接材料，是指在种植业生产中耗用的自产或外购的种子、种苗、肥料、农药、燃料和动力、修理用材料和零件、原材料及其他材料等。

(2) 直接人工，是指直接从事农业生产人员的职工薪酬。

(3) 机械作业费，是指种植业生产过程中农用机械进行耕耙、播种、施肥、除草、喷药、收割、脱粒等机械作业所发生的费用。

(4) 其他直接费用，是指除直接材料、直接人工和机械作业费以外的畜力作业费等直接费用。

(5) 间接费用，是指应摊销、分配计入成本核算对象的运输费、灌溉费、固定资产折旧费、租赁费、保养费等费用。

农业企业生产费用的归集和分配方法与制造企业生产费用的归集和分配方法类似，可对照办理。

对发生的各项费用，应根据材料费用分配表、薪酬费用分配表、固定资产折旧计算表等有关凭证，编制会计分录，并计入“生产成本”账户及所属明细账户的借方。农产品生产成本明细账的格式如表 8.1 所示。

表 8.1　农产品生产成本明细账

作物名称：

<table>
<tr><th colspan="2">年</th><th rowspan="3">凭证
号数</th><th rowspan="3">摘要</th><th colspan="5">借方</th><th colspan="2">贷方</th></tr>
<tr><th rowspan="2">月</th><th rowspan="2">日</th><th colspan="2">直接材料</th><th rowspan="2">直接
人工</th><th rowspan="2">间接
费用</th><th rowspan="2">合计</th><th rowspan="2">数量</th><th rowspan="2">金额</th></tr>
<tr><th>农药</th><th>其他</th></tr>
<tr><td></td><td></td><td></td><td></td><td></td><td></td><td></td><td></td><td></td><td></td><td></td></tr>
<tr><td></td><td></td><td></td><td></td><td></td><td></td><td></td><td></td><td></td><td></td><td></td></tr>
<tr><td></td><td></td><td></td><td></td><td></td><td></td><td></td><td></td><td></td><td></td><td></td></tr>
<tr><td></td><td></td><td></td><td></td><td></td><td></td><td></td><td></td><td></td><td></td><td></td></tr>
<tr><td></td><td></td><td></td><td></td><td></td><td></td><td></td><td></td><td></td><td></td><td></td></tr>
</table>

由于农产品收获的具体情况不同，其生产费用确认的终止点也不相同。对计入农产品成本的费用，一般划分界限如下：

(1) 粮、豆的成本核算至入仓入库和场上能够销售为止。从仓囤出库和场上交售发生的包装费、运杂费作销售费用处理。

(2) 不入库、入窖的鲜活产品的成本，计算至销售为止；入库、入窖的鲜活产品的成本，计算至入库、入窖为止。

(3) 棉花的成本核算至加工成皮棉为止。打包上交过程中发生的包装费、运输费作销售费用处理。

(4) 纤维作物、香料作物和水参等农产品的成本，计算至加工完成为止(如水参加工成干参、红参、糖参；香茅草加工成香茅油)。

(5) 年底尚未脱粒作物的成本，应当包括预提脱粒费用。下年度实际发生的脱粒费用的差额，由下年度同一作物的成本负担。

(三) 农业产品的成本核算

企业发生的生产费用在“生产成本”明细账户中核算，各“生产成本”明细账户归集的各该作物的全部生产费用，在期末结合各种作物的种植面积和产量等有关资料，即可计算出农产品的成本。

1. 当年生大田作物成本的核算

当年生大田作物是指作物生长期不超过一年的农作物，一般为当年播种、当年收获的作物，也有少部分跨年度收获的作物。

农作物成本的核算包括单位面积成本和单位产量成本的核算。单位面积成本是指种植某种农作物平均每单位播种面积所支出的费用总额。其计算公式为

$$\text{某作物单位面积成本}=\frac{\text{该作物生产费用总额}}{\text{该作物播种面积}}$$

单位产量成本是指种植某种农作物平均每单位产品所支出的费用总额。其计算公式为

$$\text{某作物单位产量}=\frac{\text{该作物生产费用总额}-\text{副产品价值}}{\text{该作物产品产量}}$$

农作物在完成生产时，一般可以产出主产品和副产品两种产品。主产品是生产的主要目的，如小麦、稻谷。副产品不是生产的主要目的，而是在生产过程中随着主产品附带获得的产品，如麦秸、稻草。由于主产品和副产品是在同一生产过程中产生的，所以它们的各种费用是联系在一起的。因此，必须将费用在主产品和副产品之间进行分配，以分别确定其成本。分配方法一般有以下两种：

(1) 估价法。该方法是对副产品按市场价格进行估价，以此作为副产品的成本。从生产费用总额中减去副产品的价值，就是主产品的总成本。

(2) 比率法。该方法是按照一定比率将生产费用总额在主产品和副产品之间进行分配的方法。这种方法要先求出生产费用总额对主副产品计划总成本的百分比，即实际总成本对计划总成本的百分比，再以主产品和副产品的计划成本乘以该百分比，即可分别计算出主产品和副产品的成本。

若副产品既不能利用，又不能出售，则不予计价，其生产费用全部由主产品负担。

[例 8-1]　A 农场第一生产队 2016 年收获小麦 100 000 千克，每千克计划成本为 0.6 元；麦秸 300 000 千克，每千克计划成本为 0.10 元。当年发生的实际生产费用总额为 99 000 元，农产品生产成本核算单如表 8.2 所示。用比率法计算小麦和麦秸的实际成本。

表 8.2　农产品生产成本核算单

2016 年　　　　金额单位：　元

产品名称	实际产量/千克	计划成本		实际成本	
		单位成本/(元/千克)	总成本	单位成本/(元/千克)	总成本
小麦	100 000	0.60	60 000	0.66	66 000
麦秸	300 000	0.10	30 000	0.11	33 000
合计			90 000		99 000

解： 实际成本分配率$=\dfrac{99\,000}{90\,000}\times 100\%=110\%$

小麦实际总成本$=60\,000\times 110\%=66\,000$ 元

小麦实际单位成本$=\dfrac{66\,000}{100\,000}=0.66$ (元/千克)

麦秸实际总成本$=30\,000\times 110\%=33\,000$ 元

麦秸实际单位成本$=\dfrac{33\,000}{300\,000}=0.11$ (元/千克)

2. 多年生作物的成本核算

多年生作物是指人参、剑麻、胡椒等经济作物，其特点是生长期限长。因此，多年生作物的抚育年限和提供产品的年限比较长。多年生作物收获农产品有两种情况：一是连续培育几年，一次收获产品，如人参；二是连年培育，年年获得产品，如剑麻、胡椒等。由于收获次数不同，其成本核算方法也不同。

三、林业产品成本的核算

(一) 林业产品成本核算对象的确定

林业产品生产一般是指经济林木的生产，不包括用材林生产。经济林木是指橡胶、水果、桑蚕、茶叶等，为此，需要按不同的经济林木产品作为成本核算对象。经济林木和农作物一样，都属于种植业，但林木是多年生植物，成长期较长，其生产过程一般要经过苗圃育苗、幼树培育和成林管理三个阶段。苗圃育苗是培育树苗的阶段；幼树培育是从树苗起土、移植到成林投产为止的抚育管理阶段；成林管理是正式投产后的抚育管理阶段。

(二) 林业企业生产费用的核算

林业企业生产费用是指林业企业在林业产品生产过程中发生的全部费用，包括人工栽培各种林业产品的生产费用，如苗圃育苗的费用、经济林木成林后生产林业产品的费用。为了归集林业生产费用和核算林业产品成本，应设置“生产成本”账户，并按成本核算对象和成本项目进行明细核算，明细账内成本项目的设置与农业产品生产成本明细账雷同，但增加了林木折旧费。

经济林木在幼树成林后，按规定转为固定资产管理。此后，采摘果品、收割胶水等发生的生产费用，均为培育林业产品的成本。林业产品的成本核算期一般是一年。经济林木的产品成本，包括当年的抚育费用和停采、停割期间的费用。停采、停割期间的费用，以及本年度内产品产出以前发生的部分，计入产品成本；产品产出以后发生的部分，一般作为在产品结转至下一年。

(三) 林业产品的成本核算

不同的林业产品存在不同的生产费用截止时点。如橡胶应计算至加工成干胶片，茶叶应计算至加工成商品茶。没有加工设备的，橡胶可计算至鲜胶乳，茶叶可计算至鲜叶。在确定的成本核算期内，归集林业产品的全部生产费用，并在收获的林业产品之间进行分配。经济林木产品单位成本的计算公式为

$$\text{某种经济林木产品单位成本}=\frac{\text{该种经济林木本年全部抚育费}+\text{停割停采期间费用}-\text{副产品价值}}{\text{该种经济林木产品年总产量}}$$

各种果树的生产费用，如果采取合并核算的，可按各种果品计划成本或产值的比例分配费用，分别计算各种果品的成本。同一果品由于大小和质量有差异，在出售前还要按一定标准进行分级。因此，同一果品的总成本还要按计划成本或产值的比例在各等级果品之间进行分配。

[例 8-2]　某林场栽培的某水果林于 2016 年发生实际费用 150 000 元，当年产出的副产品价值 10 000 元，产出一级品 10 000 千克，二级品 15 000 千克，三级品 20 000 千克。每千克计划成本分别为 6 元、4 元和 2 元。请编制该水果成本核算表。

解：各等级水果成本核算表见表 8.3。

表 8.3　各等级水果成本核算表

2016 年　　　　金额单位：　元

品级	产量/千克	计划成本		分配率/(%)	实际成本	
		单价	金额		单价	金额
一级品	10 000	6	60 000		5.25	52 500
二级品	15 000	4	60 000		3.5	52 500
三级品	20 000	2	40 000		1.75	35 000
合计	45 000		160 000	87.5%		140 000

四、渔业产品成本的核算

(一) 渔业产品成本核算对象的确定

渔业生产是指从事水产品养殖和捕捞作业的生产，渔业生产的产品即为渔业产品。渔业产品需要以产品类别作为成本核算对象进行成本核算，其成本核算的方法与其他产品的成本核算方法基本雷同。

(二) 渔业生产费用的确认

渔业生产费用是指企业在渔业产品生产过程中发生的全部费用，包括水生动物育苗、养殖和天然捕捞的生产费用。为了归集渔业生产费用和核算渔业产品成本，要设置“生产成本”账户，并按成本核算对象(如鱼苗、成鱼品种或类别)设置明细分类账户，确定成本项目，进行明细核算。

渔业产品的成本项目一般划分为直接材料、直接人工、其他直接费用和间接费用。其中，直接材料主要是饲养中耗用的鱼种、鱼苗、饲料等费用；直接人工是直接从事渔业生产人员的全部薪酬；其他直接费用主要是指专用设备折旧费和鱼病防治费等；间接费用主要是生产部门在组织和管理渔业生产中发生的其他费用。

(三) 渔业产品的成本核算

1. 鱼苗成本的核算

鱼苗又称鱼花，是孵化不久的幼鱼，可以人工繁殖，也可以从江河中张捕。由于鱼苗的数量大、体积细小，一般采用估计或通过抽样清查方法推算总数，其结果只能做到大致准确。鱼苗成本核算的对象就是鱼苗，通常以万尾为成本核算单位。其成本核算公式为

$$每万亩鱼苗单位成本=\frac{育苗期全部生产费用}{育成鱼苗数量(万尾)}$$

2. 成鱼成本的核算

成鱼可以在天然湖泊中生产，即放养鱼苗到天然湖泊，利用天然饲料养鱼；也可以在

池塘中生产，即放养鱼苗到池塘饲养，全部依靠人工采集和加工的饲料喂养。成鱼生产有两种方式：一种是多年放养，一次捕捞；另一种是逐年放养，逐年捕捞。

多年放养、一次捕捞的成鱼成本，包括捕捞前各年作为在产品结转的费用和当年发生的费用。其成本核算公式为

$$鱼苗单位成本(千克)=\frac{捕捞前各年的生产费用+当年捕捞的生产费用}{成苗总产量}$$

逐年放养、逐年捕捞的成鱼成本，由当年捕捞的成鱼负担，可不计算在产品成本但有条件的专业渔场可计算在产品成本。

3. 捕捞成本的核算

捕捞是指在天然湖泊、江河、海洋捕捞自然生长的渔业产品。当年发生的全部捕捞费用，应当完全由当年捕捞的渔业产品分摊，对不同的渔业产品，可按计划成本或销售价格的比例，将总成本在不同渔业产品之间进行分配。

[例 8-3] 长江捕捞队 2016 年发生的全部捕捞费用为 100 000 元，按售价比例计算各类鱼品的总成本和单位成本。

解：海产品成本核算结果如表 8.4 所示。

表 8.4 海产品成本核算表

2016 年　　金额单位：元

品种	销售单价/千克	产量/千克	总售价	分配率	总成本	单位成本
A	100	1 000	100 000	0.5	50 000	50
B	200	500	100 000	0.5	50 000	100
合计		1 500	200 000		100 000	

表 8.4 中，分配率 = 100 000 ÷ 200 000 = 0.5。

第二节 商品购销成本的核算

商品流通企业的任务是将商品从生产领域向消费领域转移。因此，商品购销是商品流通企业的基本业务。为了反映商品流通企业的经营成果，必须进行商品购销成本的核算。

一、商品购销成本的描述

商品流通企业是在社会再生产过程中组织商品流通的企业。它的基本任务是将社会产品通过货币交换的形式，从生产领域转移到消费领域，以满足人民生活和其他各方面消费的需要，并实现商品价值，取得盈利。商业企业的经济活动主要是商品的购、销、存。

(一) 认识商品流通企业

在商品流通过程中，从事商品批发、商品零售或者批发与零售兼营的企业，均为商品

流通企业，包括国有、集体、私营的商业、粮食、物资供销、供销合作社、对外贸易、医药、石油、烟草商业、图书发行等企业。商品流通企业通过商品购、销、调、存等经营业务组织商品流转。商品流转主要分为商品采购和商品销售两大阶段。

按照商品流通企业在社会再生产过程中的作用，商品流通企业可以分为批发企业和零售企业。批发企业以从事商品批发业务为主，使商品从生产领域进入流通领域，或进入生产性消费领域。零售企业以从事商品零售业务为主，使商品从生产领域或流通领域进入非生产性消费领域。商品流通企业的经营资金在商品经营过程中的周转形态可用“G-W-G”表示。即以货币资金购进商品，形成商品资金；将商品出售，收回增量的货币资金。通过低价格购进商品，高价格出售商品，取得商品进销差价，以弥补企业的各种费用和税金，并获取利润。

(二) 商品流通企业的成本

商品流通企业为了销售商品，必须先购进商品。购进商品的成本包括进货成本、相关税费和采购费。进货成本是指商品的采购价款；相关税费是指购买商品发生的进口关税、资源税和不能抵扣的增值税等；采购费是指运杂费、装卸费、保险费、仓储费、整理费、合理损耗以及其他可归属于商品采购成本的费用。

采购费金额较小的，可以在发生时直接计入当期的销售费用。采购费金额较大的，可以直接计入商品采购成本，也可以设专户核算，期末按商品存销比例进行分摊，将应由已销商品负担的采购费用计入当期商品销售成本，将应由库存商品负担的采购费用计入期末存货成本。由于商品流通企业经营的商品品种繁多，采购费用分配相对复杂，为了简化核算手续，通常采用“设置专户”方式核算采购费。

此外，企业行政管理部门为了组织和管理经营活动，还会发生管理费用。为了筹集业务经营所需资金，还要支付财务费用。因此，商品流通企业的期间费用包括销售费用、管理费用和财务费用。

(三) 商品流通企业的存货管理

1. 批发企业的存货管理

批发企业的存货一般按采购成本核算，采用数量成本金额核算法。企业要设置库存商品数量成本金额明细账(以下简称商品明细账)，采用永续盘存制进行管理。即在购进商品时，在商品明细账中记录收入商品的数量、单位成本和金额；销售商品或其他原因发出商品时，按商品发出凭证在商品明细账中登记发出商品的数量，并结出结存商品数量。由于各批商品的采购成本往往不同，需要采用适当的方法计算并结转发出商品的实际成本。在批发商品品种规格繁多的情况下，可以对相同或相近性质的商品进行归类，设置商品类目账，从而形成由总账、类目账和数量成本金额明细账组成的三级库存商品账户管理的格局。

2. 零售企业的存货管理

零售企业直接面对消费者，为了方便营业员对存货的管理，一般采用售价金额核算法。即对由营业员保管的零售商品全部按对外销售价格计价，实行“拨货计价、实物负责”的商品管理方式。以柜组长作为实物负责人，分户设置“库存商品”明细账，进行零售商品的明细分类核算。购进、收入商品时，按商品售价，计入“库存商品”明细账户的借方；销售商品按售价结转商品销售成本时，登记“库存商品”明细账户的贷方；期末余额表示实物负责人保管的全部商品的售价金额。对商品售价与采购成本之间的差额，专门设置“商品进销差价”账户进行核算。月末按商品存销比例进行分摊，计算已销商品实现的商品进销差价，据以将按售价结转的商品销售成本调整为商品实际销售成本。在零售企业中，往往将库存商品与商品进销差价合在一起，设置“库存商品与进销差价”明细账。

二、商品采购成本的确认

(一) 批发企业的商品采购成本

企业应该设置“在途物资”账户，用来核算购进商品发生的采购成本。该账户的借方登记商品采购成本，并按“进货成本”“相关税费”和“采购费”设置成本项目；贷方登记验收入库的商品采购成本；期末借方余额，反映企业已经支付采购款但尚未验收的在途商品的采购成本。该账户应按供货单位、商品类别等设置明细账，进行明细分类核算。

为了反映商品的收入、发出和结存的情况，企业应该设置“库存商品”账户。商品流通企业的库存商品，是指企业的全部自有商品，包括存放在仓库、门市部和寄存在外库的商品等。在批发企业中，商品一般按采购成本计价入账。在商品验收入库时计入该账户的借方，发出加工或结转已销售商品成本时计入该账户的贷方，期末余额表示企业全部库存商品的价值。在库存商品账户下，按商品品名、规格等分户设置数量成本金额明细账，也可在“库存商品”总账户与明细账之间加设库存商品类目账。

在批发企业中，采购商品支付货款或开出商业汇票时，应根据增值税专用发票、交通运输业增值税专用发票等有关凭证，按照进价、相关税费、采购费用等确认商品采购成本，借记“在途物资”账户(由于商品品种繁多，采购费用分配复杂，因此对发生的采购费用通常采用“设置专户”方式核算。根据发生的采购费用，借记“库存商品——采购费用”账户，商品零售企业亦同)，按可抵扣的增值税，借记“应交税费——应交增值税(进项税额)”账户；贷记“银行存款”或“应付票据”等账户；商品到达经验收以后，应根据收货单等有关凭证，按照采购成本，借记“库存商品”账户，贷记“在途物资”账户。

(二) 零售企业的商品采购成本

零售企业购进商品时，应由实物负责人根据供货单验收商品，并填制零售商品验收单，单中填列商品的品名、规格、采购成本、售价和进销差价，以便按商品的售价和进销差价分别记账。

零售企业为了反映商品的采购成本及库存商品的收入、发出和结存情况，也应设置“在途物资”和“库存商品”账户。在采用售价金额核算法时，零售企业的“库存商品”账户要按商品售价登记，其进销差价在“商品进销差价”账户中登记。在购进商品时，按照确认的商品采购成本，借记“在途物资”账户；对可抵扣的增值税，借记“应交税费——应交增值税(进项税额)”账户；对发生的采购费用，借记“库存商品——采购费用”账户，贷记“银行存款”或“应付票据”等账户。商品到达验收以后，应根据收货单等有关凭证，按照售价，借记“库存商品”账户，贷记“在途物资”账户；按商品的进销差价，贷记“商品进销差价”账户，如果商品的售价低于进价，则应借记“商品进销差价”账户。

三、商品销售成本的核算

(一) 批发企业商品销售成本的核算

批发企业商品销售成本包括已销商品的采购成本和按存销比例分摊后由已销商品负担的采购费用。

1. 已销商品采购成本的核算

批发企业一般按商品采购成本进行库存商品的核算，同时对发生的采购费用在“库存商品”账户下设专户进行核算。在这种情况下，商品的销售成本就是已销商品的采购成本及按存销比例分摊后确认由销售商品负担的采购费用。因此，商品销售成本的核算包括商品销售采购成本的确认和应负担采购费用的确认。在核算商品销售采购成本时，由于同种商品的各批进价不一定相同，因而要先采用先进先出法、加权平均法或个别计价法确定已销商品单位采购成本，然后根据确定的单位采购成本和销售数量，核算商品的销售成本。

商品流通企业的销售成本核算方法一经确定，不得随意变更，以保证各期成本核算资料的可比性，防止通过变更核算方法人为调节各期的成本和利润。

2. 已销商品采购成本的结转

批发企业计算出全部已销商品的采购成本后，应借记“主营业务成本”账户，贷记“库存商品”账户。

对计算出的已销商品采购成本，可以逐日结转，也可以定期结转，多数企业采用在月末定期结转的做法。

结转已销商品的采购成本时，可以按每种商品进行成本结转，也可以将各种商品加总后进行结转。在会计实务中，前者称为分散结转，后者称为集中结转。为了减少成本结转的工作量，企业通常采用集中结转的做法。

3. 期末采购费用的分摊和结转

商品流通企业的采购费用应当计入商品采购成本，但由于商品品种规格众多，商品的价值、体积、重量又各不相同，因此很难找到一种合理的分配标准。为此，可将发生的采购费用在“库存商品”账户下设专户进行核算。会计期末，再按库存商品的存销比例进行分配，计算出应由已销商品负担的采购费用和应由结存商品负担的采购费用。其计算公式如下：

$$采购费用分配率=\frac{期初结存采购费用+本期增加采购费用}{期初结存商品采购成本+本期已销商品采购成本}$$

(二) 零售企业商品销售成本的核算

在零售企业中，库存商品按售价计价，在商品销售后，按售价结转商品销售成本，冲减库存商品的账面记录。因此，库存平时结转的销售成本中包含了已销商品实现的商品进销差价。为了正确计算商品销售成本，确认商品销售实现的收益，必须对商品进销差价进行分配。已销商品进销差价的计算方法如下：

$$\text{商品进销差价率}=\frac{\text{期初结存商品进销差价}+\text{本期增加商品进销差价}-\text{非销售转出商品进销差价}}{\text{本期商品销售成本}+\text{期末库存商品余额}}$$

$$\text{已销商品进销差价}=\text{本期销售产品成本}\times\text{商品进销差价率}$$

第三节　运输成本的核算

运输成本是交通运输企业在组织旅客、商品或物品在空间上的位置转移而发生的支出。为了考核运输企业经营效益，需要对运输成本进行正确核算。

一、运输成本的描述

交通运输主要是指商品或物品的实体通过运力在空间上的位置转移。交通运输是社会经济活动的一个重要组成部分。正确认识交通运输业在社会经济活动中的地位和作用，研究其成本及变化规律，将新技术、新工艺应用于交通运输业的管理，对实现商品运输的合理化、促进社会再生产的发展、搞活流通、繁荣经济、提高效益等都具有十分重要的意义。

(一) 认识运输成本

运输企业是指利用运输工具，专门从事运送旅客和货物等经营活动的物质生产企业，包括公路运输、铁路运输、水路运输、航空运输四种类型。其中，水路运输可分为内河运输和海洋运输两种。海洋运输又分为沿海运输和远洋运输两种。

运输业是一个特殊的物质生产部门。其特点如下：在运输营运过程中不产生实物形态的产品，也不存在在产品，只是使旅客和货物完成在空间上的转移；运输企业的生产过程和销售过程是统一而不可分割的；营运生产过程中点多、面广、线路长，具有很大的流动性。这些特点使得运输企业的成本核算与制造企业的成本核算有所不同。

运输企业的成本核算具有以下特点：

(1) 运输企业的成本核算对象不是产品，而是旅客和货物的周转量。运输企业运输的对象是旅客和货物。由于各类企业所使用的运输工具不同，运输距离和运输时间等也不相同，若采用单一计量单位，难以全面反映运输工作量和消耗水平，因此需要综合考虑运送数量和运输距离等因素，采用复合计量单位如吨公里(海里)、人公里(海里)等来核算单位成本。

(2) 运输企业的营运成本构成不同产品的生产成本。由于运输过程不创造实物产品，不消耗劳动对象，因而其成本支出中没有构成产品实体的原材料支出，占运输支出比重较大的是运输设备和工具的燃料费、折旧费等。

(3) 运输企业的生产成本与销售成本是统一的。运输企业的生产过程就是销售过程，两者是同时进行的。因此，运输企业没有在产品，也没有储存待销的产成品，一般不存在将营运费用划分为当期营运成本和下期营运成本的问题，在运输过程中发生的各种消耗直接构成了运输企业的生产成本。

(4) 运输生产成本具有联合成本的性质。运输企业在生产过程中为了充分利用运输工具的载重能力和空间，往往采用客货混载的运输方式，使运输生产成本具有联合成本的性质。运输企业在核算旅客运输成本和货物运输成本时，要将这些共同发生的费用进行适当的分配。

(5) 运输企业生产周期相对较短。运输企业的生产周期与工业企业的产品制造过程相比要短得多，因此，一般按月定期核算营运成本(远洋运输除外)。

(6) 运输企业在生产过程中的消耗取决于运程的长短。运输企业在生产过程中也会发生消耗，这种消耗的多少主要取决于运行距离的长短，而不是取决于完成周转量的多少。在运输生产过程中必然要发生空驶，空驶情况下没有产出却必定发生消耗。为此，空驶运行所发生的费用要由完成的生产成果——旅客或货物的周转量来负担。要提高营运效率，就要尽量减少空驶现象，合理调度，努力提高运输工具的载重利用率。

(7) 影响交通运输企业成本的因素较多。运输成本受自然地理环境、运输距离的长短、空驶运行等的影响较大。比如，地处山区的铁路，由于坡度陡，弯道多，机车牵引列车数、行车速度等都会受到限制，燃料消耗、检修等各项支出也相应提高。

(二) 成本核算对象的确定

交通运输企业以运输工具从事货物、旅客运输的，一般按照航线、航次、单船(机)、基层站段等确定成本核算对象；从事货物等装卸业务的，可以按照货物、成本责任部门、作业场所等确定成本核算对象；从事仓储、堆存、港务管理业务的，一般按照码头、仓库、堆场、油罐、筒仓、货棚或主要货物的种类、成本责任部门等确定成本核算对象。

(三) 运输成本的构成

运输企业的营运业务涉及面较广，运输企业的营运成本就是指运输企业在营运生产过程中实际发生的各项直接支出。其具体内容包括：在营运生产过程中实际消耗的各种燃料、材料、油料、备品配件、航空高价周转件、隔热材料、轮胎、专用工具器具、动力照明、低值易耗品等物质性支出；直接从事生产活动人员的薪酬；在营运生产过程中实际发生的固定资产折旧费、租赁费(不包括融资租赁费)、取暖费、水电费、办公费、保险费、劳动保护费、季节性和修理期间的停工损失、事故净损失等支出。

(四) 运输成本项目的设定

交通运输企业一般设置营运费用、运输工具固定费用、非营运期间费用等成本项目。

1. 营运费用

营运费用，是指企业在货物或旅客运输、装卸、堆存过程中发生的营运费用，包括货物费、港口费、起降及停机费、中转费、过桥过路费、燃料和动力费、航次租船费、安全救生费、护航费、装卸整理费、堆存费等。铁路运输企业的营运费用还包括线路等相关设施的维护费等。

2. 运输工具固定费用

运输工具固定费用，是指运输工具的固定费用和共同费用等，包括检验费、车船使用税、劳动保护费、固定资产折旧费、租赁费、备件配件费、保险费、驾驶及相关操作人员薪酬及其伙食费等。

3. 非营运期间费用

非营运期间费用，是指受不可抗力制约或行业惯例等原因暂停营运期间发生的有关费用等。

各类交通运输企业成本的核算方法与程序基本相同。这里仅以公路运输企业为例说明交通运输企业的成本核算方法和程序。

二、公路运输成本的核算

公路运输企业又称作汽车运输企业，是以汽车作为运输工具，以运送旅客和货物作为主要经营活动，以公路连接各发送车站和接纳车站所形成的汽车运输组织的生产单位。

公路运输企业可以根据规模的大小和管理的需要，分设若干分公司、车场和车队，分别进行成本核算。

（一）公路运输成本核算的组织

1. 确定成本核算对象

公路运输的成本核算对象是客车运输业务和货车运输业务，也就是按照客车运输和货车运输分别归集成本。挂车运输一般不单独核算成本，可随主车计入客车运输或货车运输的有关成本项目。车队除按客车、货车分别核算运输成本外，为了考核同类车型的成本和大、中、小型车辆的经济效果，还可以进一步计算主要车型成本。作为成本核算对象的车型，应当单独归集成本费用。如果是客车兼货运或货车兼客运，一般以主要营运业务作为成本核算对象，而不能把客货车综合业务作为一个成本核算对象。

公路运输企业的主要业务活动除了运输业务外，还有装卸业务和其他业务。公路运输企业的装卸业务主要有机械装卸和人力装卸，在计算成本时，分别以机械装卸业务和人工装卸业务作为成本核算对象。在以机械装卸业务作为成本核算对象时，虽有少量人力配合机械作业，但不单独核算人工装卸成本，而是并入机械装卸成本核算；人力装卸业务也按同样的方式处理。

对公路运输企业除运输、装卸业务以外的其他业务，企业可按各类业务的具体情况，分别确定成本核算对象，组织成本核算工作。

2. 确定成本核算单位

客车运输以载旅客为主，成本核算单位为“元/千人公里”，若有行李或其他货物运输，应将这部分货物周转量换算列入客车完成的周转量，并核算成本；货车运输以载货为主，成本核算单位为“元/千吨公里”，若有临时载客任务，应将这部分旅客周转量换算列入货车完成的周转量，并核算成本。货物周转量和旅客周转量的换算比例为

1 吨公里=10 人公里

3. 确定成本核算期

公路运输成本以日历时间分月、季、年作为成本核算期。

4. 确定成本项目

公路运输企业的成本应当按《企业产品成本核算制度》的规定设置“营运费用”“运输工具固定费用”和“非营运期间费用”等成本项目。将车辆营运过程中发生的燃料和动力费、过桥过路费、中转费、停车费、装卸整理费、堆存费等计入“营运费用”；将运输工具的固定费用和共同费用，如车船税、劳动保护费、固定资产折旧费、租赁费、备件配件费、保险费、驾驶及相关作人员薪酬及其伙食费等计入“运输工具固定费用”；将受不可抗力制约或行业惯例等原因造成暂停营运期间发生的有关费用计入“非营运期间费用”。

为了加强成本管理，也可以将成本项目细分为：人工费用、燃料和动力费、轮胎费用、保养费用、折旧费、养路费、事故费用和间接费用。

(二) 成本核算账户的设置

公路运输企业为了全面核算其成本，应当设置“劳务成本”账户。该账户核算企业对外提供各种劳务所发生的成本。发生劳务成本时计入借方；月末结转到主营业务成本时计入贷方；期末借方余额，表示未完劳务的成本。

针对公路运输企业的业务内容，可分设“车辆营运成本”“营运辅助成本”和“其他间接费用”三个明细账户。

1. “车辆营运成本”账户

“车辆营运成本”账户用来核算客车运输业务和货车运输业务的营运成本。为了加强营运成本管理，也可以按车辆类型或单车进行成本核算。发生车辆营运的各种费用如司助人员薪酬、燃料费、轮胎费、保修费、折旧费、养路费、运输管理费等直接费用，以及分配转入营运辅助费用、其他间接费用时计入本账户的借方，期末结转主营业务成本时计入本账户的贷方，结转后本账户无余额。

2. “营运辅助成本”账户

“营运辅助成本”账户用来核算运输企业中为客运和货运提供劳务的辅助部门(如车场、修理保养车间等)发生的生产费用，并按不同的辅助部门分设三级明细账户进行核算。发生辅助部门的材料费、折旧费、职工薪酬、劳动保护费、水电费、办公费等计入本账户的借方，月末按一定的标准分配转入车辆营运成本时计入本账户的贷方，分配后无余额。

3. “其他间接费用”账户

“其他间接费用”账户用来核算运输企业发生的不能直接计入营运成本和辅助成本的各种间接费用。发生车队管理人员薪酬、办公费、水电费、差旅费、劳动保护费、折旧费

和其他费用等间接费用时，计入本账户的借方，月末按一定的标准分配转入车辆营运成本时计入本账户的贷方，分配后本账户无余额。

(三) 公路客、货运输成本的核算

1. 职工薪酬的归集与分配

公路运输企业每月发生的职工薪酬应按人员分类分别计入相关的成本费用账户：司机、司机助手等直接生产人员的职工薪酬计入“车辆营运成本”账户，辅助生产部门人员的职工薪酬计入“营运辅助成本”账户，车队管理人员的职工薪酬计入“其他间接费用”账户，企业管理人员及其他人员的职工薪酬计入“管理费用”账户。

2. 燃料费用的归集与分配

公路运输企业的成本中，燃料费用占了很大比重，因此正确地核算耗用的燃料对公路运输成本核算的正确性具有重要意义。

公路运输企业的燃料消耗应按实际耗用数计入各类营运成本。目前，公路运输企业实行满油箱制车存燃料管理和盘存制车存燃料管理两种办法。

(1) 满油箱制车存燃料管理。在这种管理方式下，营运车辆在投入运输生产之初，由车辆驾驶员根据满箱容积填制领油凭证加满油箱，作为车存燃料。车存燃料只是燃料保管地点的转移，它仍属于库存燃料的一部分，不能作为燃料消耗。营运车辆每日工作完毕，驾驶员凭行车路单到油库加油时要加满油箱，以补足车存燃料的原领数。这种办法下，车辆当月加油数就是当月的耗用量。同时，在车辆调出、停用、进厂大修和改装时，必须办理车存燃料退料手续。

(2) 盘存制车存燃料管理。在这种管理方式下，营运车辆在投入运输生产活动时，虽然也需加满油箱，作为车存燃料，但是每次加油时并不一定要补足原领用的车存燃料数，它一般是按整数添加的。由于车存燃料数经常变动，因此每月必须对实际的车存燃料数进行实地盘点，然后按下列公式确定实际耗用数：

当月实耗数＝月初车存数＋本月领用数－月末车存数

经营长途汽车运输的企业，外地加油量较大，而油款结算一般较迟，为了及时核算燃料成本，可先按车队统计的燃料消耗数计入燃料成本，待外地加油凭证到达后进行核对，调整差额。

月末，车队应根据燃料领用凭证核算实际耗用量，与统计数字核对后，编制“燃料费用分配表”，按车辆运输生产的情况，分别计入劳务成本或管理费用。

3. 轮胎费用的归集与分配

轮胎是公路运输企业的一种磨损快、消耗量大的汽车部件。汽车轮胎分为外胎、内胎、垫带三部分。轮胎费用通常在领用时直接计入劳务成本。

4. 折旧费用的计提与分配

公路运输企业提取固定资产折旧时，对营运车辆一般采用工作量法，即按实际行驶千里核算折旧额，其余各类固定资产则一般采用年限平均法计提折旧。

车辆折旧应按不同车型分别核算。

5. 运输管理费的归集与分配

公路运输企业缴纳的运输管理费是按企业的客、货运收入的一定比例核算的。在没有客车带货或货车带客的情况下，可直接按客、货运收入各自乘以规定的运输管理费率核算。在客车带货或货车带客的情况下，要将客、货运收入换算成客、货车的收入，然后乘以运输管理费率，即为应缴运输管理费，直接计入客车、货车的劳务成本。

6. 其他费用的归集与分配

其他费用是指与车辆行驶有关但不属于以上各项费用的费用，如行车杂费、车辆牌照检验费、车辆清理费、过路费、过桥费、车辆冬季预热费等。其他费用一般通过银行转账或以现金支付。对发生的其他费用如果能够分清成本核算对象的，直接计入劳务成本各成本对象；如果不能分清成本核算对象的，则先列入劳务成本的“其他间接费用”账户，期末按一定的标准分配后，再计入各成本核算对象。

7. 行车事故费用的归集与分配

公路运输企业发生行车事故所造成的损失，在扣除保险公司和责任人赔款后，列入有关成本核算对象的劳务成本。

8. 保修维护费用的归集与分配

公路运输企业要对营运车辆进行各种保养和维修作业，通常设置保养车间进行车辆的保修与维护工作。保养车间发生的各种费用在“营运辅助成本”账户中归集，月终按受益对象的机修工时进行分配，计入客运和货运的成本。

9. 月终分配其他间接费用

月末，要将“其他间接费用”账户所归集的车队等生产经营管理部门发生的费用，分配计入各成本核算对象。

10. 月终核算并结转劳务成本

运输企业对发生的各种费用通过一系列的归集和分配，最终将生产经营费用归集到各个成本核算对象中，从而可以通过“车辆营运成本”明细账的记录，按月编制公路运输成本明细表，核算运输总成本和单位成本。

第四节　服务业的成本核算

随着社会经济的发展，作为第三产业的现代服务业日益发展，服务成本核算的面也越来越宽。本节主要讲述旅游、餐饮等常见服务业的成本核算。

一、服务成本的描述

对服务成本进行描述，首先需要了解相关的服务行业。

(一) 服务业的描述

服务业是国民经济中第三产业的重要组成部分，包括旅游业、餐食业、其他服务业。

旅游、餐饮业都是以服务设施为条件，以知识和技能为手段，向消费者提供劳务的服务性行业。服务业具体包括旅行社、饭店、宾馆、酒楼、度假村、理发美容店、洗染店、咨询业、照相馆、修理业、电影院、会计师事务所、中介机构等。

旅游、餐饮业是集生产、销售、服务三个职能为一体的综合性服务企业，其经营活动一般都以服务为中心，辅之以生产和流通，直接为消费者服务。

旅游、餐饮业的商品生产和销售具有下列独特的特点：

(1) 季节性强。旅游、餐饮业生产经营季节性强。到了旅游淡季，旅游人数大幅度下降，旅游、餐饮业的业务随之减少，收入也大大减少，而固定性支出并未减少。旅游旺季则相反。

(2) 依存性强。在旅行社的经营过程中，组团社与接团社以及旅馆、餐馆、酒楼等部门之间相互联系，一环套一环，哪个环节出现问题，都将会给旅行社带来声誉上和经济上的巨大损失。

(3) 服务要求严格。旅游、餐饮业要满足客人文化、精神上的享受，并为客人的衣、食、住、行提供服务。所以，服务行业的服务态度要热情、服务设施要清洁卫生、起居场所要幽静安全。这就需要对服务人员进行严格培训，提高工作人员素质，使服务达到要求的标准。

(二) 旅游、餐饮服务成本核算的特点

由于旅游、餐饮业独特的经营特点，因此需要采用不同的成本核算方法，从而形成了不同的核算特点。

旅游、餐饮服务成本核算的特点可归纳如下：

(1) 成本核算方法多样化。

旅游、餐饮业是一个兼有生产、销售和服务三种职能的综合性服务企业，所以在成本核算上必须区分不同的经营活动，并参照产品制造企业、商品流通企业的成本核算方法进行核算。例如，餐饮业在业务经营过程中，除了要以服务为中心外，还应根据消费者的需要，加工烹制各种菜肴和食品，然后将烹制品直接供应给消费者，并为消费者提供消费的场所、设施和时间。这是一个集生产、销售和服务于一体的过程，融合了制造企业、商品流通企业和服务企业三种行业的业务性质。饮食制品的质量标准和技艺要求比较高，而且生产、销售、服务全过程所要求的时间很短，因此不可能像制造企业那样，按产品逐次逐件地进行成本核算，而只能核算餐饮制品所消耗原材料的总成本。餐饮服务过程中出售的酒类、饮料等商品的成本核算，要采用商品流通企业的核算方法。综上所述，旅游、饮食服务企业要根据各类经营业务的不同特点，采用不同的成本核算方法。

(2) 要分别核算自制商品与外购商品的成本。

旅游、餐饮业通常既经营外购商品销售业务，又经营自制商品销售业务，因此需要分别核算外购商品的采购成本和自制商品的制造成本，并采用售价金额核算法准确核算已销商品的实际成本。

(3) 涉外企业需要核算汇兑损益和换汇成本。

随着我国旅游业的蓬勃发展，国内旅游者出境旅游和国外旅游者到国内游览的人数逐年增加。在这些业务活动中，对涉外的旅游、餐饮业，应按照国家外汇管理条例和办法，

办理外汇业务，正确核算汇兑损益和换汇成本。

(三) 旅游、餐饮服务成本构成的内容

旅游、餐饮服务成本是指企业在经营活动中发生的各种直接费用，可归纳为以下五个方面：

(1) 直接材料成本，是指企业在经营过程中直接耗费的原材料、调料、配料、辅料、燃料、配件等直接材料的成本。例如，饭店耗用的食品、饮料的原材料、调料等。

(2) 代付费用，是指旅行社代付的房费、餐费、交通费、文娱费、行李托运费、门票费等。

(3) 商品采购成本，包括国内购进商品采购成本和国外购进商品采购成本两种情况。国内购进商品采购成本是指购进商品时支付的商品原价、相关税费和采购费用，如果采购费用较少，也可以直接计入当期损益；国外购进商品采购成本是指商品在购进过程中发生的实际成本，包括进价、进口环节缴纳的税金、代理进口手续费等。

(4) 汽车成本，是指旅行社、宾馆、饭店提供车辆服务营运过程中所发生的直接费用，包括汽油费、保养费、司乘人员工资等。

(5) 其他成本，是指不能直接计入以上营业成本的其他直接成本。例如，复印项目消耗的复印纸的实际成本等。

旅游、餐饮服务企业在经营过程中发生的各种直接耗费，均通过“主营业务成本”账户进行核算。该账户是损益类账户，将经营过程中发生的各种耗费结转为成本时，计入本账户的借方，期末转入“本年利润”账户时计入本账户的贷方，结转后无余额。本账户可按业务性质、劳务服务内容或业务类别设置明细账户。

另外，旅游、餐饮业为了组织和管理经营活动而发生的销售费用、管理费用和财务费用，均应设置相应的账户作为期间费用，并计入当期损益。

二、旅游业的成本核算

旅游业是指凭借旅游资源，以旅游设施为条件，为满足游客食、住、行、游、购、娱乐等旅游需求，提供商品和服务的综合性服务企业，主要是指各种旅行社。

(一) 旅游经营业务的分类

1. 按旅游者活动的空间范围分类

按旅游者活动的空间范围可将旅游业务分为国内旅游业务和国际旅游业务两种。国内旅游业务是指组织本国公民在国家行政主权疆域内进行的旅游活动。国际旅游业务是指游客在不同国家之间进行旅游的活动，包括入境旅游和出境旅游两种。

2. 按服务形式分类

按服务形式，可将旅游业务分为组团旅游业务和接团旅游业务两种。组团旅游业务是指旅行社预先制定目的地、日程、住宿、交通、旅游计划，并通过广告形式招揽游客，组织旅游团队，通过实施旅游计划，与接团旅游业务衔接而进行的旅游活动。接团旅游业务是指根据旅游接待安排，为游客在某一目的地或区域，提供导游、翻译，安排游览并负责

订餐、订房、订票，为游客提供综合性服务的旅游活动。

3. 按组织形式分类

按组织形式，可将旅游业务分为团体旅游业务和散客旅游业务两种。团体旅游业务是指以团体为单位，设有导游或陪同而进行的旅游活动。散客旅游业务是指以个人或少数人为单位，通常不设导游的旅游活动。

(二) 旅游营业成本的核算

旅游服务成本是指直接用于接待游客，为其提供各项旅游服务所发生的全部支出。旅游服务成本最终是以旅游营业成本的形式表现出来的。

旅游服务成本按其经济内容的不同，可分为综合服务成本、组团外联成本、零星服务成本、劳务成本、票务成本、游地及加项成本、其他服务成本，具体又可分为组团社和接团社的成本。组团、接团成本是指在组团、接团过程中直接为客人旅游而支付的费用。

组团成本按其构成可分为拨付给各接团社的综合服务费、陪同费和通信联络费等。其中，拨付给接团社的综合服务费为拨付支出，全程陪同人员费用和通信联络费用则属于服务支出。

接团成本包括房费、餐费、交通费、陪同费、门票费、票务费、文杂费等。其中，房费、交通费、文杂费是从组团社取得后，付给为客人提供食、宿、行和游览的单位，实质是属于代付性质的，称为代付费用。其余的陪同费和文杂费中的宣传费则完全是旅行社为了向客人提供服务而发生的费用，称为服务费。

无论是组团社还是接团社，为接待游客而发生的上述直接费用均应计入“主营业务成本”账户，该账户可按房费、交通费、餐费、文杂费、劳务费等项目开设明细账。旅行社除上述直接成本外，在经营过程中还会发生与接待游客有关的其他间接费用，这些费用发生时可计入“销售费用”账户，作为期间费用处理。

接团社和组团社主营业务成本的确认时间往往不一样。接团社的主营业务成本，一般按实际费用，依据组团社的标准，支付各项费用后入账核算，借记“主营业务成本”账户，贷记“银行存款”“应付账款”等账户。

组团社则根据接团社报来的“旅游团结算费用通知单”，按照收费标准核算应付接团社的全部各项费用，计入当月主营业务成本，借记“主营业务成本”账户，贷记“应付账款——应付联社结算款”账户。实际支付上述款项时，借记“应付账款——应付联社结算款”账户，贷记“银行存款”账户。

三、餐饮业的成本核算

餐饮业是指从事出售加工烹制的菜肴和食品，并以提供客人消费的设施、场所和服务为主要业务的企业，主要包括饭店、酒楼、宾馆、副食品加工等企业。

(一) 餐饮业经营业务的内容

餐饮业又称为饮食业，包括各种类型和风味的中餐馆、西餐馆、酒馆、咖啡馆、小吃店、冷饮店、茶馆、饮食制品以及副食品加工等企业。由于餐饮业具有经营内容繁多、品种规格不一、生产销售时间短等特点，所以，餐饮业只计算总成本，不计算单位成本和产品品种成本。

(二) 餐饮业营业成本的核算

餐饮业的成本核算采用只计算原材料成本、不计算制造成本的核算方法。其耗用的原材料包括三大类：第一大类是主食，如大米、面粉和杂粮等；第二大类是副食品，如肉类、鱼类、禽蛋类和豆制品等；第三大类是调味品，如食盐、糖、油、酱油、醋等。其原材料购进、领用有两种管理办法，即领料制和非领料制。

1. 领料制

领料制就是对餐饮所用原材料的收、发、存设有专人负责，购进原材料时，专人负责验收入库，填制有关会计凭证；发料时也有专人负责，并根据用料计划填制有关会计凭证。这种方法适用于饭店和大中型餐馆。

采用领料制进行原材料收发核算时，对所购入原材料根据入库凭证，借记“原材料”账户，贷记“库存现金”或“银行存款”账户。对发出原材料，根据发出凭证，借记“主营业务成本”账户，贷记“原材料”账户。如果期末存在尚未用完的在操作间保管的原材料，经过盘点，应办理“假退料”手续。本月末根据盘点金额，借记“主营业务成本”账户(红字)，贷记“原材料”账户(蓝字)，表示重新计入当月的主营业务成本。为了简化核算，可采用“以存计耗”的核算方法。采用这种核算方法，要求在购进原材料时，根据相关会计凭证，计入“原材料”账户。但是在领用原材料时，只办理领料手续，会计上不作账务处理。月末，通过实地盘点确认原材料的结存金额，再采用一定方法倒推出当月发出原材料的金额，计入“主营业务成本”账户。其计算公式如下：

本月耗用原材料成本＝月初原材料结余额+本月原材料购进额－月末原材料结存额

月初原材料结余额包括原材料库存余额和操作间未耗用原材料的结存额；月末原材料结存额包括仓库原材料实地盘点额和操作间原材料实地盘点额。

采用“以存计耗”的核算方法，简便易行，但不够严谨，难以查明原材料溢余、差错、短缺情况以及发生的原因，容易掩盖经营管理过程中存在的问题。这种方法适用于耗用量大，领发比较频繁，而且价值较低的原材料的核算。

2. 非领料制

非领料制是指原材料的购进和领用不办理入库和领发手续，而是根据原材料购进的原始凭证，直接计入主营业务成本。这种方法适用于小型餐饮企业。在这种方法下，餐馆不设置专职保管人员，只对原材料的购进和使用实行现场监督。

四、其他服务业成本的核算

其他服务业是指除旅游、餐饮业外，利用其特有的设施、场所和条件，以其特有的知识和技能为消费者提供劳务服务的企业，主要包括度假村、游乐场、歌舞厅、理发店、电影院、照相馆、律师事务所、会计事务所、中介机构等。

其他服务业成本是指服务企业在服务经营过程中经常发生的各种成本费用的总和，是合理制定服务收费标准和考核企业经营管理水平的重要依据。

其他服务业具有不同的经营特点，有的在服务过程中既要提供劳务服务，也要消耗一定的原材料；有的不使用原材料，只为消费者提供一定的服务。由于各种服务企业提供劳务的方式不同，因此对成本核算的要求也不相同。

(一) 照相、洗染业成本的核算

照相、洗染业在服务过程中需要消耗一定的原材料，例如相纸、染料等，因此必须核算原材料的成本及费用。照相、洗染业耗用原材料成本的核算方法，与餐食业原材料耗用成本的核算方法基本相同。

照相、洗染业一般采用先收款后取件的收款方式，营业收入是以当月接受服务的数额计算的，而当月接收的照片和衣物不一定能在月末全部完工。为了正确地核算主营业务成本和经营成果，每月末应根据尚未加工的照片和衣物数量，计算出所需要的原材料数量和金额，借记“主营业务成本”账户，贷记“原材料”账户，下月初再用红字冲回。如果月末这部分未完工照片或衣物的数量较少，或者各月末完工数量大体相同，也可以不作调整。

(二) 旅店、浴池、理发、咨询等行业成本的核算

旅店、浴池、理发、咨询等行业，通常不需耗用或很少耗用原材料，平时开支的费用可直接计入“销售费用”等账户，不需要核算主营业务成本。

❖ 本章小结 ❖

本章主要概述了农产品、商品购销、运输及服务业成本核算方法和特点。通过本章的学习，能够了解各个行业产品成本的内容和核算特点，通过对林业、养殖业这两大类农业企业成本核算方法的学习，使学生能够掌握对农产品成本的核算、商品购销成本的核算、运输成本的核算、服务业成本的核算。商品购销成本的核算要充分认识商品流通企业，了解商品流通企业成本包含的内容，掌握商品流通企业采购成本和销售成本的核算；运输成本的核算，要了解交通运输行业的类型，认识运输企业成本核算的特点，掌握公路运输成本的核算；服务业成本的核算，要认识相关的服务行业，了解旅游、餐饮等服务业成本核算的特点，掌握旅游、餐饮业的成本核算方法。

◈ 同步测试 ◈

1. 简述农业产品成本的构成内容及其核算程序。
2. 简述商品采购成本及销售成本的核算方法。
3. 运输企业成本核算的特点有哪些？
4. 简述餐饮及旅游业的分类及其成本核算的特点。

参 考 文 献

[1] 李海波. 新编会计学原理：基础会计[M]. 上海：立信会计出版社，2013.
[2] 财政部会计资格评价中心. 初级会计实务[M]. 北京：中国财政经济出版社，2015.
[3] 张桂春. 成本核算实务[M]. 北京：人民邮电出版社，2011.
[4] 于富生. 成本会计学[M]. 北京：中国人民大学出版社，2018.
[5] 崔红敏，徐洪梅. 成本实务[M]. 2 版. 北京：北京理工大学出版社，2018.
[6] 财政部. 企业会计准则[M]. 北京：经济科学出版社，2006.
[7] 财政部. 企业会计准则：应用指南[M]. 北京：中国财政经济出版社，2006.
[8] 江希和. 成本会计教程[M]. 北京：高等教育出版社，2017.
[9] 刘建中. 成本会计[M]. 北京：北京大学出版社，2016.
[10] 黄建飞. 成本会计[M]. 2 版. 北京：北京理工大学出版社，2018.
[11] 程坚. 成本会计教程[M]. 北京：高等教育出版社，2017.